Hattemer/Münkner

Klausurenbuch für
Steuerfachgehilfen/
Steuerfachangestellte
Abschlußprüfung

Klausurenbuch für Steuerfachgehilfen/Steuerfachangestellte

Abschlußprüfung

Steuerwesen – Wirtschaftslehre – Rechnungswesen

Von

Dipl.-Kfm. Christofer Hattemer, Steuerberater
Bernd Münkner, Steuerberater

5., völlig überarbeitete Auflage

Verlag Neue Wirtschafts-Briefe
Herne/Berlin

Die Deutsche Bibliothek – CIP-Einheitsaufnahme

Hattemer, Christofer:
Klausurenbuch für Steuerfachgehilfen/Steuerfachangestellte / von
Christofer Hattemer ; Bernd Münkner. – Herne ; Berlin : Verl. Neue
Wirtschafts-Briefe.
  Früher u. d. T.: Klausurenbuch für Steuerfachgehilfen
  NE: Münkner, Bernd:
Abschlußprüfung : Steuerwesen – Wirtschaftslehre –
Rechnungswesen. – 5., völlig überarb. Aufl. – 1996
  ISBN 3-482-42905-7

ISBN 3-482-**42905**-7 – 5., völlig überarbeitete Auflage 1996

© Verlag Neue Wirtschafts-Briefe GmbH & Co., Herne/Berlin, 1989

Alle Rechte vorbehalten.

Dieses Buch und alle in ihm enthaltenen Beiträge und Abbildungen sind urheberrechtlich geschützt. Mit Ausnahme der gesetzlich zugelassenen Fälle ist eine Verwertung ohne Einwilligung des Verlages unzulässig.

Druck: Fotosatz Wahlers, 27299 Langwedel

Vorwort

Die vorliegenden Übungsklausuren sollen Ihnen, den Auszubildenden in wirtschafts- und steuerberatenden Berufen, als letzter Test vor der schriftlichen Prüfung dienen. Dabei handelt es sich teilweise um tatsächlich geschriebene Prüfungsklausuren der Steuerberaterkammer Thüringen, die – falls notwendig – dem aktuellen Rechtsstand angepaßt wurden. Da wir selbst viele Jahre Auszubildende in Abend- und Wochenseminaren auf die Abschlußprüfung vorbereiten, wissen wir wohl, wie dringend notwendig diese Art der Vorbereitung auf die schriftliche Prüfung ist, wird doch auf den „Prüfungsstreß" weder in der Berufsschule noch in der innerbetrieblichen Ausbildung eingegangen.

Das Ziel dieses Buches ist daher zweierlei. Zum einen soll es den angehenden Steuerfachgehilfen bzw. Steuerfachangestellten die Möglichkeiten geben, festzustellen, in welchem Bereich oder Teilbereich noch Lücken vorhanden sind. Diese können dann mit geeigneter Literatur (z. B. private Aufzeichnungen aus Schule und Büro) aufgearbeitet werden. Dies geht natürlich nur im Anschluß an die Korrektur der kompletten Klausur. Wenig sinnvoll erscheint es, gleich beim Auftreten der Schwierigkeiten das Nachlesen sozusagen einzuschieben und danach mit dem Bearbeiten der restlichen Fragen fortzufahren.

Denn dieses Buch will auch ein zweites bezwecken. Die zur Verfügung stehende Prüfungszeit muß optimal genutzt werden. Eine Klausur besteht nicht nur aus dem Überprüfen von Fachwissen; sie ist gleichzeitig auch immer durch ein vorgegebenes Zeitlimit charakterisiert. Die zur Verfügung gestellte Zeit darf (bekanntermaßen) nicht überschritten werden, verbleibende Zeit sollte zum eigenen Kontrollieren genutzt werden. Nur durch Bearbeiten von Klausuren, durch Simulieren der Prüfungssituation kann man den Umgang mit der Prüfungszeit üben. Hierzu bietet sich die Abgeschiedenheit der häuslichen vier Wände während der privaten Zeit genauso an wie etwa ein für drei Stunden nicht benötigter Raum im Büro. Als Hilfsmittel für diese Übungsklausuren sollten lediglich die Gesetzestexte mit Richtlinien und ein Taschenrechner verwendet werden. Dazu noch ein Hinweis: Die neuen Einkommensteuerrichtlinien werden ab der 93er-Version mit „R" zitiert, also nicht mehr wie früher mit „Abschn.".

Bei den in diesem Buch veröffentlichten Klausuren handelt es sich teilweise um Prüfungsaufgaben, die vom Aufgabenausschuß der Steuerberaterkammer Thüringen erstellt worden sind. Wir dürfen uns an dieser Stelle besonders bei der Steuerberaterkammer Thüringen für die Überlassung der Prüfungsklausuren bedanken. Auch möchten wir uns bei Herrn Dipl. oec. Thorsten Menten, Wilhelmshaven, für die Hilfe bei der Überarbeitung der Klausuren bedanken.

Der Rechtsstand ist durchweg 1995/96. Das Buch ist gleichermaßen brauchbar für die „alten" Steuerfachgehilfen und die „neuen" Steuerfachangestellten, die nach der Ausbildungsordnung vom August 1996 ausgebildet werden.

Bleibt noch, „viel Erfolg" zu wünschen, sowohl bei den vorliegenden Übungsklausuren als auch ganz besonders in der Abschlußprüfung.

Frankfurt, im September 1996

Christofer Hattemer
Bernd Münkner

Inhaltsverzeichnis

Vorwort	5
Literaturhinweise	10
Teil A: Klausuren	11
1. Prüfungssatz I	11
a) Klausur Steuerwesen I	11
b) Klausur Wirtschaftslehre I	16
c) Klausur Rechnungswesen I	20
2. Prüfungssatz II	24
a) Klausur Steuerwesen II	24
b) Klausur Wirtschaftslehre II	36
c) Klausur Rechnungswesen II	40
3. Prüfungssatz III	45
a) Klausur Steuerwesen III	45
b) Klausur Wirtschaftslehre III	51
c) Klausur Rechnungswesen III	54
4. Prüfungssatz IV	59
a) Klausur Steuerwesen IV	59
b) Klausur Wirtschaftslehre IV	64
c) Klausur Rechnungswesen IV	68
5. Prüfungssatz V	72
a) Klausur Steuerwesen V	72
b) Klausur Wirtschaftslehre V	76
c) Klausur Rechnungswesen V	80
6. Prüfungssatz VI	86
a) Klausur Steuerwesen VI	86
b) Klausur Wirtschaftslehre VI	92
c) Klausur Rechnungswesen VI	96

7. Prüfungssatz VII 103
   a) Klausur Steuerwesen VII 103
   b) Klausur Wirtschaftslehre VII 108
   c) Klausur Rechnungswesen VII 111

8. Prüfungssatz VIII 117
   a) Klausur Steuerwesen VIII 117
   b) Klausur Wirtschaftslehre VIII 122
   c) Klausur Rechnungswesen VIII 126

Teil B: Lösungen 133

1. Prüfungssatz I 133
   a) Lösungen Steuerwesen I 133
   b) Lösungen Wirtschaftslehre I 140
   c) Lösungen Rechnungswesen I 143

2. Prüfungssatz II 148
   a) Lösungen Steuerwesen II 148
   b) Lösungen Wirtschaftslehre II 160
   c) Lösungen Rechnungswesen II 162

3. Prüfungssatz III 167
   a) Lösungen Steuerwesen III 167
   b) Lösungen Wirtschaftslehre III 172
   c) Lösungen Rechnungswesen III 175

4. Prüfungssatz IV 180
   a) Lösungen Steuerwesen IV 180
   b) Lösungen Wirtschaftslehre IV 185
   c) Lösungen Rechnungswesen IV 188

5. Prüfungssatz V 193
   a) Lösungen Steuerwesen V 193
   b) Lösungen Wirtschaftslehre V 198
   c) Lösungen Rechnungswesen V 201

6. Prüfungssatz VI 206
   a) Lösungen Steuerwesen VI 206
   b) Lösungen Wirtschaftslehre VI 212
   c) Lösungen Rechnungswesen VI 215

7. Prüfungssatz VII 221
   a) Lösungen Steuerwesen VII 221
   b) Lösungen Wirtschaftslehre VII 226
   c) Lösungen Rechnungswesen VII 229

8. Prüfungssatz VIII 234
   a) Lösungen Steuerwesen VIII 234
   b) Lösungen Wirtschaftslehre VIII 240
   c) Lösungen Rechnungswesen VIII 243

Punkte- und Notenschema 248

Literaturhinweise

Borrosch u. a., Fälle- und Fragenkatalog für Steuerrecht und Buchführung; 21. Aufl., Herne/Berlin 1996

Borrosch, Die Karriereleiter – für Mitarbeiter im steuerberatenden Beruf; mit Lern- und Prüfungstechnik, Prüfungsanordnungen und Lehrplänen; 3. Aufl., Herne/Berlin 1995

Hattemer/Münkner, Klausurenbuch für Steuerfachgehilfen, Zwischenprüfung, 3. Aufl., Herne/Berlin 1994

Kliewer, Die Prüfung der Steuerfachgehilfen, Fälle, Fragen, Lösungen; 16. Aufl., Ludwigshafen 1996

Leib, Allgemeine Wirtschaftslehre für Steuerfachangestellte, 7. Aufl., Ludwigshafen 1996

Schmidt, Steuerfachgehilfen-Lexikon, 9. Aufl., Ludwigshafen 1996

Teil A: Klausuren

1. Prüfungssatz I

a) Klausur Steuerwesen I

I. Einkommensteuer

1. Aufgabe

Petra Kirchner ist 43 Jahre alt und seit 4 Jahren verwitwet. Sie lebt mit ihrem Sohn Christian in Oberweid und kommt allein für den Unterhalt ihres Sohnes auf. Sie ist als geschäftsführende Gesellschafterin zu 100 % an einer GmbH beteiligt und von der Sozialversicherung befreit. Laut Vertrag mit der GmbH wird ihr nach ihrem Ausscheiden eine lebenslange Versorgung zugesichert.

Aus den Unterlagen von Frau Kirchner ergibt sich für 1995 folgendes:
- monatlicher Arbeitslohn 7 428,— DM
- Tantieme für 1994, ausgezahlt Mai 1995 20 000,— DM
- Tantieme für 1995, ausgezahlt Mai 1996 18 000,— DM
- Gewinnanteil an der GmbH, Bankgutschrift Mai 1995
  (Steuerbescheinigungen liegen vor, incl. Solizuschlag) 4 387,50 DM
- Sparbuchzinsen 1995, eingetragen im März 1996
  (Freistellungsauftrag wurde erteilt) 350,— DM
- monatliche Kosten einer Tagesmutter für die Betreuung
  des Sohnes (9 Jahre alt) 1 000,— DM

Ermitteln Sie systematisch geordnet das zu versteuernde Einkommen der Petra Kirchner für 1995!
(18 Punkte)

2. Aufgabe

Herr Peter Lümpert wurde am 31. 1. 1933 geboren und wohnt in Wasungen. Er machte für 1995 folgende Angaben:

a) Er erhält ab 1. 1. 1995 folgende Altersrente aus der gesetzlichen Rentenversicherung:

Januar bis Juli 1995   2 125 DM Auszahlungsbetrag je Monat
August bis Dezember 1995   2 375 DM Auszahlungsbetrag je Monat

Der Beitrag zur Krankenversicherung des Herrn Lümpert beträgt von Januar bis Juli 231 DM je Monat und von August bis Dezember 243 DM je Monat.

Berechnen Sie die Einkünfte des Herrn Lümpert!

b) Herr Lümpert unterstützt seine vermögenslose Tochter, geb. 1962, die in Erfurt Mathematik studiert, mit monatlich 750 DM. Sie hat 1995 gemäß Lohnsteuerkarte 9 400 DM erhalten.

Berechnen Sie die abzugsfähigen außergewöhnlichen Belastungen des Herrn Lümpert und begründen Sie Ihren Ansatz!
(12 Punkte)

II. Gewerbesteuer

Die Müller-OHG aus Bad Neustadt (Bayern) ermittelt seit 1988 ihren Gewinn nach einem abweichenden Wirtschaftsjahr vom 01. Oktober bis 30. September.

Aus den Büchern und Unterlagen ergibt sich folgendes:

1. Im Wirtschaftsjahr 1994/95 hat die OHG einen Gewinn von 74 550 DM erzielt.
2. Der Einheitswert des Betriebsvermögens wurde auf den 1. 1. 1995 mit 381 000 DM ermittelt.In diesem Einheitswert ist ein Betriebsgrundstück (EW 45 000 DM) enthalten. Bis zum 30. 9. 1995 wurde dieses Betriebsgrundstück mit 70 % bilanziert.
3. Für ein langfristiges Darlehen, das bei der Feststellung des Einheitswertes des Gewerbebetriebes mit 85 000 DM berücksichtigt wurde, sind im Wirtschaftsjahr 1994/95 Zinsen in Höhe von 7 600 DM gewinnmindernd gebucht worden.
4. Die festgesetzten und geleisteten Gewerbesteuer-Vorauszahlungen betrugen in 1995 = 2 700 DM.

Ermitteln Sie die Gewerbesteuer-Abschlußzahlung bzw. Gewerbesteuer-Erstattung der Mülller-OHG für 1995, wenn der Hebesatz von Bad Neustadt 430 % beträgt!
(18 Punkte)

III. Umsatzsteuer
1. Aufgabe

Kfz.-Meister Frieder Heyner betreibt in Erfurt ein Autohaus (Neu-, Gebrauchtwagen und Ersatzteilhandel) sowie eine Kfz.-Werkstatt nebst Waschanlage. Herr Heyner unterliegt der Regelbesteuerung und hat – soweit notwendig und zulässig – nach § 9 UStG optiert.

Für 1995 liegen folgende Angaben vor:

1. Einnahmen aus dem Verkauf von Kfz und Ersatzteilen
   an inländische Abnehmer   1 518 000 DM
2. Lieferung von Gebrauchtwagen an einen Abnehmer in
   Polen, mit eigenem Lkw: Entgelt   37 000 DM
3. Einnahmen der Kfz-Werkstatt und der Waschanlage   621 000 DM
4. Lieferung von Kfz-Ersatzteilen an einen Abnehmer in
   Bozen (Italien), USt-IDNR: IT 26 703 424, mit
   eigenem Lkw; Entgelt   25 000 DM
5. Lieferung von Kfz-Ersatzteilen aus dem Autohaus
   an die eigene Werkstatt   24 000 DM
6. Auf dem Betriebsgrundstück befindet sich ein Wohn-
   und Geschäftshaus, das neben den eigenen Geschäfts-
   räumen im EG wie folgt genutzt wird:
   a) 1. OG: vermietet je zur Hälfte ab 1. 1. 1995 an
      - eine Werbeagentur für 1 150 DM/pro Monat incl. 15 % USt,
      - einen Heilpraktiker für 1 200 DM/pro Monat
   b) 2. OG: Mietwohnung für monatlich 1 800 DM
   Alle Geschosse sind gleich groß.

Folgende VoSt-Beträge fielen an:
1. aus Lieferungen und sonstigen Leistungen für Kfz-Handel,
   -werkstatt und Waschanlage   85 000 DM
2. aus Leistungen für das Wohn- und Geschäftshaus
   a) für Erneuerung der Heizung im EG   2 480 DM
   b) für Renovierung der Geschäftsräume im 1. OG   5 280 DM
   c) für Instandhaltungsarbeiten im 2. OG   402 DM

Herr Heyner hat in 1995 USt-Vorauszahlungen in Höhe von 189 750 DM geleistet.

1.1 Ermitteln Sie mit Hilfe der Tabelle die USt-Traglast!

Lfd. Nr.	*nicht*steuerbare Umsätze DM	steuer*freie* Umsätze *mit* VoSt-Abzug DM	steuer*freie* Umsätze *ohne* VoSt-Abzug DM	steuer*pflichtige* Umsätze DM

1.2 Ermitteln Sie die USt-Abschlußzahlung des Herrn Heyner für 1995! (Nichtansätze stichwortartig begründen!)
(22 Punkte)

2. Aufgabe

Prüfen Sie, ob es sich bei nachfolgenden Geschäftsvorfällen um innergemeinschaftlichen Erwerb handelt! (kurze Begründung)

1. Die Stadtverwaltung Jena kauft zur Ausrüstung des Jugendamtes 12 Personalcomputer bzw. Datensichtgeräte im Gesamtwert von 42 000 DM. Die Geräte werden vom niederländischen Hersteller von Amsterdam nach Jena per Bahn transportiert.

2. Herr Brehm, Angestellter beim Thüringer Kultusministerium Erfurt, erwarb, anläßlich eines Kurzurlaubes in Spanien, bei einem Autohändler in Barcelona am 28. 10. 1995 einen Pkw Seat (Vorführwagen). Der Pkw wurde am 1. 9.1995 erstmals zugelassen und weist einen km-Stand von 5 230 aus.
(8 Punkte)

IV. Bewertungsgesetz/Vermögensteuer

Herr Klaus-Peter Ziegler betreibt ein Einzelhandelsgewerbe in Kassel. Zum 1. 1. 1996 ist der Einheitswert des Betriebsvermögens zu ermitteln.

1. Prüfungssatz I 15

Herr Ziegler legt Ihnen folgende (vereinfachte) Bilanz zum 31. 12. 1995 vor:

Aktiva	Bilanz p. 31. 12. 1995 (DM)		Passiva
1. Grund und Boden, bebaut	250 000	1. Eigenkapital	496 566
2. Gebäude	420 000	2. Rücklagen	55 174
3. Fuhrpark	36 000	3. GewSt-Rückstellung	8 660
4. BGA	42 701	4. Darlehen	210 000
5. Wertpapiere	10 000	5. Pauschalwertberichtigung auf Forderungen	3 000
6. Forderungen aus LL	237 639	6. Verbdl. a. LL	200 570
7. Bankguthaben	12 250	7. USt	34 620
Summe	1 008 590		1 008 590

Das bebaute Grundstück wird zu 75 % für den eigenen Gewerbebetrieb genutzt, zu 25 % für eigene Wohnzwecke. Der Einheitswert zum 1. 1. 1964 ist 140 000 DM.

Der Kurswert der Wertpapiere beträgt zum 1. 1. 1996 12 000 DM.

Ermitteln Sie den Einheitswert des Betriebsvermögens zum 1. 1. 1996! (Abweichungen von den Bilanzwerten kurz begründen!)
(12 Punkte)

V. Abgabenordnung

1. Frau Elisabeth-Susanna Lauterbach-Werthmann, freiberuflich tätige Schriftstellerin und Dramaturgin am Theater Gera-Altenburg, wohnhaft in Bad Köstritz, hatte ihre Einkommensteuererklärung für den Veranlagungszeitraum 1992 beim zuständigen Finanzamt Gera am 28. 4. 1996 eingereicht.

   Sie möchte nun wissen, ob sie für den Veranlagungszeitraum 1992 noch mit einem Einkommensteuerbescheid zu rechnen habe.

   a) Erläutern Sie kurz, um welche Frist es sich hierbei handelt und welche Wirkung diese hat!

   b) Erläutern Sie kurz, wann diese Frist frühestens bzw. spätestens beginnt!

   c) Ermitteln Sie unter Angabe der genauen Daten, Anfang und Ende der Frist!
   (8 Punkte)

2. Karl Klein betreibt in Gießen ein Radiogeschäft. Er ist unter der Firma „Karl Klein, Radiozentrale am Markt" in das Handelsregister eingetragen. Da Klein über wenig Buchführungskenntnisse verfügt, ermittelt er seinen Gewinn durch Überschußrechnung nach § 4 Abs. 3 EStG. Im Jahr 1995 betrug der Gewinn 120 000 DM. Das Finanzamt ist mit dieser Gewinnermittlungsmethode nicht einverstanden und will den Gewinn des Steuerpflichtigen nach § 162 AO schätzen.

a) Ist dies zulässig?
(Antwort mit Begründung)

b) Nach welcher Gewinnermittlungsart müßte Klein seinen Gewinn ermitteln?
Antwort mit Begründung)

(2 Punkte)

b) Klausur Wirtschaftslehre I

1.

Entscheiden Sie in folgenden Fällen:

1.1 Muß ein Aufsichtsrat gebildet werden?
1.2 Wie muß der Aufsichtsrat besetzt sein?

Fälle	*Firmenbezeichnung*	*Beschäftigtenzahl*
1.	Automobilwerk AG	12 200
2.	Spedition Müller KG	570
3.	Versandhandel GmbH	200

(10 Punkte)

2.

2.1 Mit ihrem 17jährigen Sohn Thomas haben sich die Eltern geeinigt, daß er als Verkäufer arbeiten soll. Er schließt mit einer Handelsfirma einen Arbeitsvertrag ab, kündigt ihn aber nach Ablauf der Probezeit wieder, ohne seine Eltern zu fragen und tritt in ein Arbeitsverhältnis als Bauhelfer ein.

Überprüfen Sie ob die Arbeitsverträge rechtskräftig zustande gekommen sind und begründen Sie Ihre Entscheidung!

2.2 Von seinem Arbeitsverdienst erhält Thomas monatlich 100 DM Taschengeld, davon kauft er sich ein Moped mit monatlicher Ratenzahlung von 80 DM.

Prüfen Sie, ob der Ratenzahlungsvertrag rechtswirksam zustande gekommen ist!
(10 Punkte)

3.

Prüfen Sie in den folgenden Fällen welche Vertragsarten vorliegen! Begründen Sie kurz!

1. Fall   Eine Nobelboutique für Landhausmode will ihren Geschäftsbetrieb ausweiten und gründet dazu zwei neue Filialen. Für insgesamt 5 000 DM monatlich nutzt sie entsprechende Räume.

2. Fall   Die Inhaberin der Boutique beauftragt einen Handwerksbetrieb mit der malermäßigen Instandsetzung der Räume.

3. Fall   Zur Unterstützung der Filialleiterinnen werden jeweils zwei erfahrene Einzelhandelskauffrauen eingestellt.

4. Fall   Die Eingangsbereiche der Boutiquen werden mit Großfotos ausgestattet, die ein ortsansässiger Fotograf vorübergehend und kostenlos überlassen hat.
(8 Punkte)

4.

Herr Baum veräußert sein Grundstück für 400 000 DM an Frau Tanne. Am 12. 3. 1996 schließen beide einen Vertrag. Beurkundet wird dieser Vertrag notariell am 28. 3. 1996. Laut Grundbuchauszug wurde die Umschreibung der Eigentumsverhältnisse am 5. 5. 1996 vorgenommen.

4.1 Wann ist der Kaufvertrag über das Grundstück rechtswirksam abgeschlossen worden?

4.2 Wann wird die Käuferin Frau Tanne Eigentümerin des Grundstückes?
(6 Punkte)

5.

In welches Register sind folgende Unternehmen eingetragen worden? Geben Sie ggf. auch die Abteilung des Registers an.

1. Berliner Creditbank AG
2. Viehverwertungsgenossenschaft Rügen e. G.
3. Textilhaus Adam Bertram & Söhne
4. Werbegemeinschaft Aktienförderung e. V.
5. Thüringer Obstmosterei GmbH und Co. KG

(13 Punkte)

6.

Besitzen die nachfolgend aufgeführten Personen die Kaufmannseigenschaften nach HGB?
Wenn ja, um welche Art handelt es sich?

1. Der Gutsbesitzer H., der ausgedehnte Hopfen- und Gerstenfelder besitzt und den Ertrag in einer eigenen Brauerei zu Bier verarbeitet. (Eintragung ins Handelsregister wird unterstellt)
2. Herr W., der eine Privatbank betreibt.
3. Herr Pf., der in einem Geschäftshaus in M ein Detektivbüro mit Auskunftei betreibt.
4. Ein Steinbruchbesitzer, der in seinem Steinbruchbetrieb über 40 Arbeitskräfte beschäftigt.
5. Ein Schmuckwarenfabrikant, der 65 Arbeiter und Angestellte beschäftigt.

(10 Punkte)

7.

Wann liegt eine Zahlungsunfähigkeit, wann eine Überschuldung bei einem Unternehmen vor?
(4 Punkte)

8.

Nennen Sie vier Merkmale eines notleidenden Unternehmens!
(4 Punkte)

9.

Wie können Sie einen in Zahlung genommenen Barscheck verwenden?
(3 Punkte)

10.

Was verlangt ein vorsichtiger Kaufmann von einem ihm unbekannten Kunden, der einen Einkauf in Höhe von 854,75 DM mit EC-Scheck bezahlen möchte?
Begründen Sie Ihre Antwort!
(4 Punkte)

11.

11.1 Was versteht man unter Leasing?
11.2 Wo liegen die wesentlichen Anwendungsbereiche für Leasing?
11.3 Welche Vor- und Nachteile (je 2) sind mit Leasing für den Leasing-Nehmer verbunden?
(10 Punkte)

12.

Vier junge Kaufleute sind Gesellschafter einer OHG, die sich auf die Erarbeitung und Vermarktung von Software-Lösungen spezialisiert hat.

12.1 Wem gehören die Sachwerte, Guthaben und Barmittel nach ihrer Einbringung?
12.2 Wie haften die Gesellschafter?
12.3 Wie ist die Geschäftsführung und Vertretung gesetzlich geregelt?
12.4 Nennen Sie die Gründe für die Auflösung einer OHG!
(13 Punkte)

13.

Tobias Weis gründet einen Großhandel mit Waren des täglichen Bedarfs. Er beschäftigt 60 Angestellte.

Bei welchen öffentlichen Stellen muß das Unternehmen angemeldet werden?

Nennen Sie fünf Beispiele!
(5 Punkte)

c) Klausur Rechnungswesen I

Es sind die gesetzlichen Umsatzsteuersätze anzuwenden.

Bei den Buchungssätzen sind stets auch die DM-Beträge anzugeben.

§ 6 Abs. 2 EStG und § 7g EStG sind anzuwenden, wenn die Zulässigkeitsvoraussetzungen erfüllt sind.

Begründungen sind nur vorzunehmen, wenn diese ausdrücklich verlangt werden.

I. Peter Pan betreibt in Erfurt eine Druckerei in Form eines Einzelunternehmens. Er unterliegt mit seinen Umsätzen der Regelbesteuerung und ermittelt seinen Gewinn nach § 5 EStG.

Bilden Sie die Buchungssätze für folgende Geschäftsvorfälle:

1. a) Am 28. 11. 1995 lieferte Pan Wandkalender 1996 an einen Kunden zum Verkaufspreis von 8 000 DM zzgl. 15 % Umsatzsteuer auf Ziel.

   b) Am 5. 12. 1995 überweist der Kunde die Rechnung unter Abzug von 3 % Skonto durch die Bank.
   (5 Punkte)

2. Der Kunde Beilenstein akzeptiert am 26. 8. 1995 einen von Pan vorgelegten Wechsel über 36 000 DM mit einer Laufzeit von 3 Monaten. Am 9. 9. 1995 legt Pan den Wechsel der Bank zur Diskontierung vor. Vom Wechselbetrag zieht die Bank 6 % Diskont und 42 DM Spesen ab, der Restbetrag wird dem Bankkonto gutgeschrieben.

   Der Eingang des Wechsels wurde bereits gebucht.
   (7 Punkte)

3. a) Am 15. 10. 1995 werden Pan 10 Rollen Papier für den Druck einer Zeitung geliefert. Der Rechnungspreis hierfür beträgt 4 000 DM, zzgl. Umsatzsteuer.

   b) Da eine Rolle Papier nicht zu verwenden ist, überweist Pan nach Rücksprache mit dem Lieferanten am 14. 11. 1995 den Rechnungsbetrag für 9 Rollen Papier durch die Bank.
   (5 Punkte)

1. Prüfungssatz I

4.a) Am 1. 12. 1995 ist eine Druckmaschine geliefert worden. Der Rechnungsbetrag lautet auf 345 000 DM, incl. 15 % Umsatzsteuer 45 000 DM.

b) Die Maschine wurde am gleichen Tag von einem Elektriker an das Starkstromnetz angeschlossen. Die Rechnung hierfür in Höhe von 138 DM, einschl. Umsatzsteuer ist sofort bar bezahlt worden.

c) Die Maschine hat eine Nutzungsdauer von 10 Jahren.

Bilden Sie die Buchungssätze für die Anschaffung der Maschine und ermitteln Sie die Absetzung für Abnutzung unter Berücksichtigung des *steuerlich höchstzulässigen* Gewinnes!
(8 Punkte)

5. Pan schaffte sich am 27. 9. 1995 zwei gleiche Schreibtische für insgesamt 1 725 DM, einschl. Umsatzsteuer an und bezahlte sofort mit einem Barscheck. Die Rechnung ist ordnungsgemäß ausgestellt.
(2 Punkte)

6. Pan erwarb im Januar 1994 50 % GmbH-Anteile der Münchner Papier GmbH für 50 000 DM, die mit diesem Wert in der Bilanz 1994 ausgewiesen sind. Am 5. 12. 1995 hat die GmbH Konkurs angemeldet.

   a) Buchen Sie zum 31. 12. 1995!

   b) Begründen Sie die Buchung!
(3 Punkte)

7. Am 1. 8. 1995 hat Pan einen Leasingvertrag über 36 Monate für einen neuen Lkw abgeschlossen. Für die Inzahlungnahme seines alten Lkw (Buchwert 1. 8. 1995 = 7 000 DM) werden ihm 11 500 DM, (incl. USt) als Mietsonderzahlung angerechnet.

   a) Buchen Sie die Inzahlungnahme!

   b) Nehmen Sie die erforderliche Abschlußbuchung zum 31. 12. 1995 zur Mietsonderzahlung vor!
(8 Punkte)

8. Am 6. 11. 1995 erhielt Pan eine Mitteilung des Konkursverwalters des Kunden Fischer aus Weimar, daß der Konkurs mangels Masse nicht eröffnet wird. In der Buchhaltung von Pan steht auf dem Kundenkonto noch eine offene Forderung von 8 625 DM.
(3 Punkte)

9. Ein am 2. 1. 1994 für 6 000 DM, incl. 15 % Umsatzsteuer privat angeschaffter Schrank wird seit dem 2. 1. 1995 ausschl. betrieblich genutzt. Der Teilwert beträgt zum 2. 1. 1995 = 5 800 DM. Der Schrank hat eine betriebsgewöhnliche Nutzungsdauer von 15 Jahren.
   a) Buchen Sie die Einlage und begründen Sie den Wertansatz!
   b) Buchen Sie zum 31. 12. 1995 unter Berücksichtigung des *steuerlich höchstzulässigen Gewinnes!*
   (7 Punkte)

10. Die Gehälter für November 1995 sind noch nicht gebucht. Die Nettogehälter wurden am 3. 12. 1995 per Bank überwiesen.

Bruttogehälter	46 500 DM
Lohn- und Kirchensteuer	6 900 DM
Soli-Zuschlag	490 DM
Sozialversicherung AN	9 060 DM
Sozialversicherung AG	10 460 DM
zu verrechnender Gehaltsvorschuß	2 300 DM

    a) Buchen Sie zum 30. 11. 1995!
    b) Buchen Sie zum 3. 12. 1995!
    (8 Punkte)

II. Eva-Maria Hübsch betreibt in Gotha ein Sportartikelgeschäft. Sie unterliegt mit ihren Umsätzen der Regelbesteuerung und ermittelt ihren Gewinn nach § 5 EStG.

Folgende Fälle sind in der Buchführung 1995 zu prüfen und unter Berücksichtigung des niedrigst möglichen Gewinnes die Gewinnauswirkung festzustellen.
(Antwort mit Begründung)

1. Die Lieferantenschulden beinhalten eine Rechnung eines ausländischen Lieferanten, die am 5. 12. 1995 mit dem Kurswert von 2 730 DM gebucht wurde. Am 31. 12. 1995 erhöhte sich der Kurswert auf 3 000 DM.
   (3 Punkte)

2. Auf dem Konto Geschenke ist ein Betrag von 300 DM für eine Armbanduhr gebucht, die Frau Hübsch einem Lieferanten anläßlich eines Jubiläums zukommen ließ.
   (3 Punkte)

3. Da Frau Hübsch ein eigenes Ladenlokal bauen möchte, hat sie am 15. 6. 1995 ein unbebautes Grundstück in das Betriebsvermögen überführt. Sie hat es am 28. 12. 1990 aus privaten Mitteln für 40 000 DM angeschafft und mit diesem Wert eingelegt. Der Teilwert beträgt zum 15. 6. 1995 60 000 DM.
(4 Punkte)

4. Am 1. 11. 1995 wurde ein Pkw für 42 000 DM netto angeschafft und zugelassen. Die Nutzungsdauer beträgt 5 Jahre. Es wurden linear 8 400 DM abgeschrieben und als Aufwand gebucht. Die Zulassungskosten betrugen 300 DM, wurden bar bezahlt und auf Kfz-Kosten gebucht.
(10 Punkte)

5. Die Kfz-Steuer für den Pkw (sieh Punkt 4) vom 1. 11. 1995 bis 31. 10. 1996 = 600 DM wurde bar bezahlt und auf Kfz-Kosten gebucht.
(4 Punkte)

III. Lösen Sie die nachstehenden Aufgaben rechnerisch!

1. Wie hoch ist der Warenbestand am 1. 1. 1995 bei folgenden Nettowerten:

Kalkulationsfaktor	1,30
Warenumsatz	468 000 DM
Wareneingang	212 900 DM
Warenbestand am 31. 12. 1995	39 600 DM

   (4 Punkte)

2. An der Groß OHG sind beteiligt:

Herr Groß mit	200 000 DM
Her Klein mit	100 000 DM
Frau Teuer mit	50 000 DM

   Welcher Gewinnanteil entfällt auf die einzelnen Gesellschafter, wenn die OHG einen Gewinn von 104 000 DM erzielte und dieser nach den Vorschriften des HGB auf die Gesellschafter zu verteilen ist?
   (5 Punkte)

3. Die Wohnungsbaugenossenschaft „Schönes Heim" bewirtschaftet einen Bestand von 180 Wohnungen, für die folgende Zahlen bekannt sind:

	Größe *qm*	*Anzahl* *Wohnungen*	*Miete* *DM/qm*
1 ZKB	35	35	15,—
2 ZKB	54	85	12,50
3 ZKB	85	60	11,50

Die Mietnebenkosten betragen im Jahr insgesamt 366 744 DM.
Berechnen Sie:
a) die Miete je Wohnungstyp pro Monat,
b) die jährlichen Mieteinnahmen der Genossenschaft,
c) die durchschnittliche Miete je qm nach dem gewogenen Durchschnitt,
d) die Nebenkosten pro qm/Jahr und qm/Monat.
(11 Punkte)

2. Prüfungssatz II

a) Klausur Steuerwesen II

I. Einkommensteuer

1.

Martin Müller aus Saalburg, geboren am 30. 8. 1933, und seine Ehefrau Magda Müller, geboren am 27. 5. 1936, möchten zusammen veranlagt werden und geben Ihnen für die ESt-Erklärung 1995 folgende Angaben:

1. Das Ehepaar hat 2 Söhne, Friedhelm, geboren am 10. 3. 1973, und Markus, geboren am 5. 9. 1977. Friedhelm studiert in Jena und ist während des ganzen Jahres im Internat untergebracht. Markus besucht das Gymnasium in Saalburg.
2. Als Angestellter einer Maschinenfabrik hat Herr Müller erhalten:

   Gehalt (brutto) 13 × 3 500 DM
   Tantieme für 1994 2 500 DM, ausgezahlt am 10. 2. 1995
   Tantieme für 1995 3 000 DM, ausgezahlt am 10. 2. 1996
   einbehalten wurden 5 300 DM Lohnsteuer und 477 Kirchensteuer

2. Prüfungssatz II

3. Seine Frau ist stille Gesellschafterin an einer KG, zu 20 % am Gewinn und an den stillen Reserven beteiligt. Die KG hat 1994 einen Gewinn von 70 000 DM und 1995 einen Gewinn von 98 000 DM erzielt und die Gewinnanteile regelmäßig am 1. 4. des folgenden Jahres ausgezahlt. Das Wirtschaftsjahr entspricht dem Kalenderjahr.

4. Durch die gelegentliche Vermittlung eines guten Auftrages an einen Bekannten hatte er von diesem eine Provision in Höhe von 1 500 DM erhalten.

5. Im Auftrag seiner Firma ist er Aufsichtsratsmitglied einer kleinen AG und erhält jährlich dafür eine Vergütung von 8 000 DM.

In den Privatausgaben sind enthalten:

Vorsorgeaufwendungen	10 300 DM
ESt-Vorauszahlungen	1 600 DM
KiSt-Vorauszahlung	144 DM
KiSt-Nachzahlung für 1994	130 DM

Ermitteln Sie das zu versteuernde Einkommen sowie die Abschluß- bzw. Überzahlung für die Einkommensteuer und die Kirchensteuer für 1995!
(21 Punkte)

2.

Der Steuerpflichtige Uwe Schulz aus Erfurt ist verheiratet und wird mit seiner Ehefrau zusammen veranlagt. Herr Schulz betreibt in Erfurt einen Lebensmittelgroßhandel. Der Gesamtbetrag der Einkünfte beträgt 115 000 DM. Er weist für 1995 folgende Spenden belegmäßig nach:

Spenden für mildtätige Zwecke	1 300 DM
Spenden für wisssenschaftliche Zwecke	3 000 DM
Spenden für kirchliche Zwecke	700 DM
Spenden für gemeinnützige Zwecke	1 100 DM
Spenden an eine politische Partei	6 500 DM

Ermitteln Sie den höchstmöglichen Spendenabzug nach § 10 b EStG!
(6 Punkte)

3.

Der ledige Steuerpflichtige Gerd Baum, geboren am 1. 1. 1930, macht für den Veranlagungszeitraum 1995 folgende Angaben:

Einkünfte aus nichtselbständiger Arbeit (keine Versorgungsbezüge)	25 000 DM

Krankheitskosten 9 000 DM
davon von der Krankenkasse getragen 4 500 DM

Ermitteln Sie die abziehbaren außergewöhnlichen Belastungen des Herrn Baum für den Veranlagungszeitraum 1995!
(4 Punkte)

II. Vermögensteuer/Bewertungsgesetz

1.

Frau Reich aus Fulda besitzt folgende Vermögensgegenstände:
a) private Aktien einer Maschinenbau AG
b) einen Anteil an einer KG als Kommanditist
c) eine Wiese, die an einen Bauern verpachtet worden ist
d) einen privat genutzten Pkw
e) ein echtes Gemälde von Spitzweg, Wert 180 000 DM

Ordnen Sie die einzelnen Vermögensgegenstände den Vermögensarten i. S. des BewG § 18 zu!
Verwenden Sie die nachstehende Tabelle!

Buchstabe	Vermögensarten
a)	
b)	
c)	
d)	
e)	

(5 Punkte)

2.

	Fall 1	Fall 2	Fall 3
EW des Gewerbe-betriebes 1. 1. 1995	70 000 DM	400 000 DM	580 000 DM
Wert 1. 1. 1996	60 980 DM	601 750 DM	475 940 DM

Ermitteln Sie in jedem Fall die Fortschreibung und begründen Sie Ihre Entscheidung!
(7 Punkte)

III. Gewerbesteuer

1.

Mandy Winter betreibt in Kassel eine Weberei. Aus den Aufzeichnungen ergibt sich für das Wirtschaftsjahr (=Kalenderjahr) 1995 folgendes:

1. Gewinn aus Gewerbebetrieb 160 000 DM
2. Frau Winter hat von einem Computerhändler einen Computer für betriebliche Zwecke gemietet. Die gezahlte Miete betrug 1 500 DM.
3. An der Weberei ist ein typischer Stiller Gesellschafter beteiligt, der diese Beteiligung im Privatvermögen hält. Sein Gewinnanteil hat 8 000 DM betragen.
4. Die Firma Winter ist an einer KG, die in Eschwege Tischdecken produziert, beteiligt. Die KG hat in 1995 einen Verlust von 80 000 DM erwirtschaftet. Davon entfielen auf die Firma Winter 4 000 DM.
5. Am 22. 1. 1995 nahm Frau Winter ein langfristiges Bankdarlehen in Höhe von 50 000 DM zu einem Zinssatz von 8 % auf. In 1995 sind für das Darlehen Zinsen in Höhe von 3 950 DM als Betriebsausgabe abgesetzt worden.
6. Der Einheitswert des Betriebsgrundstücks beträgt 500 000 DM.
7. Ein noch nicht verbrauchter Gewerbeverlust beträgt 20 000 DM.

Ermitteln Sie systematisch den einheitlichen Steuermeßbetrag nach dem Gewerbeertrag!
(Nichtansätze sind zu begründen!)
(12 Punkte)

2.

Die Einzelfirma Conrad in Gera unterhält eine Zweigstelle in Hermsdorf. Herr Conrad ermittelt in 1995 seinen Gewinn nach § 5 EStG. Die Betriebseinnahmen betragen in Gera 4 400 000 DM, in Hermsdorf 1 100 000 DM. Die Summe der gezahlten Arbeitslöhne beläuft sich in Gera auf 1 160 000 DM, in Hermsdorf auf 390 000 DM.

Der einheitliche Steuermeßbetrag beträgt 80 000 DM. Conrad ist zu 80 % im Hauptbetrieb und zu 20 % in Hermsdorf tätig.

Zerlegen Sie den Meßbetrag, wenn die Firma ein Fabrikationsbetrieb ist!
(5 Punkte)

IV. Umsatzsteuer

1.

Der Architekt Arthur Müller betreibt in Erfurt ein Architekturbüro. Außerdem ist er Eigentümer der Baufirma „Müllers-Massivbau" in Erfurt. Müller bewohnt mit seiner Familie ein eigenes Einfamilienhaus in Erfurt-Möbisburg. Er vermietet im gleichen Ort ein Mehrfamilienhaus, dessen alleiniger Eigentümer er ist.

1. Von der „Müller-Massivbau" Unternehmung erhält Herr Müller den Auftrag, das Projekt für ein, von der Baufirma zu errichtendes Geschäftshaus, zu erstellen. Nach Fertigstellung im Oktober 1995 berechnet Herr Müller dafür ein Honorar in Höhe von 50 000 DM.

2. Seinem Freund, dem Malermeister Heinemann, erstellte Müller im März 1995 den Bauplan für den Umbau seines Wohnhauses. Einem fremden Auftraggeber hätte er 20 000 DM berechnet.

3. Müller vermietet sein Mehrfamilienhaus zu Wohnzwecken für monatlich gesamt 1 000 DM.

4. Müller gibt seinen Betriebs-Pkw BMW 318, der 1993 neu angeschafft wurde, für 15 000 DM in Zahlung.

5. Müller erhält für seine Massivbau-Unternehmung ausgewählte Baumaterialien aus Italien im Wert von 50 000 DM.

6. Bei einem Brand im Architekturbüro entsteht ein Schaden von 10 000 DM. Die Versicherung ersetzt den Schaden voll.

a) Gehen Sie auf die Unternehmereigenschaften und auf den Umfang des Unternehmens von Arthur Müller ein sowie auf die Sachverhalte, die nicht zum Unternehmen von Herrn Müller gehören.

2. Prüfungssatz II

b) Beurteilen Sie die Sachverhalte 1−6 durch ankreuzen nach vorgegebenem Schema!

Nr.	nicht steuerbar	steuerbar	steuerfrei	steuerpflichtig
1				
2				
3				
4				
5				
6				

c) Erstellen Sie am 30. 3. 1996 für Müller, Steuernummer 151/100/81961, die Umsatzsteuer-Jahreserklärung 1995 zur Einreichung beim Finanzamt unter Berücksichtigung nachfolgender Angaben:

Umsatz aus Lieferungen und Leistungen 15 %	2 500 000 DM
Eigenverbrauch: Entnahme von Leistungen 15 %	30 000 DM
innergem. Erwerb 15 %	70 000 DM
Vorsteuerbeträge aus Rechnungen von anderen Unternehmen	150 000 DM
Vorsteuerbeträge aus dem innergem. Erwerb	10 500 DM
Umsatzsteuer-Vorauszahlung	222 000 DM
Mieteinnahmen aus Vermietung von Wohnungen	12 000 DM

(28 Punkte)

Teil A: Klausuren

1995

– Bitte weiße Felder ausfüllen oder ☒ ankreuzen. Anleitung beachten –

Zeile		
1	Steuernummer	
2	Unternehmen / Firma	
3		
4		
5	**Anlage UR zur Umsatzsteuererklärung**	Sachbereich
6		99 11

A. Innergemeinschaftliche Warenbewegungen

9 Innergemeinschaftliche Warenbewegungen (§ 18 a Abs. 3 UStG)   (falls ja, bitte eine „1" eintragen)   **795**

B. Innergemeinschaftliche Erwerbe

	Bemessungsgrundlage volle DM	Steuer DM	Pf
13 Steuerfreie innergemeinschaftliche Erwerbe			
14 Erwerbe nach § 4 b UStG **791**			
15 Steuerpflichtige innergemeinschaftliche Erwerbe (§ 1 a UStG)			
16 zum Steuersatz von 15 v. H. **792**			
17 zum Steuersatz von 7 v. H. **793**			
18 neuer Fahrzeuge von Lieferern **ohne** USt-IdNr. zum Steuersatz von 15 v. H. . **794**			
19 Summe .... (zu übertragen in Zeile 94 der Steuererklärung)			

C. Umsatzsteuerkürzung nach dem Berlinförderungsgesetz (BerlinFG)

	Bemessungsgrundlage volle DM		Steuer DM	Pf
29 Kürzungsbeträge nach den §§ 1, 1 a und 2 BerlinFG für frühere Kalenderjahre **557**		**558**		
30			(Zu übertragen in Zeile 99 der Steuererklärung)	

18-120 **Anlage UR** – zur Umsatzsteuererklärung 1995 **USt 2 A** – OFD Erfurt (12/95)

2. Prüfungssatz II

Zeile	D. Steuerfreie Lieferungen, sonstige Leistungen und Eigenverbrauch		Bemessungsgrundlage volle DM
31			
32	**Steuerfreie Umsätze mit Vorsteuerabzug**		
33	a) Innergemeinschaftliche Lieferungen (§ 4 Nr. 1 b UStG) an Abnehmer mit USt-IdNr.	741	
34	neuer Fahrzeuge an Abnehmer ohne USt-IdNr.	744	
35	neuer Fahrzeuge außerhalb eines Unternehmens (§ 2 a UStG)	749	
36	Summe der Zeilen 33 bis 35		
37	b) Weitere steuerfreie Umsätze mit Vorsteuerabzug (z. B. nach § 4 Nr. 1 a und c, 2 bis 7 UStG)		
38	Ausfuhrlieferungen und Lohnveredelungen an Gegenständen der Ausfuhr (§ 4 Nr. 1 a UStG)		
39	Umsätze nach § 4 Nr. ____ UStG		
40	Umsätze im Sinne des Offshore-Steuerabkommens, des Zusatzabkommens zum NATO-Truppenstatut, des Ergänzungsabkommens zum Protokoll über die NATO-Hauptquartiere und des deutsch-sowjetischen Truppenaufenthalts- und -abzugsvertrags		
41	Reiseleistungen nach § 25 Abs. 2 UStG		
42	Summe der Zeilen 38 bis 41	237	
43	**Steuerfreie Umsätze ohne Vorsteuerabzug**		
44	a) nicht zum Gesamtumsatz (§ 19 Abs. 3 UStG) gehörend nach § 4 Nr. 12 UStG (Vermietung und Verpachtung von Grundstücken usw.)	286	
45	nach § 4 Nr. ____ UStG	287	
46	Summe der Zeilen 44 und 45		
47	b) zum Gesamtumsatz (§ 19 Abs. 3 UStG) gehörend		
48	nach § 4 Nr. ____ UStG		
49	nach § 4 Nr. ____ UStG		
50	Summe der Zeilen 48 und 49	240	
51	**E. Ergänzende Angaben zu Umsätzen**		
52	Umsätze, die aufgrund eines Verzichts auf Steuerbefreiung (§ 9 UStG) als steuerpflichtig behandelt worden sind		
53	Steuerpflichtige Umsätze eines im Inland ansässigen Unternehmers, die dem Abzugsverfahren nach § 51 Abs. 1 Nr. 2 und 3 UStDV unterliegen, für die der Leistungsempfänger nach § 52 Abs. 2 UStDV keine Umsatzsteuer einbehalten hat – sog. Nullregelung –		
54	(Bitte Bescheinigungen nach § 52 Abs. 4 UStDV beifügen)	289	
55	Versendungsumsätze im Sinne des § 3 c UStG in das übrige Gemeinschaftsgebiet		
56	a) in Abschnitt C der Steuererklärung enthalten	208	
57	b) in anderen Mitgliedstaaten der EU zu versteuern	206	
58	Innergemeinschaftliche Güterbeförderungsleistungen und damit zusammenhängende sonstige Leistungen, die im übrigen Gemeinschaftsgebiet steuerbar sind (§ 3 b Abs. 3 bis 6 UStG)	207	
59	In den Zeilen 57 und 58 enthaltene Umsätze, die nach § 15 Abs. 2 und 3 UStG den Vorsteuerabzug ausschließen	204	
60	Umsätze aus grenzüberschreitenden Personenbeförderungen im Luftverkehr (§ 26 Abs. 3 UStG)		

1995

– Bitte weiße Felder ausfüllen oder ☒ ankreuzen. Anleitung beachten –

Zeile						
1	An das Finanzamt					Eingangsstempel
2	Fallart	Steuernummer	Unterfallart	Jahr	Vorgang	Sachbereich
3	11		50	95	1	99 11

Umsatzsteuererklärung

Berichtigte Steuererklärung (falls ja, bitte eine „1" eintragen) **110**

121

A. Allgemeine Angaben

Unternehmen/Firma

Art des Unternehmens

Straße, Haus-Nr.

PLZ, Ort — Telefon

Dauer der Unternehmereigenschaft (nur ausfüllen, falls nicht vom 1. Januar bis zum 31. Dezember 1995)
vom Tag | Monat — bis zum Tag | Monat

1. Zeitraum **200**

2. Zeitraum **201**

Die Abschlußzahlung ist binnen einem Monat nach der Abgabe der Steuererklärung zu entrichten (§ 18 Abs. 4 UStG).
Ein Erstattungsbetrag ist auf mein dem Finanzamt benanntes Konto zu überweisen, soweit nicht ohne Verrechnung mit Steuerschulden vorzunehmen ist.
Verrechnung des Erstattungsbetrags erwünscht (falls ja, bitte eine „1" eintragen) **129**

Geben Sie bitte die Verrechnungswünsche auf einem besonderen Blatt oder dem beim Finanzamt erhältlichen Vordruck „Verrechnungsantrag" an.

Ein Umsatzsteuerbescheid ergeht nur, wenn von Ihrer Berechnung der Umsatzsteuer abgewichen wird.

Hinweis nach den Vorschriften der Datenschutzgesetze: Die mit der Steuererklärung angeforderten Daten werden aufgrund der §§ 149 ff. der Abgabenordnung sowie der §§ 18, 18 b des Umsatzsteuergesetzes erhoben. Die Angabe der Telefonnummer ist freiwillig.

B. Angaben zur Besteuerung der Kleinunternehmer (§ 19 Abs. 1 UStG)

Die Zeilen 23 und 24 sind nur auszufüllen, wenn der Umsatz 1994 (zuzüglich Steuer) nicht mehr als 25 000 DM betragen hat und auf die Anwendung des § 19 Abs. 1 UStG nicht verzichtet worden ist.

Betrag volle DM

Umsatz im Kalenderjahr 1994 } (Berechnung nach § 19 Abs. 1 und 3 UStG) **238**

Umsatz im Kalenderjahr 1995 } **239**

Unterschrift

Ich habe dieser Steuererklärung die Anlage UR

☐ beigefügt

☐ nicht beigefügt, weil ich darin keine Angaben zu machen hatte.

Ich versichere, die Angaben in dieser Steuererklärung einschließlich der beigefügten Anlagen wahrheitsgemäß nach bestem Wissen und Gewissen gemacht zu haben.

Bei der Anfertigung dieser Steuererklärung einschließlich der Anlagen hat mitgewirkt:

Datum, eigenhändige Unterschrift des Unternehmers

18-100 **USt 2 A** – Umsatzsteuererklärung 1995 – OFD Erfurt (12/95)

2. Prüfungssatz II

Zeile	C. Steuerpflichtige Lieferungen, sonstige Leistungen und Eigenverbrauch	Bemessungsgrundlage volle DM		Steuer DM	Pf
32	Lieferungen und sonstige Leistungen .... zu 15 v. H.	280			
33	Eigenverbrauch: a) Entnahme von Gegenständen .... zu 15 v. H.	281			
34	b) Entnahme von sonstigen Leistungen .... zu 15 v. H.	282			
35	c) Aufwendungen i. S. des § 4 Abs. 5 Satz 1 Nr. 1 bis 7 oder Abs. 7 oder § 12 Nr. 1 EStG . zu 15 v. H.	283			
36	Unentgeltliche Leistungen von Gesellschaften an ihre Gesellschafter usw. . zu 15 v. H.	284			
37	Lieferungen und sonstige Leistungen .... zu 7 v. H.	275			
38	Eigenverbrauch: a) Entnahme von Gegenständen .... zu 7 v. H.	276			
39	b) Entnahme von sonstigen Leistungen .... zu 7 v. H.	277			
40	c) Aufwendungen i. S. des § 4 Abs. 5 Satz 1 Nr. 1 bis 7 oder Abs. 7 oder § 12 Nr. 1 EStG . zu 7 v. H.	278			
41	Unentgeltliche Leistungen von Gesellschaften an ihre Gesellschafter usw. . zu 7 v. H.	279			
42					
43	**Umsätze aus früheren Kalenderjahren**				
44	Umsätze zu anderen Steuersätzen	155		156	
45	**Umsätze land- und forstwirtschaftlicher Betriebe nach § 24 UStG**				
46	a) Lieferungen in das übrige Gemeinschaftsgebiet an Abnehmer mit USt-IdNr.	777			
47	b) Steuerpflichtige Lieferungen und Eigenverbrauch von **Sägewerkserzeugnissen**, die in der Anlage zum UStG nicht aufgeführt sind				
48	ab 1. Januar 1994 .... zu 6 v. H.	265			
49	in früheren Kalenderjahren	255		256	
50	c) Steuerpflichtige Lieferungen und Eigenverbrauch von **Getränken**, die in der Anlage zum UStG nicht aufgeführt sind, sowie von **alkoholischen Flüssigkeiten** (z.B. Wein)				
51	ab 1. Januar 1994 .... zu 6 v. H.	266			
52	in früheren Kalenderjahren	257		258	
53	d) Steuerpflichtige Lieferungen und Eigenverbrauch der **Tierzucht- und Tierhaltungsbetriebe** in der Zeit vom 1. Juli 1985 bis zum 31. Dezember 1991 bei Überschreiten der Obergrenze von 330 Vieheinheiten				
54	im vorangegangenen Wirtschaftsjahr	260		261	
55	e) übrige steuerpflichtige Umsätze land- und forstwirtschaftlicher Betriebe, für die keine Steuer zu entrichten ist	361			
56	**Steuer infolge Wechsels der Besteuerungsart/-form:**				
57	Nachsteuer/Anrechnung der Steuer, die auf bereits versteuerte Anzahlungen entfällt (im Falle der **Anrechnung** bitte auch Zeile 58 ausfüllen) ...			317	
58	Betrag der Anzahlungen, für die die anzurechnende Steuer in Zeile 57 angegeben worden ist	367			
59	**Nachsteuer** auf versteuerte Anzahlungen u.ä. wegen **Steuersatzänderung**			319	
60	Summe .... (zu übertragen in Zeile 92)			340	

34								Teil A: Klausuren

Zeile	D. Abziehbare Vorsteuerbeträge (ohne die Berichtigung nach § 15 a UStG)	Steuer DM	Pf
61			
62	Vorsteuerbeträge aus Rechnungen von anderen Unternehmern (§ 15 Abs. 1 Nr. 1 UStG)	320	
63	Vorsteuerbeträge aus dem innergemeinschaftlichen Erwerb von Gegenständen (§ 15 Abs. 1 Nr. 3 UStG)	761	
64	entrichtete Einfuhrumsatzsteuer (§ 15 Abs. 1 Nr. 2 UStG)	762	
65	Vorsteuerbeträge, die nach den allgemeinen Durchschnittsätzen berechnet sind (§ 23 UStG)	333	
66	Vorsteuerbeträge nach dem Durchschnittsatz für bestimmte Körperschaften, Personenvereinigungen und Vermögensmassen (§ 23 a UStG)	334	
67	Vorsteuerabzug für innergemeinschaftliche Lieferungen **neuer Fahrzeuge** außerhalb eines Unternehmens (§ 2 a UStG) sowie von Kleinunternehmern im Sinne des § 19 Abs. 1 UStG (§ 15 Abs. 4 a UStG)	759	
68	Summe .... (zu übertragen in Zeile 97)		

E. Berichtigung des Vorsteuerabzugs (§ 15 a UStG)

Zeile			
69 70 71	Bei Wirtschaftsgütern, die über das Kalenderjahr der erstmaligen Verwendung hinaus zur Ausführung von Umsätzen verwendet werden, ist der Vorsteuerabzug zu berichtigen, wenn sich die Verhältnisse, die für den Vorsteuerabzug maßgebend waren, innerhalb von 10 Jahren (bei beweglichen Wirtschaftsgütern innerhalb von 5 Jahren) ändern. Eine Änderung der Verhältnisse liegt auch bei einer **Veräußerung** oder **Entnahme zum Eigenverbrauch** vor, wenn dieser Umsatz für den Vorsteuerabzug anders zu beurteilen ist als die Verwendung im ersten Kalenderjahr. Bei nachträglichen Anschaffungs- oder Herstellungskosten ist sinngemäß zu verfahren.		
72 73	1. Sind im Kalenderjahr 1995 **Grundstücke, Grundstücksteile, Gebäude** oder **Gebäudeteile**, für die Umsatzsteuer gesondert in Rechnung gestellt wurde, erstmals zur Ausführung von Umsätzen verwendet worden? Falls ja, bitte eine „1" eintragen.	370	
74	(Geben Sie bitte auf besonderem Blatt für jedes Grundstück oder Gebäude gesondert an: Lage, Zeitpunkt der erstmaligen Verwendung, Art und Umfang der Verwendung im Erstjahr, insgesamt angefallene Vorsteuer, in den Vorjahren bereits abgezogene Vorsteuer)		
75 76	2. Haben sich im Kalenderjahr 1995 die Verhältnisse, die für die Beurteilung des Vorsteuerabzugs maßgebend waren, bei **Grundstücken, Grundstücksteilen, Gebäuden** oder **Gebäudeteilen** geändert, die innerhalb der letzten 10 Jahre erstmals zur Ausführung von Umsätzen verwendet wurden? Falls ja, bitte eine „1" eintragen.	371	
77	Falls ja: die Verhältnisse, die ursprünglich für die Beurteilung des Vorsteuerabzugs maßgebend waren, haben sich seitdem geändert durch		
78	☐ Veräußerung ☐ Entnahme zum Eigenverbrauch		
79	☐ Nutzungsänderung, und zwar		
80	☐ Übergang von steuerpflichtiger zu steuerfreier Vermietung (insbesondere bei Mieterwechsel) oder umgekehrt.		
81	☐ Steuerfreie Vermietung bisher eigengewerblich genutzter Räume oder umgekehrt.		
82	☐ Übergang von einer Vermietung für NATO- oder ähnliche Zwecke zu einer nach § 4 Nr. 12 UStG steuerfreien Vermietung.		
83	☐ Änderung des Verwendungsschlüssels bei gemischt genutzten Grundstücken.		
84 85	☐ 3. Haben sich im Kalenderjahr 1995 die Verhältnisse, die für die Beurteilung des Vorsteuerabzugs maßgebend waren, bei **beweglichen Wirtschaftsgütern** geändert, die innerhalb der letzten 5 Jahre erstmals zur Ausführung von Umsätzen verwendet worden? Falls ja, bitte eine „1" eintragen.	372	

Zeile	4. Vorsteuerberichtigungsbeträge	nachträglich abziehbar DM	Pf	zurückzuzahlen DM	Pf
86					
87	zu 2. (Grundstücke usw.)				
88	zu 3. (bewegliche Wirtschaftsgüter)				
89	Summe	357		359	
90		Zu übertragen in Zeile 98		Zu übertragen in Zeile 95	

2. Prüfungssatz II

Zeile	F. Berechnung der zu entrichtenden Umsatzsteuer	Steuer DM	Pf
91			
92	Umsatzsteuer auf steuerpflichtige Lieferungen, sonstige Leistungen und Eigenverbrauch .... (aus Zeile 60)		
93	Umsatzsteuer für Leistungen, die dem Abzugsverfahren unterliegen haben - nur für im **Ausland ansässige Unternehmer** - .... (aus Zeile 28 der Anlage UN)		
94	Umsatzsteuer auf innergemeinschaftliche Erwerbe .... (aus Zeile 19 der Anlage UR)		
95	Vorsteuerbeträge, die aufgrund des § 15 a UStG zurückzuzahlen sind .... (aus Zeile 89)		
96	Zwischensumme		
97	Abziehbare Vorsteuerbeträge .... (aus Zeile 68)		
98	Vorsteuerbeträge, die aufgrund des § 15 a UStG nachträglich abziehbar sind .... (aus Zeile 89)		
99	Kürzungsbeträge nach dem BerlinFG .... (aus Zeile 29 der Anlage UR)		
100	Andere Kürzungsbeträge für frühere Kalenderjahre (z. B. nach den §§ 24 a, 26 Abs. 4 UStG)	505	
101	Verbleibender Betrag		
102	In Rechnungen unberechtigt ausgewiesene Steuerbeträge (§ 14 Abs. 2 und 3 UStG) sowie Steuerbeträge, die nach § 6 a Abs. 4 Satz 2 UStG geschuldet werden	318	
103	Steuerbeträge, die nach § 17 Abs. 1 Satz 2 UStG geschuldet werden	331	
104	Steuer-, Vorsteuer- und Kürzungsbeträge, die auf frühere Besteuerungszeiträume entfallen (nur für Kleinunternehmer, die § 19 Abs. 1 UStG anwenden)	391	
105	**Umsatzsteuer** Überschuß		
106	Anrechnung der einbehaltenen Umsatzsteuer im Abzugsverfahren (§ 58 Abs. 2 UStDV)		
107	a) für Werklieferungen und sonstige Leistungen (§ 51 Abs. 1 Nr. 1 UStDV) - nur für im **Ausland ansässige Unternehmer** - .... (aus Zeile 30 der Anlage UN)		
108	b) für Lieferungen von sicherungsübereigneten Gegenständen (§ 51 Abs. 1 Nr. 2 UStDV) sowie von Grundstücken im Zwangsversteigerungsverfahren (§ 51 Abs. 1 Nr. 3 UStDV) (Bitte Bescheinigungen nach § 53 Abs. 7 UStDV beifügen)	897	
109	Anrechnung der bei der Beförderungseinzelbesteuerung entrichteten Umsatzsteuer (§ 18 Abs. 5 b UStG) .... – Bitte Belege beifügen –	888	
110	**Verbleibende Umsatzsteuer** .... (Bitte in jedem Fall ausfüllen)	816	
111	Verbleibender Überschuß – rot eintragen oder mit Minuszeichen versehen –	(kann auf 10 Pf zu Ihren Gunsten gerundet werden)	
112	Vorauszahlungssoll 1995 (einschließlich Sondervorauszahlung)		
113	**Noch an die Finanzkasse zu entrichten** - Abschlußzahlung - (Bitte in jedem Fall ausfüllen)	820	
114	Erstattungsanspruch – rot eintragen oder mit Minuszeichen versehen –		
115	**Bearbeitungshinweis**		
116	1. Die aufgeführten Daten sind mit Hilfe des geprüften und genehmigten Programms sowie ggf. unter Berücksichtigung der gespeicherten Daten maschinell zu verarbeiten.		
117	2. Die weitere Bearbeitung richtet sich nach den Ergebnissen der maschinellen Verarbeitung.		
118		Kontrollzahl und/oder Datenerfassungsvermerk	
119			
120			

V. Abgabenordnung

1.

Herr Schwarz, der auf Grund einer Betriebsprüfung Steuern nachzahlen muß, beantragt bei dem für ihn zuständigen Wohnsitzfinanzamt Stundung der Nachzahlung.

a) Welchen Rechtsbehelf muß Herr Schwarz im Falle einer Ablehnung des Antrages auf Stundung einlegen?

b) Wer entscheidet über diesen Rechtsbehelf?

c) Nach welchen Bestimmungen werden anfallende Stundungszinsen berechnet?

(5 Punkte)

2.

Das Finanzamt sendet dem Einzelhändler Wolfgang Frisch den Gewerbesteuermeßbescheid mit Absendedatum 21. März 1996 zu. Der darauf beruhende Gewerbesteuerbescheid der Gemeinde trägt das Datum vom 22. April 1996. Beide Bescheide sind fehlerhaft.

a) Welche Rechtsbehelfe sind gegen diese Bescheide möglich und bei welcher Behörde werden sie eingelegt?

b) Können die Rechtsbehelfe telefonisch erledigt werden?

c) Wann beginnt bzw. wann endet die Rechtsbehelfsfrist für den Gewerbesteuermeßbescheid?

(7 Punkte)

b) Klausur Wirtschaftslehre II

1. Die Steuerfachgehilfin Petra Stein ist schwanger.

a) Für welchen Zeitraum muß sie ihr Arbeitgeber von der Arbeit freistellen?

b) Von wem und in welcher Höhe erhält sie in dieser Zeit finanzielle Unterstützung?

(8 Punkte)

2. Der Auszubildende Jörg Steuer, wohnhaft in Erfurt, erhält gemäß Ausbildungsvertrag eine monatliche Ausbildungsvergütung in 1996 von 500 DM.

Der Arbeitgeber zahlt ihm nach Abzug des Sozialversicherungsanteils von 95 DM Netto = 405 DM aus.

Ist die Lohnabrechnung richtig gerechnet?
(Antwort mit Begründung)
(6 Punkte)

3. Der Maschinenschlosser Gerhard Säge hat sich während seiner Arbeitszeit in der Werkstatt beim Hantieren mit der Bohrmaschine schwer verletzt. Ob seine Arbeitskraft wieder voll hergestellt werden kann, ist ungewiß.

Wer hat für die durch den Unfall entstandenen Kosten und eine mögliche Rente aufzukommen?
(Antwort mit Begründung)
(4 Punkte)

4. Die Textilverkäuferin Sylvia Rock ist ab 1. Januar in einem Modegeschäft angestellt. Da sie ein besseres Angebot hat, möchte sie zum 15. 10. 1996 die Arbeitsstelle aufgeben. Am 3. 10. 1996 überreicht sie ihrem Arbeitgeber das Kündigungsschreiben.

Ist die Kündigung fristgerecht erfolgt?
(Antwort mit Begründung)
(6 Punkte)

5. Michael Mücke möchte eine Textilgroßhandlung in der Rechtsform einer GmbH betreiben.

Folgende Sachverhalte sind nur auf ihre rechtliche Zulässigkeit zu prüfen:
(Antworten mit Begründung)

a) Mücke will die GmbH allein gründen.

b) Das Stammkapital der Gesellschaft soll 40 000 DM betragen.

c) Die Firma des Unternehmens ist vorgesehen mit Europahaus GmbH.

d) Seine Haftung will er auf 20 000 DM beschränken.
(12 Punkte)

6. Karl Peters, Manuel Franke und Hartmut König gründen eine Gesellschaft bürgerlichen Rechts. Peters und Franke bringen jeweils 10 000 DM ein, König will statt dessen seine Arbeitskraft zur Verfügung stellen.

   a) Ist dies rechtlich möglich?

   b) In welchem Umfang haften die Gesellschafter? (Antworten mit Begründung)
   (8 Punkte)

7. Der Geschäftsführer der Baustoff-GmbH, Peter Gable, erteilt seinem Angestellten, Rudi Ratlos, allgemeine Handlungsvollmacht.

   Welche folgenden Geschäfte und Rechtshandlungen darf Ratlos im Namen der GmbH vornehmen? (Antworten mit Begründung)

   a) eine Computeranlage kaufen

   b) den Jahresabschluß der GmbH unterschreiben

   c) die jährliche Gesellschafterversammlung einberufen
   (9 Punkte)

8. Fritz Schwarz und Manuel Roth betreiben in Erfurt gemeinsam ein Elektrofachgeschäft in der Rechtsform einer OHG unter der Firma Schwarz & Co. Roth nimmt, ohne Schwarz zu fragen, im Namen der OHG zu besonders ungünstigen Bedingungen einen Kredit über 500 000 DM auf.

   a) War Roth zum Abschluß dieses Kreditvertrages berechtigt?

   b) Ist die OHG an den Kreditvertrag gebunden?
   (Antworten mit Begründung)
   (8 Punkte)

9. Der Computerhändler Thorsten Mega hat von der Firma Saunu GmbH Computer als Kommissionsware auf Lager, die für einen Stückpreis von mindestens 3 500 DM verkauft werden sollen. Mega gelingt es, diese für einen Stückpreis von 3 950 DM zu verkaufen.

   Wem steht der Mehrerlös zu? (Antwort mit Begründung)
   (4 Punkte)

10. Am 29. 5. 1996 wurde das Konkursverfahren über das Vermögen der Firma Heribert Pleite eröffnet.

Der Konkursverwalter stellt die Aktiva mit 820 000 DM fest. In den Aktiva sind 30 000 DM Waren enthalten, die von der Clara Gönn unter Eigentumsvorbehalt geliefert wurden und noch nicht bezahlt sind.

Die Gerichtskosten und Verwaltungskosten zur Abwicklung des Konkursverfahrens belaufen sich auf 45 000 DM.

An Umsatzsteuerschulden sind gemäß Voranmeldungen Februar bis Mai 1995 23 000 DM noch nicht bezahlt.

Die Masseschulden betragen 42 000 DM.

An Verbindlichkeiten stehen 4 000 000 DM gegenüber Lieferanten (ohne die Firma Clara Gönn) noch offen.

Berechnen Sie systematisch geordnet die vorläufige Konkursquote!
(13 Punkte)

11. Peter Barren betreibt in Gotha ein Fachgeschäft für Sportartikel.

    Prüfen Sie, um welche Vertragsarten es sich in den folgenden Fällen handelt! (Antworten mit Begründung)

    a) Barren überläßt einem Urlauber für 14 Tage eine Skiausrüstung zum Gebrauch und berechnet hierfür 210 DM für die Nutzung.

    b) Barren überläßt einem Freund für eine Woche unentgeltlich einen Schlitten zum Gebrauch.

    Prüfen Sie, ob ein gültiger Kaufvertrag zustande gekommen ist. (Antwort mit Begründung)

    c) Barren kauft zur Erweiterung seines Sportgeschäftes ein Grundstück. Hierüber schließt er schriftlich einen Kaufvertrag mit dem Eigentümer ab. Der Kaufpreis beträgt 100 000 DM.
    (12 Punkte)

12. Katja Frei verbringt ihren Urlaub in Österreich. Am 4. 7. 1996 zahlt sie ihre Hotelrechnung in Höhe 10 000 ÖS. Nach ihrer Rückkehr stellt sie fest, daß dieser Scheck am 28. 7. 1996 der Bank vorgelegt wurde.

    Ist die Bank verpflichtet, den Scheck einzulösen? (Antwort mit Begründung)
    (4 Punkte)

13. Stellen Sie fest, ob die folgenden Sachverhalte
    A eine Unterbrechung der Verjährung
    B eine Hemmung der Verjährung

C weder eine Hemmung noch eine Unterbrechung der Verjährung bewirken
1. Schriftliche Bitte um Stundung
2. Mahnbescheid
3. Vollstreckungsbescheid
4. Stundung der Forderung
5. Rechtzeitiger Mahnbrief des Gläubigers
6. Abschlagszahlung durch den Schuldner
(6 Punkte)

c) Klausur Rechnungswesen II

Es sind die gesetzlichen Umsatzsteuersätze anzuwenden.

Bei den Buchungssätzen sind stets auch die DM-Beträge anzugeben.

§ 6 Abs. 2 EStG und § 7g EStG sind anzuwenden, wenn die Zulässigkeitsvoraussetzungen erfüllt sind.

Begründungen sind nur vorzunehmen, wenn diese ausdrücklich verlangt werden.

I. Herr Robert Rabe betreibt in Gera ein Möbelgeschäft in Form eines Einzelunternehmers. Er unterliegt mit seinen Umsätzen der Regelbesteuerung und ermittelt seinen Gewinn nach § 5 EStG. Für 1995 soll der steuerlich zulässig niedrigste Gewinn ermittelt werden. Die Voraussetzungen des § 7g EStG sind nicht erfüllt.

Bilden Sie die Buchungssätze für folgende Geschäftsvorfälle:

1. Am 15. 12. 1995 hat Robert Rabe 5 Polstergarnituren für insgesamt 5 000 DM zuzüglich USt auf Ziel gekauft.

   Die Rechnung wurde von ihm am 22. 12. 1995 unter Abzug von 3 % Skonto vom Bankkonto beglichen.

   Buchen Sie:
   a) den Wareneinkauf
   b) die Bezahlung
   (5 Punkte)

2. Die Tageseinnahmen des Möbelgeschäftes beträgt am 20. 12. 1995 21 850 DM. Sie wird abends in einer Geldbombe bei der Bank eingeworfen. Die Bankgutschrift erfolgt am folgenden Tag.

Buchen Sie:
a) die Tageseinnahme
b) die Einzahlung
(5 Punkte)

3. Herr Rabe hat am 18. 12. 1995 einen neuen Kleintransporter für 35 000 DM, zuzüglich USt auf Ziel gekauft.

Für die Überführung des Kleintransporters vom Hersteller zu der Firma Rabe berechnet eine Spedition am 19. 12. 1995 300 DM zuzüglich USt. Die Rechnung wird sofort bar bezahlt. Am 20. 12. 1995 wird die Rechnung für den Kleintransporter unter Abzug von 2 % Skonto vom Bankkonto überwiesen.

a) Bilden Sie die Buchungssätze zum 18. 12. 1995, 19. 12. 1995 und 20. 12. 1995!

b) Die betriebsgewöhnliche Nutzungsdauer für das Fahrzeug beträgt 5 Jahre. Ermitteln und buchen Sie die Abschreibung 1995!
(13 Punkte)

4. Herr Rabe hat gegenüber einem französischen Lieferanten aufgrund einer Warenlieferung am 5. 12. 1995 eine Verbindlichkeit von 10 000 Franz. Franc.

Wechselkurs für Franz. Franc am 5. 12. 1995   32,— DM
                                 am 31. 12. 1995   30,50 DM

Der Vorgang wurde am 5. 12. 1995 wie folgt gebucht:

Wareneinkauf	3 200 DM	
an Verbindlichkeiten		3 200 DM
Einfuhrumsatzsteuer	480 DM	
an Erwerbsteuer		480 DM

Entscheiden und begründen Sie, mit welchem Wert die Vebindlichkeit anzusetzen ist und nehmen Sie gegebenenfalls eine Korrekturbuchung vor!
(2 Punkte)

5. Das Unternehmen Fensterklar GmbH hat einen Reinigungsvertrag mit Herrn Rabe abgeschlossen. Gemäß Vertrag erhält Herr Rabe am 15. 12. 1995 eine Rechnung über 1 200 DM, zuzüglich USt. für den Zeitraum 1. 11. 1995−31. 1. 1996. Die Rechnung wurde am 18. 12. 1995 durch Banküberweisung beglichen.

   Buchen Sie:
   a) die Rechnung
   b) die Bezahlung
   (5 Punkte)

6. Am 14. 11. 1995 hat Herr Rabe ein Darlehen über 100 000 DM bei seiner Bank aufgenommen. Der Zinssatz beträgt 9 %. Die Laufzeit des Darlehens wurde mit 5 Jahren vereinbart. Nach Abzug eines Disagio wurden 97 000 DM auf dem Bankkonto gutgeschrieben.

   Die Zinsen sind vierteljährlich nachträglich fällig.

   Am 14. 11. 1995 wurde wie folgt gebucht:

   Bank   97 000 DM
      an Darlehen   97 000 DM

   Bilden Sie die erforderlichen Buchungssätze zum 31. 12. 1995!
   (10 Punkte)

7. Für 1994 wurde von Herrn Rabe eine Gewerbesteuerrückstellung in Höhe von 7 600 DM ermittelt und am 31. 12. 1994 gebucht.

   Am 15. 12. 1995 geht der Gewerbesteuerbescheid in Höhe von 7 200 DM ein. Der Betrag wurde am 18. 12. 1995 überwiesen.

   Bilden Sie die erforderlichen Buchungssätze!
   (3 Punkte)

8. Am 31. 12. 1995 betrug der Bestand an einwandfreien Forderungen 73 312,50 DM, inkl. 15 % USt. Die pauschale Wertberichtigung wird mit 1 % vorgenommen. Das Konto „Pauschale Wertberichtigung Forderung" weist zur Zeit einen Bestand von 1 250 DM aus.

   Buchen Sie den Vorgang zum 31. 12. 1995!
   (5 Punkte)

9. Herr Rabe entnimmt aus seinem Lagerbestand eine Couchgarnitur als Weihnachtsgeschenk für seine Tochter.

2. Prüfungssatz II

- Anschaffungskosten netto   600 DM
- Wiederbeschaffungskosten netto   700 DM
- Ladenverkaufspreis   1 250 DM

Buchen Sie die Entnahme!
(3 Punkte)

10. Herr Rabe hat ein Möbelgeschäft in Jena für 115 000 DM am 2. 1. 1995 käuflich erworben.

    Der Wert der einzelnen Wirtschaftsgüter (Ladeneinrichtung) betrug 100 000 DM. Für den Geschäfts-/Firmenwert zahlte er 15 000 DM. Der gesamte Betrag wurde vorerst von Herrn Rabe aus seinem Privatvermögen finanziert.

    a) Wie ist der Geschäfts-/Firmenwert steuerrechtlich für den Bilanzansatz zu behandeln?

    b) Buchen Sie zum 2. 1. 1995 den Erwerb!

    c) Ermitteln und buchen Sie die Abschreibungen per 31. 12. 1995 für den Geschäfts- und Firmenwert und die Ladeneinrichtung. Die Nutzungsdauer für die Ladeneinrichtung wurde auf 5 Jahre festgesetzt.
    (10 Punkte)

II. Der Rechtsanwalt Dr. Egon Fuchs ermittelt seinen Gewinn nach § 4 Abs. 3 EStG (Überschußrechnung). Die Umsätze werden nach vereinnahmten Entgelten versteuert. Für das Jahr 1995 hat er bereits vorläufige Betriebseinnahmen von 250 000 DM und Betriebsausgaben in Höhe von 165 000 DM ermittelt.

Der Gewinn soll so niedrig wie möglich gehalten werden. Die Voraussetzungen für §7g EStG sind *nicht* erfüllt.

Prüfen Sie nachfolgende Sachverhalte auf ihre Auswirkungen auf den Gewinn [Gewinnminderung (−), Gewinnmehrung (+) oder keine Veränderung] und begründen Sie Ihre Entscheidung!

Ermitteln Sie den Gewinn für das Wirtschaftsjahr 1995!

1. Die Betriebseinnahmen enthalten vereinnahmte USt in Höhe von 11 500 DM und vom Finanzamt erstattete Umsatzsteuerguthaben von 550 DM.

2. Am 24. 4. 1995 kaufte der Anwalt eine Büroausstattung für 34 500 DM, einschließlich 15 % USt. Der Kaufpreis wurde am 10. 5. 1995 überwiesen und als Betriebsausgabe gebucht. Die betriebsgewöhnliche Nutzungsdauer beträgt 12 Jahre.

3. Ein Mandant, der Honorar von 5 750 DM einschließlich USt schuldet, meldet Konkurs an. Das Amtsgericht lehnt die Eröffnung des Verfahrens mangels Masse ab.

4. Am 3. 1. 1995 wurde ein betriebliches Darlehen in Höhe von 40 000 DM aufgenommen, die Bank zahlte 38 000 DM aus. Das Disagio (Damnum) wurde auf die Laufzeit von 5 Jahren verteilt und mit 400 DM als Betriebsausgabe gebucht.

5. Der Rechtsanwalt schenkt seinem Sohn einen gebrauchten Pkw, der zum Betriebsvermögen gehört. Der Restbuchwert für den Pkw beträgt 1 DM, der Wiederbeschaffungswert zum Zeitpunkt der Entnahme beträgt 4 000 DM. Hierfür erfolgte bisher keine Buchung.

6. Die Betriebsausgaben enthalten eine Rückstellung in Höhe von 5 000 DM für eine Schadensersatzforderung, die ein Mandant gegen den Rechtsanwalt durch Klage geltend macht. Der Prozeß ist am 31. 12. 1995 noch nicht abgeschlossen.
(19 Punkte)

III. Die Aufgaben sind rechnerisch zu lösen!

1. Ein Mandant bittet Sie um einen Ratschlag zu folgendem Sachverhalt:

   Er hat eine Rechnung von 24 380 DM einschließlich USt zu zahlen. Das Zahlungsziel beträgt 60 Tage, 3 % Skonto bei Zahlung innerhalb von 30 Tagen. Ihr Mandant könnte bei der Bank einen Kredit in dieser Höhe zu 12,5 % Zinsen mit einer Laufzeit von 30 Tagen aufnehmen. Bestimmen Sie rechnerisch die günstigere Zahlung und ermitteln Sie den Zinsvorteil in DM!
   (4 Punkte)

2. Aus der Buchführung eines Mandanten liegen Ihnen folgende Angaben zur Auswertung vor:

Warenbestand 1. 1. 1995	780 000 DM
Wareneinkauf	6 550 000 DM

Umsatzerlöse (Netto)	9 600 000 DM
Betriebsausgaben	1 950 000 DM
Kalkulationszuschlag (Rohgewinneinsatz)	50 %

Ermitteln Sie:
a) den Wareneinsatz
b) den Warenbestand per 31. 12. 1995
c) den Reingewinn
d) die Handelsspanne
(10 Punkte)

3. Frau Elster will ein Gebäude auf ihrem Grundstück errichten lassen. Die Herstellungskosten betragen 800 000 DM. Das Gebäude kann sie mit 200 000 DM Eigenkapital finanzieren. Der Rest soll mit 2 Hypotheken finanziert werden.

   1. Hypothek   340 000 DM   9,5 % Zinsen/Jahr
   2. Hypothek   260 000 DM   10,3 % Zinsen/Jahr

   Neben den Zinsen fallen für das Mietgrundstück monatliche Aufwendungen von 5 000 DM an. Die jährlichen Abschreibungen betragen 2 % der Herstellungskosten. Frau Elster möchte ihr Eigenkapital mit 8 % verzinst haben.
   Berechnen Sie die erforderliche monatliche Mieteinnahme!
   (6 Punkte)

3. Prüfungssatz III

a) Klausur Steuerwesen III

I. Gewerbesteuer

1. Der gemeinnützige Turn- und Sportverein Lugau (Sa.) hat ein Vereinshaus in dem der Verein eine Gaststätte betreibt. Der Gewinn aus dieser Tätigkeit beträgt 20 000 DM. An Mitgliedsbeiträgen hat der Verein 40 000 DM erhalten.
   Ist der Verein gewerbesteuerpflichtig, wenn ja, mit welchen Einnahmen?
   (Ausführliche Begründung)
   (9 Punkte)

2. Der Metzgermeister Friedrich Fleischlos (FF), in Gräfentonna (Thür.), hat in 1995 einen Gewinn in Höhe von 66 000 DM erzielt.

Der Einheitswert des Betriebes beträgt 350 000 DM. In dem Gewinn sind folgende Sachverhalte berücksichtigt:
- F. Fleischlos hat von seinem Onkel, der seinen Betrieb aufgegeben hat, eine Brühmaschine für 500 DM monatlich gemietet.
- F. Fleischlos hat sich als stiller Gesellschafter an der Wurst OHG beteiligt und einen Gewinn von 1 000 DM in 1995 erhalten.
- F. Fleischlos hat weiterhin einen Verlust aus der Klops KG in Höhe von 2 000 DM erzielt.

Der Hebesatz der Gemeinde Gräfentonna beträgt 300 %.
Berechnen Sie die Gewerbesteuer!
(11 Punkte)

II. Abgabenordnung

1. Gegen den Steuerpflichtigen Säumeling wurde im Jahr 1990 ein Verspätungszuschlag wegen verspäteter Abgabe seiner ESt-Erklärung 1986 festgesetzt. Der Verspätungszuschlag wurde noch nicht gezahlt.

Das Finanzamt verrechnet den Verspätungszuschlag im Mai 1996 mit dem ESt-Guthaben 1995.

Darf das Finanzamt den Verspätungszuschlag verrechnen?
(6 Punkte)

4. Rechtsanwalt Franz Spät hat die Aufgabe, bis zum 6. 8. 1996 eine Begründung seines Einspruchs beim Finanzamt einzureichen.

Wegen Arbeitsüberlastung versäumt er die Frist. Muß das Finanzamt nach § 110 AO Wiedereinsetzung in den vorigen Stand gewähren?
(4 Punkte)

III. Umsatzsteuer

5. Conrad Werner ist Inhaber eines Strickwareneinzelhandels in Gera. Den Verkauf von Strickwaren führt Herr Werner sowohl im angemieteten Geschäft in Gera, als auch auf Wochenmärkten in Zeulenroda, Jena und Altenburg durch. Er fährt auch regelmäßig nach Venlo (Holland), um seine Waren zu verkaufen. Herr Werner versteuert seine Umsätze nach den allgemeinen Vorschriften des UStG. Die Umsätze im Jahr 1994 haben einschließlich USt 580 000 DM betragen.

3. Prüfungssatz III

Für 1995 hat er seinem Steuerberater die folgenden Zahlen vorgelegt, um seine USt-Erklärung zu erstellen:

a) Einnahmen aus Verkäufen auf Märkten
   Jena   101 671 DM
   Zeulenroda   59 482 DM
   Altenburg   16 345 DM
   Venlo   8 340 DM
   Einnahmen aus Verkäufen im Laden in Gera   112 062 DM

b) Einnahmen aus der Veräußerung eines unbebauten
   Grundstückes in Gera an eine Privatperson   34 500 DM
   Ausweis auf der Rechnung
   Kaufpreis   30 000 DM
   USt   4 500 DM

c) Pachteinnahmen von der Privatperson
   aus dem unbebauten Grundstück bis zu seiner Veräußerung   900 DM

d) Unentgeltliche Überlassung von Waren an eine
   angestellte Verkäuferin
   Einkaufspreis netto   645 DM
   üblicher Verkaufspreis brutto   920 DM

e) Einnahmen aus der Veräußerung eines VW-Transporters
   an einen Studenten, der Transporter wurde bislang
   unternehmerisch genutzt   500 DM

f) private Pkw-Nutzung, privater Kostenanteil ohne
   Kfz-Steuer, Haftpflicht ect.   800 DM

g) Vorsteuerbeträge aus Wareneinkauf und Fahrzeug-
   nutzung   23 214 DM

Fragen:
1. Kann Herr Werner mit Erfolg einen Antrag auf Versteuerung nach vereinnahmten Entgelten für 1996 stellen? (Antwort mit Begründung)
2. Ermitteln Sie die USt Schuld für 1995!

   Ermitteln Sie die Umsatzsteuerschuld mit Hilfe der Lösungstabelle:

steuerbar	nicht steuerbar	*steuerpflichtig*	steuerfrei

(20 Punkte)

6. Stellen Sie bei folgenden Fällen fest, ob eine steuerbare und steuerpflichtige Lieferung vorliegt! (Antwort mit Begründung)

Die erforderlichen steuerlichen Bescheinigungen liegen vor.

a) Ein in Eisenach ansässiger Unternehmer verkauft an einen spanischen Unternehmer eine Maschine. Der spanische Unternehmer holt die Maschine mit dem eigenen Lkw in Eisenach ab und befördert sie nach Spanien.

b) Ein Einzelhändler in Arnstadt verkauft in seinem Geschäft eine Stereoanlage an einen französischen Privatkunden. Der Franzose transportiert die Anlage mit seinem Pkw nach Frankreich.

c) Herr Fleißig aus Saarbrücken kauft bei einem französischen Autohändler in Straßburg einen neuen Pkw. Der Wagen wird am 20. 8. 1996 an Herrn Fleißig übergeben.

Die Erstzulassung in Deutschland erfolgte am 23. 8. 1996.

d) Der Unternehmer Fix tätigt eine Ausfuhrlieferung nach Polen.

(7 Punkte)

IV. Vermögensteuer

7. Stellen Sie in den vorliegenden Fällen fest, ob eine Neuveranlagung zum 1. 1. 1996 durchzuführen ist und begründen Sie Ihre Entscheidung!

	Fall 1	Fall 2
Vermögensteuer 1. 1. 1995	1 740 DM	12 760 DM
Vermögensteuer 1. 1. 1996	1 420 DM	13 680 DM

(4 Punkte)

8. Petra Hagen, geb. 7. 12. 1940, nicht verheiratet, erwarb im Jahr 1992 ein Mehrfamilienhaus in Düsseldorf für 735 600 DM.

Der Einheitswert für dieses Haus wurde auf den 1. 1. 1993 mit 140 000 DM festgestellt.

Für den Kauf nahm sie eine Hypothek auf, die am 31. 12. 1994 mit 168 000 DM valutierte. Das Haus erhielt in 1994 von der Firma Maler einen neuen Außenanstrich. Die Rechnung in Höhe von 20 000 DM erhielt Frau Hagen am 29. 12. 1994. Die Überweisung tätigte sie am 9. 1. 1995. Frau Hagen besitzt außerdem noch Aktien im Nennwert von 50 000 DM. Der Kurswert am 31. 12. 1994 beträgt 165 370 DM. An Bargeld hatte sie am 31. 12. 1994 150 DM.

Errechnen Sie in systematischer Form das steuerpflichtige Vermögen auf den 1. 1. 1995!
(9 Punkte)

V. Einkommensteuer

9. Frau Eveline Brock, geb. am 25. 11. 1956, verwitwet seit 12. 12. 1991, wohnt mit ihrem Sohn Frank, geb. am 9. 6. 1987, in Tiefenort.

Frau Brock macht für die Einkommensteuererklärung 1995 folgende Angaben:

a) Sie ist Kommanditistin der Müller KG. Ihr Gewinnanteil betrug 1995 92 000 DM.

b) Sie erhält aus der früheren Tätigkeit ihres verstorbenen Mannes als Beamter eine monatliche Pension von 3 100 DM.

c) Frau Brock ist mit 10 % am Stammkapital der Leutbecher GmbH beteiligt.
Sie erhielt am 15. 10. 1995 eine Bankgutschrift für die Gewinnausschüttung 1994 in Höhe von 16 877,25 DM und am 16. 2. 1996 eine Bankgutschrift für die Gewinnausschüttung 1995 in Höhe von 33 210 DM.

d) Sie hat am 1. 11. 1995 eine Lagerhalle an die Leutbecher GmbH für monatlich 5 000 DM zuzüglich 15 % Umsatzsteuer vermietet.
Die Herstellungskosten für die Lagerhalle betrugen 200 000 DM. Bauantrag am 3. 12. 1993, Fertigstellung am 10. 10. 1995.

Für die in 1995 aufgenommene Hypothek bezahlte sie 1995:

Zinsen	4 500 DM
Tilgung	1 500 DM
Damnum	15 250 DM

Es ist die höchstmögliche Absetzung für Abnutzung anzusetzen.

e) Aus ihrem 1994 in Konkurs gegangenen Unternehmen erhält Frau Brock für 1995 einen noch nicht verrechneten Verlustvortrag von 120 000 DM.

Ermitteln Sie systematisch geordnet das zu versteuernde Einkommen für Frau Brock für den Veranlagungszeitraum 1995!
(19 Punkte)

10. Norbert Bauß kaufte am 1. 3. 1995 ein am 20. 1. 1995 fertiggestelltes Einfamilienhaus in Kaltennordheim. Am 31. 3. 1995 hat er dieses Haus zu eigenen Wohnzwecken bezogen. Das Haus hat 120 qm Wohnfläche.

Herr Bauß, der Lehrer ist, nutzt 10 % der Wohnfläche als Arbeitszimmer. Herr Bauß macht bezüglich des Einfamilienhauses für 1995 folgende Angaben:

a) Kaufpreis 330 000 DM, davon entfallen auf den Grund und Boden 66 000 DM.

b) Aufnahme eines Darlehens über 180 000 DM. Auszahlung am 18. 3. 1995 unter Einbehaltung von 8 % Damnum.

c) Schuldzinsen 18. 3. bis 31. 3. 1995 wurden in Höhe von 480 DM und vom 1. 4. bis 31. 12. 1995 = 8 100 DM entrichtet.

d) Ausgaben im Monat März 1995:

Grunderwerbsteuer	6 600 DM
Notariatsgebühren für Kaufvertrag	2 140 DM
Notariatsgebühren für Grundschuldbestellung	430 DM
Gerichtskosten für die Eigentumsumschreibung	710 DM
Gerichtskosten für die Grundschuldbestellung	440 DM

Berechnen Sie nach § 10e EStG wie Sonderausgaben abzugsfähige Beträge!
(11 Punkte)

3. Prüfungssatz III

b) Klausur Wirtschaftslehre III

1. Wolfgang Hirsch betreibt seit dem 1. 1. 1996 in Weimar ein Unternehmen für Sanitär- und Heizungstechnik unter der Firma Wolfgang Hirsch Sanitär- und Heizungstechnik. Er beschäftigt 20 Arbeitskräfte. Für 1996 ist mit einem Umsatz von 1,5 Millionen DM zu rechnen. Die Handelsregistereintragung erfolgte am 25. 2. 1996.
   Prüfen Sie die Kaufmannseigenschaften und
   a) ab welchem Zeitpunkt Hirsch Kaufmann ist und
   b) ab welchem Zeitpunkt er zur Führung von Büchern verpflichtet ist.
   (8 Punkte)

2. Peter Huhn und Martina Gans sind Gesellschafter der Huhn und Gans OHG in Erfurt. Huhn kauft ohne Wissen seiner Partnerin für die Geschäftsräume der OHG bei der Büroeinrichtungs-GmbH Büromöbel für 15 000 DM, die vertragsgemäß geliefert werden.
   Da die Bezahlung ausbleibt, wendet sich die GmbH an Martina Gans, die nicht bezahlen will, weil im Gesellschaftsvertrag Gesamtvertretungsmacht vereinbart worden ist. Im Handelsregister ist diese Vereinbarung nicht eingetragen.
   Prüfen Sie,
   a) ob der Kaufvertrag für die OHG wirksam abgeschlossen worden ist, (Antwort mit Begründung)
   b) kann die GmbH den Kaufpreis von Martina Gans verlangen? (Antwort mit Begründung)
   (6 Punkte)

3. Petra Schwan, Katrin Storch und Ina Pfau gründen am 24. 3. 1996 in Gotha eine Kommanditgesellschaft, bei der Petra Schwan die Vollhafterin ist und die beiden anderen Teilhaferinnen sind.
   a) Was muß die Anmeldung im Handelsregister enthalten?
   b) Nennen Sie ein Beispiel, welche Firmenbezeichnung sich die KG geben kann. (Antwort mit Begründung)
   c) Wo wird das Handelsregister geführt und in welcher Abteilung des Handelsregisters wird die Firma eingetragen?
   (10 Punkte)

4. Hans Fuchs will bauen und schließt am 19. 8. 1996 mit dem Verkäufer des Grundstücks einen Kaufvertrag ab, der am 24. 9. 1996 vom Notar beurkundet wird.

   Die Umschreibung des Grundstücks im Grundbuch erfolgte am 2. 12. 1996.

   a) Wann ist der Kaufvertrag rechtswirksam abgeschlossen?
   (Antwort mit Begründung)

   b) Wie wird das Eigentum an Grundstücken übertragen?

   c) Wann wird Fuchs Eigentümer des Grundstückes?
   (Antwort mit Begründung)
   (6 Punkte)

5. In einer Rechnung an einen Kunden wurden Ziffern vertauscht. Für die Lieferung von 3 Computern à 2 650 DM wurden 7 590 DM in Rechnung gestellt. Der Rechnungsbetrag hätte jedoch über 7 950 DM lauten müssen.

   Kann der Lieferant den Unterschiedsbetrag nachfordern?
   (Antwort mit Begründung)
   (4 Punkte)

6. Prüfen Sie, ob nachstehende Rechtsgeschäfte zustande gekommen sind. Antwort mit Begründung:

   a) Hans Vogel erklärt sich telefonisch bereit, für seinen Stammtischbruder eine Bürgschaft in Höhe 5 000 DM zu übernehmen.

   b) Albert Geier gewährt ein Darlehen von 1 000 DM und verlangt dafür 30 % Zinsen.

   c) Kfz-Händler Adler verkauft einen gebrauchten Pkw als unfallfrei, obwohl er weiß, daß der Pkw einen Unfall hatte.
   (9 Punkte)

7. Karl Reh ist Prokurist der Fa. Autohaus GmbH, Eisenach.

   a) Wie hat Herr Reh als Prokurist vollständig zu zeichnen?

   b) Welche Rechtsgeschäfte darf der Prokurist ohne besondere Befugnis nicht tätigen?
   Führen Sie 4 Beispiele an!
   (6 Punkte)

8. Die Bilanz des Transportunternehmers Rabe weist u. a. folgende Vermögensgegenstände aus:
   a) Betriebsgrundstück
   b) LKW
   c) Wertpapiere
   d) Forderungen
   Geben Sie an, welche Möglichkeit der Kreditsicherung Rabe hat!
   (4 Punkte)

9. Die Möbelgroßhandlung Bär GmbH hat seit dem 20. 11. 1995 gegenüber dem Einzelhändler Zeisig eine Forderung von 12 200 DM aus der Lieferung von Waren. Mit Schreiben vom 28. 1. 1996 mahnt die Bär GmbH den offenstehenden Betrag an. In seinem Antwortschreiben vom 10. 2. 1996 teilt Zeisig mit, daß er sich zur Zeit in finanziellen Schwierigkeiten befindet und bittet um Stundung des Kaufpreises um einen Monat. Bär ist mit der Stundung einverstanden.
   a) Wie wirkt sich die Mahnung auf den Ablauf der Verjährungsfrist aus?
   b) Welche Wirkung haben Stundungsbitte und Stundungsgewährung auf den Ablauf der Verjährungsfrist?
   c) Ermitteln Sie den Beginn und das Ende der Verjährungsfrist! (Antwort mit Begründung)
   (16 Punkte)

10. Zur Bezahlung einer Rechnung stellt Claudia Elster am 10. 3. 1996 einen Barscheck über 560 DM aus. Als Tag der Ausstellung vermerkt sie den 20. 3. 1996 auf dem Scheck.
    Wann kann der Scheckempfänger frühestens den Scheck zur Einlösung vorlegen? (Antwort mit Begründung)
    (3 Punkte)

11. Der 20jährige Auszubildende Andreas Hernig hat am 1. 9. 1995 mit dem Steuerberater Alfred Adler einen 3jährigen Ausbildungsvertrag abgeschlossen. Hernig kündigt am 15. 4. 1996 zum 31. 5. 1996, da er sich zum Bankkaufmann ausbilden lassen will. Adler weist die Kündigung zurück und droht mit Schadenersatzansprüchen. Der Auszubildende verlangt ein Zeugnis, das der Steuerberater verweigert.
    a) Ist die Kündigung wirksam? (Antwort mit Begründung)
    b) Kann der Steuerberater Schadenersatzansprüche geltend machen?

c) Kann der Steuerberater das verlangte Zeugnis verweigern? (Antwort mit Begründung)
(10 Punkte)

12. Prüfen Sie, ob die folgenden Personen krankenversicherungspflichtig in den neuen (alten) Bundesländern sind. Geben Sie für die Krankenversicherungspflichtigen an, wer die Beiträge aufbringen muß!

    a) Der Prokurist einer GmbH erhält einen Bruttoarbeitslohn von 8 800 DM pro Monat.

    b) Anita Löwe arbeitet täglich 2 Stunden als Raumpflegerin und hat einen Stundenlohn von 8 DM.

    c) Der Handelsvertreter Fritz Wolf erhält monatlich zwischen 3 000 DM und 5 000 DM Provision.

    d) Die Sekretärin Petra Meise hat einen Bruttoarbeitslohn von 3 800 DM pro Monat.
    (12 Punkte)

13. Der Betriebsrat als Interessenvertretung der Arbeitnehmer gegenüber dem Arbeitgeber hat bestimmte Rechte.

    Geben Sie in den folgenden Beispielen an, ob der Betriebsrat

    - voll mitbestimmen kann
    - nur angehört werden muß
    - nur informiert werden muß

    a) Stillegung eines Teilbetriebes
    b) Beginn und Ende der Arbeitszeit
    c) Kündigung eines Arbeitnehmers
    (6 Punkte)

c) Klausur Rechnungswesen III

Es sind die gesetzlichen Umsatzsteuersätze anzuwenden.

Bei den Buchungssätzen sind stets auch die DM-Beträge anzugeben. § 6 Abs. 2 EStG und § 7g EStG sind anzuwenden, wenn die Zulässigkeitsvoraussetzungen erfüllt sind.

3. Prüfungssatz III

Begründungen sind nur vorzunehmen, wenn diese ausdrücklich verlangt werden.

I. Herr Emil Neubauer ist Bauunternehmer in Erfurt. Er ermittelt den Gewinn nach § 5 EStG und versteuert die Umsätze nach vereinbarten Entgelten. Herr Neubauer möchte den steuerlich niedrigsten Gewinn ausweisen.

Das Wirtschaftsjahr entspricht dem Kalenderjahr. Nachstehende Buchungen wurden noch nicht berücksichtigt:

1. Herr Neubauer hat am 10. 1. 1995 ein Grundstück für die Errichtung einer Lagerhalle gekauft. Der Kaufpreis für das Grundstück beträgt 45 000 DM. Die Grunderwerbsteuer in Höhe von 900 DM und die Notarkosten in Höhe von 800 DM + USt hat Herr Neubauer privat bezahlt.

   Zur Finanzierung des Grundstücks hat Herr Neubauer am 1. 2. 1995 ein Darlehen aufgenommen, das mit 90 % ausgezahlt wurde. Der Betrag für das Grundstück wurde dem Verkäufer sofort überwiesen.

   Buchen Sie
   a) am 10. 1. 1995
   b) am 1. 2. 1995
   (9 Punkte)

2. Herr Neubauer errichtet auf diesem Grundstück eine Lagerhalle. Der Bauantrag wurde am 12. 1. 1995 gestellt. Die Maßnahme war am 1. 11. 1995 abgeschlossen. Laut Materialentnahmescheine und Lohnzettel sind angefallen:

Materialeinzelkosten	80 000 DM
Fertigungseinzelkosten (Lohn)	20 000 DM

   Der Bauunternehmer Herr Neubauer kalkuliert mit
   20 % Materialgemeinkosten
   130 % Fertigungsgemeinkosten
   10 % Verwaltungskosten

   Ermitteln Sie:
   a) die steuerlich niedrigsten Herstellungskosten
   b) aktivieren Sie die Lagerhalle
   c) die Abschreibungen per 31. 12. 1995 und buchen Sie den Betrag
   (11 Punkte)

3. Für das aufgenommene Darlehen (Vorgang 1) hat Herr Neubauer jährlich 5 % Zinsen im nachhinein zu zahlen. Erste Zinszahlung ist am 31. 1. 1996 fällig.
   Die Laufzeit des Darlehens beträgt 5 Jahre.
   Bilden Sie die erforderlichen Buchungssätze zum 31. 12. 1995!
   (8 Punkte)

4. Herr Neubauer hat am 31. 12. 1995 ein Grundstück, das er am 12. 3. 1993 privat gekauft hatte, in seinen Betrieb eingelegt, es soll als Parkplatz für seine Kunden genutzt werden.
   Die Anschaffungskosten haben seinerzeit 150 000 DM betragen.
   Zum 31. 12. 1995 war ein Nachbargrundstück mit gleicher Fläche zum Preis von 200 000 DM verkauft worden.
   Buchen Sie die Einlage und begründen Sie Ihren Bilanzansatz!
   (4 Punkte)

5. Auf dem Konto „Materialbestand" steht ein Saldo von 25 000 DM. In Vorbereitung der Inventur wird am 28. 12. 1995 festgestellt, daß 30 Säcke Zement, Wiederbeschaffungspreis 8 DM je Sack, durch Wasserschaden nicht mehr verwendbar sind.
   Der Schaden beruht auf eigenem Verschulden des Unternehmens.
   Zum Bilanzstichtag 31. 12. 1995 sind alle Bauvorhaben abgerechnet. Der Inventurbestand der einwandfreien Vorräte beträgt 18 500 DM.
   a) Buchen Sie den Schadensfall!
   b) Ermitteln Sie den Buchungswert per 31. 12. 1995 und erstellen Sie die erforderlichen Buchungen zum Jahresabschluß!
   c) Wie sind Vorräte grundsätzlich zu bewerten? Nennen Sie die Wertobergrenze für die Bewertung!
   d) Welche Bewertungsvereinfachungsverfahren sind steuerlich und handelsrechtlich anwendbar für Vorräte?
   (13 Punkte)

6. Eine Dachreparatur am Betriebsgebäude konnte aus Witterungsgründen 1995 nicht ausgeführt werden. Der voraussichtliche Aufwand beträgt 35 000 DM.
   Bilden Sie den Buchungssatz!
   (2 Punkte)

7. Die Firma Neubauer hat am 31. 12. 1995 umsatzsteuerpflichtige Forderungen aus Lieferungen und Leistungen von 506 000 DM und zweifelhafte Forderungen von 6 900 DM. Die Überprüfung der Forderung ergab:
   a) Kunde Langsam hatte im August Konkurs angemeldet, der am 31. 12. 1995 mangels Masse eingestellt wurde. Die Forderung beträgt 6 900 DM und ist auf dem Konto zweifelhafte Forderungen ausgewiesen.
   b) Der Kunde Ehrlich mußte im Dezember 1995 Konkurs anmelden. Nach Aussage des Konkursverwalters ist mit einer Konkursquote von 5 % zu rechnen. Die Forderung beträgt 17 250 DM.
   c) Die übrigen Forderungen sind pauschal mit 1 % zu berichtigen. Das Konto Pauschalwertberichtigung weist noch einen Saldo von 6 000 DM aus.
   Bilden Sie die Buchungssätze!
   (12 Punkte)

8. Am 2. 11. 1995 wurden nachstehende Wirtschaftsgüter bei einer Computer GmbH in Erfurt erworben. Die Bezahlung erfolgt mit Bankscheck.

Computer mit Bildschirm	2 300 DM
Drucker	2 000 DM
Disketten 30 Stück	120 DM
Software für Baupreisermittlungen	1 000 DM
	5 420 DM
+ 15 % USt	813 DM

   Buchen Sie den Geschäftsvorfall!
   (4 Punkte)

9. Herr Neubauer hat am 1. 12. 1995 einen Pkw geleast. Der Pkw hat eine Grundmietzeit von 4 Jahren. Die Nutzungsdauer beträgt 8 Jahre. Die 1. Rate in Höhe von 805 DM einschließlich USt war am 1. 12. 1995 fällig und wurde vom Postgirokonto abgebucht.
   a) Bei wem ist der Pkw zu aktivieren? Begründung ist mit anzugeben.
   b) Buchen Sie die 1. Rate!
   (4 Punkte)

10. Für den geleasten Pkw wurde die Kfz-Versicherung in Höhe von 840 DM für den Zeitraum 1. 12. 1995–30. 11. 1996 am 28. 12. 1995 vom Bankkonto abgebucht.
    Buchen Sie den Vorgang zum Jahresabschluß noch ein!
    (3 Punkte)

11. Der geleaste Pkw wurde im Dezember von Herrn Neubauer zu 30 % privat genutzt. Neben der Leasingrate und der Kfz-Versicherung sind für den Monat Dezember 300 DM für Benzin als lfd. Kfz-Kosten bereits gebucht worden.
Ermitteln und buchen Sie den Privatanteil Dezember 1995!
(5 Punkte)

Nachstehende Aufgaben sind rechnerisch zu lösen:

II.
1. Die Baukosten eines Parkhauses werden zu ⅓ von einem benachbarten Warenhaus, zu ⅕ von der Stadtgemeinde, zu ¼ durch einen Kredit der Sparkasse aufgebracht. Den Rest in Höhe von 5 616 000 DM übernimmt eine Mineralölgesellschaft, die im Erdgeschoß eine Tankstelle errichten will.
Welche Kosten sind von den anderen Partnern zu tragen?
(6 Punkte)

2. Herr Uwe Schneider und Herr Peter Müller sind Komplementäre der Uwe Schneier KG, Herr Bernd Schneider, der Bruder von Uwe Schneider, ist Kommanditist.

   Die Kapitalkonten per 1. 1. 1995 weisen folgende Beträge aus:

Uwe Schneider	80 000 DM
Peter Müller	60 000 DM
Bernd Schneider	40 000 DM

   Der Gewinn der KG beträgt für 1995 114 000 DM. Bei der Ermittlung des Gewinns wurden als Betriebsausgaben berücksichtigt:

   Für die Vermietung eines Grundstückes an die KG erhielt Peter Müller monatlich 1 200 DM. Bernd Schneider gewährte der KG ein Darlehen. Er erhielt im Wirtschaftsjahr dafür 18 000 DM Zinsen.

   Uwe Schneider ist Geschäftsführer und erhält vom Gewinn vorab für seine Tätigkeit 4 000 DM monatlich.

   Der restliche Gewinn soll, entsprechend dem Gesellschaftsvertrag, wie folgt verteilt werden:

   Verzinsung der Kapitalkonten per 1. 1. 1995 mit 10 %.
   Die Restverteilung erfolgt nach Köpfen.

a) Ermitteln Sie die Gewinnanteile für die einzelnen Gesellschafter!
b) Ermitteln Sie die Einkünfte aus Gewerbebetrieb für die einzelnen Gesellschafter!
(9 Punkte)

3. Der Buchführung von Frau Fleißig entnehmen Sie folgende Zahlen:

   Warenanfangsbestand und Einkäufe   1 250 000 DM
   Erlöse aus Warenverkäufen   1 620 000 DM
   Geschäftskosten   325 000 DM

   Sie erklärt, daß sie mit einem Rohgewinnaufschlag von 35 % kalkuliert.

   Errechnen Sie:
   - Warenendbestand
   - Rohgewinnsatz (Handelsspanne)
   - Reingewinnsatz

   (10 Punkte)

4. Prüfungssatz IV

a) Klausur Steuerwesen IV

I. Einkommensteuer

1. Klaus Fey aus Wiesbaden, geb. 3. 5. 1930, wird mit seiner Frau Petra, geb. 4. 7. 1939, zusammen veranlagt.

   Aus den Büchern und Unterlagen ergibt sich für 1995 folgendes:

   a) Sie ist Inhaberin eines Modegeschäftes. Das Wirtschaftsjahr läuft vom 1. 4.–31. 5. Der Gewinn im Wirtschaftsjahr 1994/95 beträgt 22 500 DM, 1995/96 = 36 000 DM.

   b) Er ist pensionierter Beamter mit einem Ruhegehalt von 3 100 DM im Monat.

   c) Aus einer Beteiligung an einer GmbH (5 %) erhielt er am 26. 6. einen Gewinnanteil von 10 237,50 DM seinem Bankkonto gutgeschrieben. Die erforderliche Steuerbescheinigung liegt vor.

   d) Für ein der GmbH gewährtes Darlehen erhielt er 3 150 DM Zinsen gutgeschrieben.

e) Er unterstützt seinen 76jährigen vermögenslosen Vater mit 420 DM im Monat. Dieser bezieht eine Pension von 1 350 DM und Wohngeld von 70 DM im Monat.

f) Er ist schwerbehindert. Die Erwerbsminderung beträgt 80 %.

Folgende Ausgaben weisen die Eheleute 1995 nach:

- Lebensversicherung (Ehefrau)   8 000 DM
- Haftpflichtversicherung (privat)   150 DM
- Krankenversicherung (Ehefrau)   4 800 DM
- Hundehaftpflichtversicherung   180 DM
- Beiträge an eine politische Partei   720 DM
- Spende an diese Partei   6 000 DM

Ermitteln Sie systematisch geordnet das zu versteuernde Einkommen der Eheleute Fey für 1995!

(25 Punkte)

2. Klaus Lustig ist Eigentümer eines Dreifamilienhauses (Baujahr 1962) in Frankfurt/Main. Das Gebäude hat er 1972 für 360 000 DM angeschafft. Die Wohnung im Erdgeschoß ist für 2 000 DM pro Monat vermietet, die Wohnung im 1. Stock bewohnt er selbst. Er hatte zum 1. 1. 1990 den Wegfall der Nutzungswertbesteuerung beantragt. Die Wohnung im 2. Stock ist an seinen Bruder für 500 DM pro Monat vermietet. Alle drei Wohnungen sind jeweils 100 qm groß und gleichwertig.

Folgende Werbungskosten will Lustig 1995 ansetzen:

- Schuldzinsen   2 960 DM
- Tilgungsbeträge   5 000 DM
- Einsetzen von neuen Fenstern   20 000 DM
  Die Reparaturkosten sollen über den längstmöglichen Zeitraum verteilt werden.
- AfA

a) Welche Konsequenz hat der Wegfall der Nutzungswertbesteuerung?

b) Welche Konsequenz hat die verbilligte Vermietung an den Bruder? (Begründung)

c) Ermitteln Sie für Klaus Lustig die Einkünfte aus VuV für 1995! Nichtansätze sind kurz zu begründen.

(15 Punkte)

4. Prüfungssatz IV

3. Karl König, Beamter, auf dessen Lohnsteuerkarte 1996 die Steuerklasse III/1 eingetragen ist, stellt am 3. 4. 1996 für 1996 einen Antrag auf Lohnsteuerermäßigung. Er weist nach, daß ihm 1996 voraussichtlich folgende Aufwendungen entstehen werden.

Werbungskosten	2 470 DM
Kirchensteuer	635 DM
Internatskosten für das 19jährige Kind	9 600 DM
(einschließlich 6 000 DM für Unterkunft u. Verpflegung)	
Krankenversicherungsbeiträge	5 400 DM

Das Finanzamt trägt einen Freibetrag ein, da die Zulässigkeitsgrenze überschritten ist.

a) Berechnen Sie den Jahresfreibetrag, den das Finanzamt auf der Lohnsteuerkarte eintragen wird!

b) Nehmen Sie die Aufteilung in Monatsfreibeträge vor!

(8 Punkte)

II. Gewerbesteuer

4. Der Einzelunternehmer Michael Mücke betreibt in gemieteten Räumen eine Großhandlung für medizinische Geräte in Mannheim mit einer Filiale in Köln. Mücke ist mit 60 % seiner Arbeitszeit in Mannheim und mit 40 % in Köln tätig. Folgende Zahlen liegen für 1995 vor:

Gewinn lt. EStG für die Zeit vom 1. 1. bis 31. 12. 1995	98 041 DM
Einheitswert 1. 1. 1995	370 000 DM
Arbeitslöhne Mannheim	367 125 DM
Arbeitslöhne Köln	85 711 DM

a) Bestimmen Sie den einheitlichen Gewerbesteuermeßbetrag!

b) Nehmen Sie die Zerlegung vor!

(14 Punkte)

III. Vermögensteuer/Bewertung

5. Der Rentner Rolf Hauser aus München ist 62 Jahre alt und bezieht aus der gesetzlichen Rentenversicherung eine Altersrente von jährlich 24 000 DM. Seine Frau Erna ist 61 Jahre alt und betreibt einen Kosmetiksalon. Die 17jährige Tochter Anja ist Schülerin und wohnt bei ihren Eltern.

Auf den 1. 1. 1995 liegen Ihnen folgende Angaben vor:

• Einheitswert Betriebsvermögen Kosmetiksalon	125 000 DM
• Einheitswert Einfamilienhaus der Eheleute	85 000 DM
• Sparguthaben Anja Hauser	9 000 DM
• Bausparguthaben Erna Hauser	27 000 DM
• Girokonto Rolf Hauser	730 DM
• im August 1994 hat Rolf Hauser Wertpapiere zum Nennbetrag von 210 000 DM geerbt. Der Steuerkurswert beträgt am 1. 1.1995	420 000 DM
• Einkommensteuerschuld für 1994	2 700 DM

Ermitteln Sie systematisch geordnet das Vermögen auf den 1. 1. 1995!
(12 Punkte)

IV. Umsatzsteuer

6. Friedrich Beil betreibt in Erfurt eine Fabrik für Heimwerkermaschinen. Außerdem ist er Eigentümer eines Mietshauses in Dortmund.

Beil versteuert seine Umsätze nach vereinbarten Entgelten und hat, soweit möglich, nach § 9 UStG optiert.

Für 1995 macht er folgende Angaben:

A. Für die Maschinenfabrik:

USt-ID-Nummern sind – falls notwendig – vorhanden.

(1) Lieferungen an Kunden in Deutschland für ein Entgelt von 680 000 DM.

(2) Beil lieferte mit eigenem Lkw Maschinen für ein Entgelt von 52 000 DM an einen Unternehmer in Brüssel.

(3) Beil liefert an den Hobbyhandwerker Werner Haas in Budapest per Bahn eine Bohrmaschine für ein Entgelt von 3 700 DM „verzollt und versteuert".

(4) Vorsteuerbeträge von 37 500 DM sind für die Maschinenfabrik nachgewiesen.

B. Für das Mietshaus (Baujahr 1994):

Alle Geschosse weisen 100 qm Fläche auf.

(1) Das Erdgeschoß ist an den Schuhmacher Stiefel für gewerbliche Zwecke für ein Entgelt von 24 000 DM vermietet worden.

(2) Das 1. Obergeschoß wurde ab 1. 1. 1995 an den Facharzt Dr. Kühl für Praxiszwecke für ein Entgelt von 28 000 DM vermietet.

(3) Das 2. Obergeschoß wurde an die Familie Wenz zu Wohnzwecken für ein Entgelt von 19 200 DM vermietet.

(4) Folgender Kostenbeleg liegt vor:
Rechnung von Baugeschäft Kalk über 45 000 DM + 6 750 DM USt für die Renovierung der Fassade.

Ermitteln Sie die USt-Zahllast für 1995 unter Verwendung des vorgegebenen Schemas! Dabei ist zu prüfen, ob die Lieferungen

a) nach Brüssel und

b) nach Budapest

in Deutschland steuerbar und steuerpflichtig sind. (Antworten mit Begründung)

(19 Punkte)

Schema zu Aufgabe 6

Nr.	nicht steuerbar	steuerbar	steuerfrei	steuerpflichtig

V. Abgabenordnung

7. Der Bäckermeister Anton Brötchen ermittelt seinen Gewinn nach § 4 Abs. 3 EStG. Der Gewinn 1994 beträgt gem. Einnahme-Ausgabe-Über-

schußrechnung 65 370 DM. Die Steuererklärungen 1994 werden im Januar 1996 durch den Steuerberater eingereicht.

Erläutern Sie, ob und ggf. ab welchem Zeitpunkt Brötchen Bücher führen muß!
(4 Punkte)

8. Dem Handwerksmeister Rudolf Kelle wird am 19. 6. 1996 der Einkommensteuerbescheid 1994 mit einer Nachzahlung von 5 790 DM bekanntgegeben.

Prüfen Sie, ob Herr Kelle Zinsen entrichten muß! (Antwort mit Begründung)
(3 Punkte)

b) Klausur Wirtschaftslehre IV

1. Hein Mück und Jan Maier pachten zum 1. Juli 1996 eine Fischräucherei in Bremerhaven. Sie wollen ihr Unternehmen in der Rechtsform einer GmbH betreiben, um die Haftung zu beschränken.

   Die folgenden Sachverhalte sind auf ihre rechtliche Zulässigkeit zu prüfen. (Antworten mit Begründung)

   a) Sie wählen die Schriftform für den Gesellschaftsvertrag.

   b) Sie firmieren: „Hein Mück Fischräucherei"

   c) Das Stammkapital der Gesellschaft beträgt 100 000 DM.

   d) Mück übernimmt eine Stammeinlage von 80 000 DM und Maier eine von 20 000 DM.

   e) Beide Gesellschafter leisten auf ihre Stammeinlage eine Barzahlung von je 10 000 DM
   (17 Punkte)

2. Mit der Eintragung der GmbH ins Handelsregister am 1. 9. 1996 wurde Mück zum alleinigen Geschäftsführer bestellt. Folgende Verträge schließt Mück ab:

   a) Aufgabe einer Werbeanzeige im Fachblatt „Fisch und Fischer" für 300 DM.

b) Bestellung von 100 Litern Lebertran zum Preis von 8 DM je Liter, beim Großhandel zur baldigen Lieferung

c) Bestellung eines neuen Räucherofens, der vom Handwerksmeister Schnell nach Aufmaß gebaut wird, dieser beschafft auch das Material und baut den Ofen bei der GmbH nach 4 Wochen ein.
(11 Punkte)

3. Über das Vermögen des Einzelhändlers Kunibert Pleite wurde das Konkursverfahren eröffnet. Die Aktiva des Unternehmens werden vom Konkursverwalter auf 850 000 DM bewertet.

Darin enthalten sind:

- Waren, die unter Eigentumsvorbehalt geliefert wurden 80 000 DM
- Fahrzeuge, die an eine Bank sicherungsübereignet wurden 120 000 DM

Den Aktiva stehen die folgenden Schulden gegenüber:
- Steuerschulden 85 000 DM
- Schulden gegenüber Banken 180 000 DM
- Schulden gegenüber Lieferanten 2 350 000 DM
- Massekosten 19 000 DM
- durch die Abwicklung von Aufträgen nach Anmeldung des Konkurses entstandene Aufwendungen:
  - Löhne 12 000 DM
  - Mieten 8 000 DM

Berechnen Sie die Konkursquote!
(13 Punkte)

4. Der Fischgroßhändler Hering hat seit dem 20. 9. 1995 gegenüber dem Einzelhändler Sprotte eine Forderung aus der Lieferung von Waren. Am 10. 1. 1996 mahnt Hering durch einen selbstgeschriebenen Brief Sprotte und bittet um sofortige Zahlung. In der Antwort schreibt Sprotte am 15. 1. 1996, daß ihm die Mittel zur Begleichung der Rechnung nicht zur Verfügung stehen und bittet um Stundung für einen Monat. Hering nimmt die Stundung noch am selben Tag an.

a) Wie wirkt sich die Mahnung auf den Ablauf der Verjährung aus?

b) Welche Wirkung haben Stundungsbitte und Gewährung auf den Ablauf der Verjährungsfrist?

c) Ermitteln Sie den Beginn und das Ende der Verjährungsfrist! (Antworten mit Begründung)
(12 Punkte)

5. Thomas Triebel, Dirk Ernert und Christian Wilke gründen am 15. Juli 1996 eine Kommanditgesellschaft, bei der Thomas Triebel der Vollhafter ist und die anderen Teilhafter sind.

   a) Welche Angaben muß die Anmeldung zum Handelsregister enthalten?

   b) In welche Abteilung des Handelsregisters wird die KG eingetragen?

   c) Nennen Sie ein Beispiel, welche Firma sich die KG geben kann. (Antworten mit Begründung)
   (10 Punkte)

6. Der Auszubildende Dirk Menzel hat mit dem Unternehmer Triebel einen Ausbildungsvertrag geschlossen. Nach Ablauf der Probezeit kündigt Menzel sein Ausbildungsverhältnis am 22. 9. 1996 zum 31. 10. 1996, da er sich in einem anderen Beruf ausbilden lassen möchte.

   a) Ist die Kündigung wirksam? (Antwort mit Begründung)

   b) Kann Unternehmer Triebel Schadensersatzansprüche machen?

   c) Darf Unternehmer Triebel das verlangte Zeugnis verweigern? (Antwort mit Begründung)
   (10 Punkte)

7. Die Angestellte Kirst ist in der Sozialversicherung pflichtversichert. Frau Kirst verunglückt durch ihr eigenes Ungeschick auf der Treppe im Betrieb zum Lager, aus dem Sie eine neue Rolle Faxpapier holen wollte. Welche Versicherung muß die Arztkosten bezahlen? (Antwort mit Begründung)
   (4 Punkte)

8. Die Steuerfachgehilfin Elfriede Gesprächig erzählt in ihrer Frauengruppe, wie schlecht doch die Finanzlage des Unternehmers Maier sei. Sie muß es ja wissen, denn Maier sei schließlich langjähriger Mandant bei ihrem Arbeitgeber.
   Am 15. 8. 1996 erfährt ihr Arbeitgeber davon und kündigt Frau Gesprächig am 6. 9. 1996 fristlos, da sie gegen die Verschwiegenheitspflicht verstoßen hat.
   Ist die Kündigung rechtswirksam? (Antwort mit Begründung)
   (4 Punkte)

9. Am 1. 8. 1996 wird dem Angestellten Wichtig durch seinen Vorgesetzten allgemeine Handlungsvollmacht erteilt. Wichtig, der für den Einkauf zuständig ist, kauft auf einer Messe einen größeren Posten Ware ein, der Lieferer verlangt von Wichtig, daß er für das von ihm vertretene Unternehmen einen Wechsel akzeptiert.

   a) Darf Handlungsbevollmächtiger Wichtig am 6. 9. 1996 den Schuldwechsel akzeptieren?

   b) Wäre Wichtig zur Annahme des Schuldwechsels berechtigt, wenn er Prokurist wäre? (Antworten mit Begründung)
   (8 Punkte)

10. Herr Wichtig kauft bei einem dänischem Bettenhaus ein neues Bett für 699 DM im Sonderangebot. Als Herr Wichtig mit einem Euroscheck bezahlen möchte, bittet ihn der Verkäufer um Aufteilung der Summe auf zwei Euroschecks.

    Erklären Sie, warum der Händler dies verlangt.
    (5 Punkte)

11. Entscheiden Sie, in welchem der folgenden Geschäfte der Brauerei AG es sich um

    • Außenfinanzierung
    • Innenfinanzierung
    • keine Finanzierung

    handelt!

    a) Die AG gibt Schuldverschreibungen zu 6 % aus.

    b) Die AG schreibt ihre Maschinen degressiv ab.

    c) Die AG kauft für 100 000 DM Bundesschatzbriefe.

    d) Ein Prokurist der AG akzeptiert einen Wechsel.

    e) Die AG stellt 100 000 DM in die freien Rücklagen ein.

    f) Eine Lieferung wird mit Scheck bezahlt.
    (6 Punkte)

c) Klausur Rechnungswesen IV

Es sind die gesetzlichen Umsatzsteuersätze anzuwenden.
Bei den Buchungssätzen sind stets auch die DM-Beträge anzugeben. § 6 Abs. 2 EStG und § 7g EStG sind anzuwenden, wenn die Zulässigkeitsvoraussetzungen erfüllt sind.
Begründungen sind nur vorzunehmen, wenn diese ausdrücklich verlangt werden.

I. Der Einzelhändler Rolf Bausch ermittelt seinen Gewinn nach § 5 EStG. Der Einheitswert seines Betriebes auf den 1. 1. 1995 beträgt 1 130 000 DM und das Gewerbekapital 1 000 000 DM.

Bausch hat am 3. 8. 1994 für 12 000 DM + 15 % USt einen Computer angeschafft, der eine betriebsgewöhnliche Nutzungsdauer von 4 Jahren hat. Er hat diesen Computer linear abgeschrieben; der Buchwert zum 31. 12. 1994 beträgt 10 500 DM.

Wegen technischer Neuerungen beträgt der Teilwert der Maschine zum 31. 12. 1995 nur noch 5 000 DM.

1. Prüfen Sie, mit welchem Betrag der Computer in der Bilanz zum 31. 12. 1995 anzusetzen ist. Der Bilanzansatz ist zu begründen.
 (4 Punkte)

2. Nehmen Sie die zum 31. 12. 1995 erforderlichen Abschreibungen vor!
 (3 Punkte)

II. Die Artur Mann KG, Lederwaren, beauftragt Sie mit der Erstellung der Buchführung für den Monat Dezember 1995. Die Firma versteuert ihre Umsätze nach vereinbarten Entgelten.

Bilden Sie die Buchungssätze für folgende Geschäftsvorfälle:

1. Barzahlung für Briefmarken 170 DM
2. Ein Lieferant liefert Stiefel für 25 000 DM + 3 750 DM USt auf Ziel.
3.a) Die Tageseinnahme der Kasse beträgt 18 400 DM einschl. 2 917 DM als Schecks.
   b) Sie wird abends in einer Geldbombe bei der Bank eingeworfen.

4.a) Ein Kunde kauft einen Mantel für 1 035 DM gegen Rechnung.
   b) Da Einzugsermächtigung vorliegt, zieht die Firma über das Bankkonto den Rechnungsbetrag von dem Konto des Kunden unter Abzug von 2 % Skonto ein.
5. Die Mann KG kauft eine Regalwand für brutto 75 900 DM und zahlt sofort unter Abzug von 2 % Skonto mit Bankscheck.
6. Um den Kontokorrentkredit zu verringern, nimmt die Mann KG am 1. 12. einen Kredit von 80 000 DM mit einer Laufzeit von 10 Jahren auf. Der Kredit wird nach Abzug des Damnum mit 75 200 DM auf dem laufenden Konto gutgeschrieben.
   Buchen Sie a) zum 1. 12.
   b) zum 31. 12.
7. Am 31. 12. werden für das Darlehen (Aufg. 6) von dem laufenden Bankkonto 1 600 DM Tilgung und 500 DM Zinsen abgebucht.
8. Eine Kundin reklamiert ein Paar Schuhe und erhält hierfür den Kaufpreis von 448,50 DM in bar zurück.
9. Die Mann KG läßt durch einen Fahrer am 15. 12. Ledermäntel aus Paris abholen. Hierfür berechnet der französische Lieferant 206 380 FF. Der Kurs beträgt zu dieser Zeit 31,70 DM; am 31. 12. 1995 beträgt der Kurs 30,82 DM.
   Folgende Abschlußbuchungen sind noch zum 31. 12. 1995 vorzunehmen:
10. Auf dem Konto Versicherungen ist die Betriebshaftpflichtversicherung vom 1. 10. 1995–30. 9. 1996 mit 1 800 DM gebucht.
11. Im Februar wurde ein Kraftfahrzeug für 54 000 DM netto angeschafft. Betriebsgewöhnliche Nutzungsdauer 5 Jahre. Die höchstmögliche Abschreibung ist anzusetzen.
12. Eine Forderung ist uneinbringlich geworden. Die noch offene Rechnung von 1 265 DM ist auszubuchen.
13. Aufgrund des vorläufigen Gewinns ist mit einer Gewerbesteuernachzahlung von 2 920 DM zu rechnen.
14. Die Kundenforderungen von brutto 138 000 DM sind mit 2 % pauschal wertzuberichtigen.

15. 1993 wurden bei Übernahme des Unternehmens für den Firmenwert 120 000 DM gezahlt. Die Abschreibung hierauf ist vorzunehmen.
(43 Punkte)

III. Der Metzgermeister Hein Rippe ermittelt seinen Gewinn nach § 5 EStG. Aufgrund der vorliegenden Bilanz zum 31. 12. 1995 wurde ein vorläufiger Gewinn von 100 000 DM festgestellt.

Prüfen Sie folgende Buchungen und berichtigen Sie ggf. auf den niedrigst möglichen Gewinn. § 7 g EStG ist anzuwenden, die Voraussetzungen liegen vor. Begründen Sie die Antworten!

1. Rippe hat am 28. 12. 1995 eine Knochensäge für netto 3 000 DM angeschafft. Nutzungsdauer 10 Jahre.

   Die Absetzung für Abnutzung wurde linear mit 150 DM vorgenommen.
   (5 Punkte)

2. Rippe hat 1995 einem Lieferanten zu seinem Geschäftsjubiläum ein Bild für 650 DM zuzüglich 15 % Umsatzsteuer geschenkt und den Nettobetrag auf Geschenke gebucht.
   (3 Punkte)

3. Ein schweizer Lieferant hat am 3. 11. 1995 Rindfleisch für 15 000 sfr geliefert. Kurs 120,30, mit dem die Rechnung auch gebucht wurde. Am 31. 12. 1995 betrug der Kurs 122,90.
   (5 Punkte)

4. Rippe hat am 7. 4. 1995 eine gebrauchte Wurstrührmaschine für 780 DM netto gekauft (Nutzungsdauer 3 Jahre). Für die Erstausstattung benötigte er verschiedene Rühreinsätze für 60 DM netto. Beide Beträge buchte er auf geringwertige Wirtschaftsgüter (GWG).
   (5 Punkte)

5. Rippe fährt mit seinem ausschließlich betrieblich genutzten Pkw an 220 Tagen von der Wohnung zu seiner Metzgerei (einfache Entfernung 10 km). Aus der Buchführung ergibt sich, daß der Pkw pro gefahrenem Kilometer mit 0,90 DM im Aufwand gebucht ist.
   (6 Punkte)

IV. Bearbeiten Sie die folgenden Rechenaufgaben:

1. Paul Schuldig hat am 4. 5. 1995 ein Darlehen von 200 000 DM zum Zinssatz von 9 % erhalten. Die Zinsen sind am 31. 12. 1995 fällig. Folgende Tilgung leistet er in 1995:

   8. 6. 95 = 20 000 DM
   3. 9. 95 = 14 000 DM
   26. 11. 95 = 120 000 DM

   Ermitteln Sie die am 31. 12. 1995 fälligen Zinsen!
   (10 Punkte)

2. Aufgrund eines Konkursverfahrens wurde das Vermögen eines Unternehmens folgendermaßen verteilt:

   - zur Deckung von Massekosten   27 340 DM
   - zur Befriedigung der bevorrechtigten Gläubiger   39 630 DM
   - zur Befriedigung der übrigen Gläubiger
     (Konkursquote 9 %)   45 450 DM

   a) Berechnen Sie die Höhe der Konkursverbindlichkeiten!

   b) Ermitteln Sie den Forderungsverlust eines nicht bevorrechtigten Gläubigers, der mit einer Konkursdividende von 7 560 DM abgefunden wurde.
   (7 Punkte)

3. Nach zweimaliger degressiver Abschreibung beträgt der Buchwert einer Maschine des Anlagevermögens mit einer betriebsgewöhnlichen Nutzungsdauer von 5 Jahren 8 820 DM.
   Berechnen Sie die Anschaffungskosten der Maschine!
   (5 Punkte)

4. Ulf Rüstig möchte einen Betrieb kaufen, dessen Kaufpeis sich auf 400 000 DM beläuft. Sein Eigenkapital beträgt 100 000 DM.
   Berechnen Sie die Eigenkapitalverzinsung, wenn das aufzunehmende Darlehen mit 6 % zu verzinsen und mit einem Gewinn von 30 000 DM zu rechnen ist!
   (4 Punkte)

5. Prüfungssatz V

a) Klausur Steuerwesen V

I. Einkommensteuer

1. Der ledige Facharzt Dr. Spritze bittet Sie um folgende Auskünfte über die Einkomensteuer-Erklärung 1996:

   a) Er möchte einer politischen Partei 4 000 DM spenden. Berechnen Sie die Einkommensteuerersparnis (ohne Berücksichtigung des Solidaritätszuschlages), wenn er nach der höchsten Progressionsstufe versteuert wird!

   b) Um die steuerlichen Abzugsmöglichkeiten für Vorsorgeaufwendungen auszuschöpfen, möchte er eine Lebensversicherung abschließen. Wieviel DM muß die Jahresprämie betragen, wenn er 3 000 DM Krankenversicherung und 2 000 DM Kfz-Haftpflichtversicherung einschließlich 300 DM Kasko nachweist?

   c) Für seine im Haushalt lebenden 8- und 12jährigen Töchter zahlt er an einen Kinderhort monatlich 800 DM zur Beaufsichtigung der Kinder. Berechnen Sie den steuerlich abzugsfähigen Betrag!

   (13 Punkte)

2. Regina Reich, ledig, hat folgende Einkommen erzielt:

   1994 =   85 000 DM
   1995 = 103 000 DM

   Sie erwarb am 31. 10. 1995 ein Einfamilienhaus (Baujahr 1990) in Weimar zum Preis von 420 000 DM, davon entfallen auf den Grund und Boden 80 000 DM. Bezogen hat sie das Haus am 1. 12. 1995.

   Außerdem sind ihr folgende Aufwendungen entstanden:
   - Grunderwerbsteuer 8 400 DM am 7. 12. 1995
   - Gerichtskosten 420 DM am 4. 12. 1995 für die Eigentumsumschreibung
   - Am 2. 11. 1995 hat sie die Rechnung des Notars von 1 180 DM für den Kaufvertrag und von 430 DM für die Grundschuldbestellung bezahlt.

   Für den Kauf mußte sie ein Darlehen von 290 000 DM bei der Bank aufnehmen. Bei der Auszahlung am 31. 10. 1995 wurde ihr ein Disagio von

5. Prüfungssatz V

23 200 DM einbehalten. An Zinsen wurden ihr für 1995 monatlich 1 740 DM belastet.

Ermitteln Sie den Fördergrundbetrag nach dem Eigenheimzulagengesetz und den Vorkostenabzug. Nichtansätze sind zu begründen.

(10 Punkte)

3. Die Eheleute Pares beantragen für 1995 die Zusammenveranlagung zur Einkommensteuer. Sie führen in Hamburg einen gemeinsamen Haushalt.

Sie erklären zur Person:

Herr Pares, geb. 27. 4. 1936, selbständiger Rechtsanwalt.

Frau Pares, geb. 16. 9. 1941, Hausfrau

Sie erklären folgende Einkünfte:

Herr Pares:

ermittelt seinen Gewinn aus Anwaltstätigkeit nach § 4 Abs. 3 EStG:

Betriebseinnahmen	420 000 DM
Betriebsausgaben	230 000 DM

erzielte als Testamentsvollstrecker

Einkünfte von	14 000 DM

Frau Pares

erhielt 12 796,88 DM Dividendengutschrift lt. Bankauszug; die erforderlichen Steuerbescheinigungen liegen vor;

ist als Kommanditistin mit 20 % am Gewinn der Beckmann KG beteiligt, deren Wirtschaftsjahr jeweils am 31. 1. endet.

Gewinn der KG 1994/95	70 000 DM
Gewinn der KG 1995/96	120 000 DM

hat ein unbebautes Grundstück langfristig an die Beckmann KG verpachtet, wofür sie jährlich 36 000 DM erhält, die die Beckmann KG als Aufwand bucht.

In 1995 wurden noch folgende Ausgaben aus eigenen Mitteln getätigt:

Krankenversicherungsbeiträge	6 600 DM
Lebensversicherungsbeiträge	12 000 DM
Unfallversicherungsbeiträge	360 DM
Hausratversicherungsbeiträge	300 DM
Unterstützung der vermögenslosen Mutter mit	500 DM /Monat

Diese erhielt 1995 von der Landesversicherungsanstalt Rheinland-Pfalz eine Rente von 8 400 DM.

Berechnen Sie systematisch geordnet das zu versteuernde Einkommen der Eheleute Pares für 1995! (Nichtansätze sind zu begründen)
(24 Punkte)

II. Gewerbesteuer

4. Der Einzelunternehmer Jan Schneider aus Düsseldorf, dessen Wirtschaftsjahr mit dem Kalenderjahr übereinstimmt, legt für 1995 folgende Zahlen vor:

a) vorläufiger Gewinn aus Gewerbebetrieb 62 730 DM

b) Einheitswert des gewerblichen Betriebes zum 1. 1. 1995 314 000 DM

c) GewSt-Vorauszahlungen, die den Gewinn gemindert haben 8 300 DM

d) Einheitswert des Betriebsgrundstücks zum 1. 1. 1992 60 000 DM

Der Hebesatz der Stadt Düsseldorf beträgt 420 %.

Ermitteln Sie systematisch geordnet die Gewerbesteuerrückstellung/oder -forderung für 1995 nach der ⁵⁄₆-Methode!
(13 Punkte)

III. Vermögensteuer/Bewertungsgesetz

5. Kuno Christensen, geb. 1. 3. 1935, und seine Ehefrau Anna, geb. 25. 9. 1948, haben ihren Wohnsitz in Emden.

Sohn Siegfried, geb. 6. 2. 1981, ist auf Dauer behindert; der Grad der Behinderung beträgt 100 %.

Die Eheleute machen zu ihrem Vermögen zum 1. 1.1995 folgende Angaben:

- Frau Christensen betreibt in Emden ein Juwelierfachgeschäft; Einheitswert 1 340 000 DM
- das Einfamilienhaus des Ehemannes in Emden hat einen Einheitswert von 62 000 DM
- Bargeld des Ehemannes 1 600 DM
- Die Aktien des Ehemannes haben einen Steuerkurswert von 32 500 DM

a) Ermitteln Sie systematisch geordnet das steuerpflichtige Vermögen auf den 1. 1. 1995!

b) Prüfen Sie, ob auf den 1. 1. 1996 eine Neuveranlagung stattfindet! (Antwort mit Begründung)
(12 Punkte)

IV. Umsatzsteuer

6. Der Goldschmiedemeister Thorsten Lang betreibt in Leipzig ein Juweliergeschäft und versteuert nach vereinbarten Entgelten.

   Beurteilen und begründen Sie, ob die folgenden Sachverhalte in der Voranmeldung April 1996 zu berücksichtigen sind! Geben Sie dabei auch die Bemessungsgrundlagen an!

   a) Lang schenkt seiner Frau zu Ostern eine Uhr, die er am 3. 4. 1996 entnimmt. Er hat diese Uhr im Januar für 1 900 DM + USt eingekauft. Der Einkaufspreis beträgt am 3. 4. 2 100 DM + USt. Der Ladenverkaufspreis einschl. 15 % USt beträgt 3 456 DM.

   b) Bei einem Einbruch am 7. 4. 1996 wurde Schmuck gestohlen. Die Versicherung überweist am 29. 4. 1996 20 000 DM.

   c) Eine Kundin erteilt Lang den Auftrag, eine Brosche umzuarbeiten. Lang verwendet dafür ausschließlich Gold und Steine dieser alten Brosche. Bei Abholung der neuen Brosche am 16. 4. 1996 vereinnahmte Lang 920 DM.

   d) Anläßlich des 50jährigen Geschäftsjubiläums eines Geschäftsfreundes in Halle hat Lang diesem am 30. 4. 1996 eine Silberschale geschenkt. Lang hat die Schale für 100 DM + USt erworben. Der Verkaufspreis beträgt einschl. USt 240 DM.
   (14 Punkte)

7. Prüfen Sie, ob für folgende Mandanten 1996 eine Versteuerung der Umsätze nach vereinnahmten Entgelten rechtlich möglich wäre! (Antwort mit Begründung)

   a) Der Computerhersteller Paul Speicher, Hamburg, hat 1995 einen Gesamtumsatz von 277 000 DM erzielt.

   b) Der selbständige Rechtsanwalt Olaf Buch hat 1995 aus anwaltlicher Tätigkeit einen Umsatz von 330 000 DM erzielt.
   (6 Punkte)

V. Abgabenordnung

8. Die Steuerpflichtige Vera Böhm hat ihre Einkomensteuererklärung 1994 nicht beim Finanzamt eingereicht. Das Finanzamt schätzt die Besteuerungsgrundlagen unter Vorbehalt der Nachprüfung. Böhm erhält den Einkommensteuerbescheid 1994 am 4. 4. 1996 (Aufgabe zur Post 3. 4. 1996) mit einer Nachzahlung von 20 000 DM. Am 8. 5. 1996 reicht sie dem Finanzamt die Steuererklärung 1994 ein, aus der sich eine Überzahlung von 1 000 DM ergibt.
   a) Geben Sie an, bis zu welchem Zeitpunkt welcher Rechtsbehelf eingelegt werden kann!
   b) Kann der Steuerbescheid noch geändert werden?
   c) Welche Möglichkeit hat sie, die Nachzahlung nicht leisten zu müssen? (Antwort mit Begründung)
   (8 Punkte)

b) Klausur Wirtschaftslehre V

1. Werner Breit beschließt, einen alternativen Bio-Laden aufzumachen, zumal er in guter Lage einen Keller, der sich als Laden eignet, kostenlos angeboten bekommt. Das nötige Geld treibt Breit in der Verwandtschaft auf. Am 15. September 1996 eröffnet Breit seinen Bio-Laden, in dem er allein arbeitet. Umsatzerwartung monatlich 5 000 DM.
   a) Ist er Kaufmann geworden? (Antwort mit Begründung)
   b) Muß sich Breit ins Handelsregister eintragen lassen? (Antwort mit Begründung)
   (10 Punkte)

2. Prüfen Sie, ob bei den folgenden Fällen eine Eintragung im Handelsregister vorzunehmen ist! (Antworten mit Begründung)
   a) Der Mandant Jan Meyer ist selbständiger Malermeister. Er beschäftigt 80 Mitarbeiter und erzielt im abgelaufenen Kalenderjahr einen Umsatz von 3,2 Mio. DM.
   b) Der selbständige Spediteur Knut Schiehe in Celle beschäftigt 2 Mitarbeiter und erzielte im abgelaufenen Kalenderjahr einen Umsatz von 90 000 DM.

c) Der Landwirt Hans Harms bewirtschaftet 77 ha Land in Gotha und erzielte einen Umsatz von 5 Mio. DM.
In seiner Schnapsbrennerei verarbeitet er ausschließlich selbst erzeugte Kartoffeln. Aus dem Verkauf des Schnapses erzielte er im abgelaufenen Kalenderjahr einen Umsatz von 800 000 DM.
(9 Punkte)

3. Dirk Ernert, der in Gotha einen Sanitärhandel unter der Firma „Dirk Ernert, Sanitärzentrale Gotha" betreibt, möchte eine Betriebserweiterung durchführen. Sein Freund Thomas Triebel stellt ihm 150 000 DM als Einlage zur Verfügung. Triebel ist am Gewinn und Verlust des Unternehmens beteiligt. Vertretung und Haftung sind ausgeschlossen.

   a) Welche Unternehmensform liegt vor? (Antwort mit Begründung)
   b) Kann der Name Thomas Triebel in die Firma aufgenommen werden? (Antwort mit Begründung)
   (6 Punkte)

4. Der Mandant Dirk Menzel hat seine Maschinengroßhandlung mit 20 Mitarbeitern am 1. 4. 1996 in Hanau unter der Firma „Dirk Menzel Maschinengroßhandlung" eröffnet. Am 15. 4. 1996 meldete er sein Handelsgewerbe beim Handelsregister an. Die Eintragung erfolgte am 2. 5. 1996.

   a) An welchem Tag hat Menzel die Kaufmannseigenschaft erworben? (Antwort mit Begründung)
   b) Prüfen Sie, ob die im Handelsregister eingetragene Firma (Dirk Menzel, Maschinengroßhandlung) den gesetzlichen Vorschriften entspricht! (Antwort mit Begründung)
   c) Da Menzel stark beschäftigt ist, beabsichtigt er, seiner Frau Prokura zu erteilen. Ist dies rechtlich zulässig? (Antwort mit Begründung)
   d) Wie hätte Frau Menzel als Prokuristin zu zeichnen?
   (15 Punkte)

5. Handelsvertreter Schulz, der seit 5 Jahren ausschließlich für den Mosel Weinproduzenten Süffig tätig war, möchte auch die Vertretung französischer Rotweine in der Bundesrepublik übernehmen. Der Vertrag zwischen Schulz und dem Mosel Weinproduzenten enthält im Hinblick auf die Übernahme weiterer Vertretungen keine Regelung.

   a) Kann Schulz die Vertretung französischer Weine übernehmen? (Antwort mit Begründung)

b) Süffig ist mit der zusätzlichen Vertretung nicht einverstanden und kündigt Schulz fristlos. Ist diese Kündigung zulässig ? (Antwort mit Begründung)

c) Nach Beendigung des Vertragsverhältnisses zwischen Schulz und Süffig tätigt der Weinproduzent Süffig Geschäfte, die Schulz eingeleitet hat. Hat Schulz Ansprüche auf Provision aus diesen Geschäften? (Antwort mit Begründung)
(9 Punkte)

6. a) Erna Klein ist Eigentümerin eines großen Möbelhauses in Erfurt. Neben Wohnprogrammen anderer Hersteller vertreibt Klein das Schrankwandprogramm der Wohnwelt GmbH Kassel, für Rechnung der GmbH. Welche Vertragsbeziehungen bestehen zwischen Klein und der Wohnwelt GmbH? (Antwort mit Begründung)

b) Klein verkauft einen Schrank, der im Katalog der Wohnwelt GmbH mit 5 500 DM ausgezeichnet ist, für 3 000 DM und teilt dies der GmbH mit. Nach 6 Wochen verlangt die Wohnwelt GmbH die Zahlung von 2 500 DM von Klein. Muß Klein zahlen? (Antwort mit Begründung)
(6 Punkte)

7. Im Juli 1996 kaufte Triebel auf dem Waltershäuser Flohmarkt einen Fernsehapparat ohne zu wissen, daß dieser Apparat gestohlen ist. Ist Triebel trotzdem Eigentümer geworden ? (Antwort mit Begründung)
(4 Punkte)

8. Der Großhändler Wolfgang Wagner lieferte dem Einzelhändler Rudi Schmidt am 10. 4. 1996 mit Rechnung vom gleichen Tag Waren für 20 000 DM, Zahlungsziel 2 Monate. Da Schmidt trotz mehrer Mahnungen nicht zahlte, erwirkte Wagner einen Mahnbescheid, der Schmidt am 15. 10. 1996 zugestellt wurde.

a) Welche Verjährungsfrist gilt für diese Forderung? (Antwort mit Begründung)

b) Wie wirkt sich der Mahnbescheid auf die Verjährung aus?
(7 Punkte)

9. Der im Handelsregister eingetragene Großhandelskaufmann Wilhelm Wilms in Wilhelmshaven verständigte sich mit seinen Gläubigern auf einen außergerichtlichen Vergleich, der am 15. 1. 1996 wirksam wurde, Vergleichsquote 50 %. Da Wilms seinen Verpflichtungen aus dem Vergleich nicht nachkommen konnte, mußte er am 3. 5. 1996 Konkurs anmelden.

Der Mandant Manfred Munter hat auf Grund einer Warenlieferung vom 3. 1. 1996 eine Forderung gegenüber Wilms von 4 000 DM. Mit wieviel DM wird diese Forderung im Konkurs berücksichtigt? (Antwort mit Begründung)
(6 Punkte)

10. Am 20. 5. 1996 stellte der Mandant Thomas Triebel einen Barscheck über 1 300 DM aus. Als Tag der Ausstellung vermerkte er auf dem Scheck den 28. 5. 1996. Noch am Tag der Ausstellung gab er den Scheck dem Inhaber einer Autovermietung in Zahlung. Wann kann der Empfänger den Scheck frühestens zur Einlösung vorlegen? (Antwort mit Begründung)
(4 Punkte)

11. Der Kaufmann Peter Menten aus Bremen kann eine Warenlieferung über 5 300 DM nicht sofort bezahlen. Sein Lieferer Maier ist bereit, anstelle von Bargeld einen Wechsel als Zahlung zu akzeptieren.

    a) Wer ist hier Aussteller und Bezogener des Wechsels?

    b) Maier will den Wechsel an seinen Gläubiger Menten zur Begleichung der Schuld weitergeben. Wie erfolgt diese Weitergabe?

    c) Geldschulden sind nach dem BGB sogenannte Schickschulden, bei Wechsel spricht man aber von Holschulden. Erläutern Sie diese beiden Aussagen!
    (10 Punkte)

12. Welcher Zweig der Sozialversicherung ist für die Regelung folgender Fälle zuständig?

    Zweig der Sozialversicherung

    a) Durch Rationalisierungsmaßnahmen wird ein Arbeiter arbeitslos.

    b) Ein Maurer leidet unter Hautausschlägen, die durch den Umgang mit Zement verursacht wurden. Er kann seinen Beruf nicht mehr ausüben.

    c) Durch den Tod eines Arbeitnehmers entstehen 7 500 DM Beerdigungskosten.

    d) Ein Auszubildender bricht sich im Betrieb während der Arbeitszeit ein Bein.
    (8 Punkte)

13. Nach erfolgreichem Bestehen der Abschlußprüfung als Steuerfachgehilfin bewirbt sich Gabi Alt bei einem Steuerbüro. Sie schließt zu folgenden Bedingungen einen Arbeitsvertrag ab: Anfangsgehalt 2 400 DM, 30 Tage Urlaub, 13 Monatsgehälter. Die Frage nach einer Schwangerschaft hat sie wahrheitsgemäß verneint. Nachdem Frau Alt zwei Wochen bei dem neuen Arbeitgeber beschäftigt ist, merkt sie, daß sie schwanger ist. Als sie dies ihrem Chef mitteilt, kündigt dieser ihr fristlos während der Probezeit. Wie ist die Rechtslage?
(6 Punkte)

c) Klausur Rechnungswesen V

Es sind die gesetzlichen Umsatzsteuersätze anzuwenden.

Bei den Buchungssätzen sind stets auch die DM-Beträge anzugeben. § 6 Abs. 2 EStG und § 7g EStG sind anzuwenden, wenn die Zulässigkeitsvoraussetzungen erfüllt sind.

Begründungen sind nur vorzunehmen, wenn diese ausdrücklich verlangt werden.

I.

Die Kaufmann OHG betreibt in Bremen eine Maschinengroßhandlung. Sie ermittelt ihren Gewinn nach § 5 EStG. Ihre Umsätze werden nach vereinbarten Entgelten zum Regelsteuersatz besteuert. Das Wirtschaftsjahr entspricht dem Kalenderjahr.

Der Einheitswert des Betriebsvermögens beträgt 230 000 DM und das Gewerbekapital 520 000 DM.

Für 1995 ist auf den steuerlich zulässig niedrigsten Gewinn abzustellen.

Aufgabenstellung:

- Die folgenden Sachverhalte sind noch zu berücksichtigen.
- Bilden Sie die Buchungssätze!
- Gegebenenfalls sind Berichtigungsbuchungen vorzunehmen. Der jeweilige Lösungsweg ist rechnerisch darzustellen bzw., wenn verlangt, zu begründen.
- Die Rechnungen entsprechen den Vorschriften des Umsatzsteuergesetzes.

5. Prüfungssatz V

1. Die Firma Kaufmann OHG kauft Schleifmaschinen auf Ziel bei der Firma Schleifer GmbH Hamburg.
   a) Der Listenpreis laut Eingangsrechnung vom 4. 9. 1995 beträgt 180 000 DM (netto), auf den 25 % Wiederverkäuferrabatt gewährt werden.
   b) Für den Transport der Maschinen berechnet eine Spedition 690 DM (brutto), die am 4. 9. 1995 bar bezahlt werden.
   c) Zum Ausgleich ihrer Schuld akzeptiert die Firma Kaufmann OHG am 12. 9. 1995 einen Wechsel der Firma Schleifer GmbH über den Rechnungsbetrag vom 4. 9. 1995.
   (7 Punkte)

2. a) Die Firma Kaufmann OHG kauft lt. Rechnung und Lieferdatum vom 3. 12. 1995 ein neues Regal für 11 300 DM (netto).
   Die Montagekosten betragen 598 DM (brutto) und werden am 3. 12. 1995 bar bezahlt.
   Die Rechnung für das Regal wird am 15. 12. 1995 unter Abzug von 2 % Skonto per Postgiro bezahlt.
   b) Ermitteln Sie die Anschaffungskosten und nehmen Sie die Abschreibung zum 31. 12. 1995 vor. Die betriebsgewöhnliche Nutzungsdauer beträgt 10 Jahre.
   (13 Punkte)

3. Am 29. 12. 1995 überweist die Kaufmann OHG vom Bankkonto folgende Beträge:

a) GewSt-Abschlußzahlung für 1994	9 734 DM
Für die GewSt war eine Rückstellung von gebildet worden.	10 000 DM
b) Die Einbruch-Diebstahl-Versicherung vom 1.12. 1995 – 30. 11. 1996 über	7 800 DM

   (5 Punkte)

4. Die Lohnliste für den Monat Oktober 1995 weist folgende Zahlen aus:

Gehälter (einschließlich Sachbezug)	45 000,— DM
Löhne	76 292,34 DM
Weihnachtsgeld für die Arbeiter	16 290,66 DM

Einbehalten werden:
Lohn- und Kirchensteuer 28 638,60 DM
Sozialversicherung/Arbeitnehmeranteil 24 077,04 DM
Sachbezug Pkw 4 104,— DM
Vermögenswirksame Leistungen 3 600,— DM
Der Arbeitgeberanteil zur SozV beträgt 25 608,36 DM
(11 Punkte)

5. Die Löhne für die geringfügig beschäftigten Aushilfen für den Monat Oktober betragen 6 000 DM. Eine Kirchensteuerbefreiung liegt nicht vor. Die Auszahlung der Aushilfslöhne erfolgt am 9. 11. 1995. Die Lohn- und Kirchensteuer für den Oktober werden pauschal erhoben.
(5 Punkte)

6. Herr Kaufmann erwirbt am 24. 1. 1993 privat einen Pkw-Anhänger für 18 000 DM (netto) von der Firma Autohaus GmbH in Mainz. Am 12. 1. 1995 legt er den Anhänger in das Betriebsvermögen ein. Der Teilwert zum Zeitpunkt der Einlage beträgt 17 300 DM. Die betriebsgewöhnliche Nutzungsdauer beträgt 10 Jahre.

   a) Entscheiden Sie, mit welchem Wert die Einlage anzusetzen ist! (Antwort mit Begründung)

   b) Nehmen Sie die Buchung vor!
   (7 Punkte)

7. Die Firma Kaufmann OHG kauft am 16. 10. 1995 in England bei der Firma English Machines eine Drehbank für 3 216 engl. Pfund auf Ziel. Die Eingangsrechnung wurde zum Kurs von 2,30 DM gebucht. Der Wechselkurs zum 31. 12. 1995 beträgt 2,12 DM.

   Berechnen Sie, mit welchem Wert die Verbindlichkeit zum 31. 12. 1995 anzusetzen ist. (Antwort mit Begründung)
   (4 Punkte)

8. Der Rechtsanwalt Gerecht überweist nach Abschluß des Konkursverfahrens des Kunden Maier am 18. 10. 1995 943 DM auf das Bankkonto der Kaufmann OHG. Der ursprüngliche Forderungsbetrag vom 3. 2. 1994 betrug 11 983 DM und wurde am 31. 12. 1994 auf das Konto zweifelhafte Forderungen gebucht. Im Rahmen der Abschlußarbeiten für 1994 wurde die Forderung mit 80 % direkt abgeschrieben. Die Umsatzsteuer wurde bisher nicht berichtigt.
(7 Punkte)

II.

Der Malermeister Friedhelm Klecks ermittelt seinen Gewinn nach § 5 EStG. Am 31. 12. 1995 weist seine Hauptabschlußübersicht die folgende Saldenbilanz aus:

1. Schließen Sie die Hauptabschlußübersicht ab!
2. Das Kapital zum 31. 12. 1995 ist zu berechnen!

(16 Punkte)

Hauptabschlußübersicht vom 31. 12. 1995

Kto.-Nr.	Kontenbezeichnung	Salden-Bilanz II per_____		Vermögens-Bilanz (Schlußbilanz) per_____		Erfolgs-Bilanz (Gewinn und Verlust) per_____	
		Soll (Lastschrift)	Haben (Gutschrift)	Aktiva (Besitz)	Passiva (Schulden)	Aufwand (Verlust)	Ertrag (Gewinn)
	Firmenwert	30 000					
	Mietkaution	3 000					
	Ladeneinrichtung	22 500					
	Kraftfahrzeuge	15 000					
	Darlehensschulden		76 225				
	Kapital	4 700					
	Rechnungsabgrenzungsp.	800					
	Rückstellung		2 500				
	Kassenbestand	320					
	Bankbestand	15 630					
	Kundenforderungen	27 940					
	Lieferantenverbindlichkeit.		26 840				
	Umsatzsteuer		1 090				
	Privatentnahmen	18 480					
	Zinserträge		110				
	Zinsaufwendungen	3 885					
	Warenbestandskonto	4 160					
	Wareneinkauf	118 420					
	Personalkosten	55 600					
	Raumkosten	12 220					
	Kfz-Kosten	7 370					
	Abschreibung Anlageverm.	10 040					
	Porto, Telefon	3 030					
	Bürokosten	2 990					
	Rechts- u. Beratungskosten	6 310					
	Allg. Verwaltungskosten	4 080					
	Warenerlöse		255 000				
	Entnahmen Farbe		1 100				
	Kfz-Privatanteil		3 130				
	Telefon-Privatanteil		480				
		366 475	366 475				

III. Die folgenden Aufgaben sind rechnerisch zu lösen!

1. Die Bilanz des Lebensmitteleinzelhändlers Klaus Käse weist zum 31. 12. 1995 Aktiva von 190 000 DM und Schulden von 76 000 DM aus. In der Gewinn- und Verlustrechnung stehen Aufwendungen von 290 000 DM Erträgen von 320 000 DM gegenüber. Die Privatentnahmen betrugen 46 000 DM und die Privateinlagen 10 000 DM.
Berechnen Sie, mit wieviel Prozent sich das Anfangskapital verzinst hat.
(8 Punkte)

2. Der Waschmaschinenhersteller Bernd Sauber hat 1995 210 Maschinen à 600 DM zuzüglich 15 % Umsatzsteuer verkauft. Die Inventur am 1. 1. 1995 weist einen Bestand von 39 Maschinen á 400 DM auf. Außerdem wurden 295 Maschinen zum gleichen Preis eingekauft.
Berechnen Sie
a) den Warenendbestand zum 31. 12. 1995,
b) den Wareneinsatz,
c) den Rohgewinn
d) den Rohgewinnsatz
(8 Punkte)

3. An einer KG sind drei Gesellschafter beteiligt:

Müller (Komplementär) mit einer Einlage von	500 000 DM
Meier (Kommanditist) mit einer Einlage von	300 000 DM
Schulz (Kommanditist) mit einer Einlage von	250 000 DM

Der handelsrechtliche Gewinn der KG für das Geschäftsjahr 1995 beträgt 228 460 DM. Müller erhielt für die Geschäftsführung monatlich 11 000 DM vorweg.
Meier gewährte der KG ein Darlehen und erhielt dafür Zinsen von 36 000 DM.
Die Tätigkeitsvergütung und die Zinsen wurden von der KG als Betriebsausgaben gebucht.
Laut Gesellschaftervertrag sollen die Kapitaleinlagen der Gesellschafter mit 5 % verzinst werden, und der restliche Gewinn soll im Verhältnis 2:1:1 auf die Gesellschafter verteilt werden.
a) Ermitteln Sie die handelsrechtlichen Gewinnanteile der Gesellschafter!
b) Ermitteln Sie die Einkünfte aus Gewerbebetrieb der Gesellschafter!
(9 Punkte)

6. Prüfungssatz VI

a) Klausur Steuerwesen VI

I. Einkommensteuer

1. Rolf Baumeister, wohnhaft in Landshut, Münchner Str. 7, hat am 7. 11. 1986 ein 4-Familien-Haus (Baujahr 1980) mit gleichwertig ausgestatteten Wohnungen angeschafft.

Die Anschaffungskosten (einschließlich Anschaffungsnebenkosten) betrugen 700 000 DM, davon entfielen auf Grund und Boden 100 000 DM. Folgende Angaben zur Hausnutzung liegen 1995 vor:

- Die Wohnungen im Erdgeschoß und 1. Stock sind je 100 m² groß und mit dem ortsüblichen Preis von 10 DM/m² vermietet. Die Umlagen betragen 280 DM im Monat je Wohnung.

- Die gleichgroße Wohnung im 2. Stock bewohnen die Eheleute Baumeister selbst. Ab 1995 beantragt er den Wegfall der Nutzungswertbesteuerung.

- Die 80 m² große Wohnung im 3. Stock ist an eine Tante des Herrn Baumeister für 480 DM und 180 DM Umlage pro Monat vermietet.

- Folgende Aufwendungen liegen 1995 vor:
    - Grundsteuer   920 DM
    - Straßenreinigung   384 DM
    - Müllabfuhr   420 DM
    - Wasserversorgung   2 130 DM
    - Renovierung des Bades im 1. Stock   3 490 DM
    - Schuldzinsen für das Haus lt. Aufstellung   14 100 DM
    - Heizungskosten für Erdgeschoß, 1. und 3 Stock   5 120 DM
    - Schornsteinfeger, Hausversicherungen   1 125 DM
    - AfA (höchstmögliche!)   ? DM

a) Prüfen Sie, welche Auswirkungen die Vermietung an die Tante auf den Werbungskostenabzug hat! (Antwort mit Begründung)

b) Wie wirkt sich der Antrag auf Wegfall der Nutzungswertbesteuerung aus?

6. Prüfungssatz VI

Anlage V
☐ zur Einkommensteuererklärung
☐ zur Körperschaftsteuererklärung
☐ zur Feststellungserklärung

1995

Name und Vorname/Gemeinschaft/Körperschaft

Steuernummer

Einkünfte aus Vermietung und Verpachtung
(Bei ausländischen Einkünften: Anlage AUS beachten)

Zeile							
	Einkünfte aus dem bebauten Grundstück				Angeschafft am	Fertiggestellt am	Bitte nur volle DM-Beträge eintragen
1	Lage des Grundstücks / der Eigentumswohnung (Ort, Straße, Hausnummer)						DM
2	Mieteinnahmen ohne Zeile 4	für Erdgeschoß DM	+ 1. Obergeschoß DM	+ 2. Obergeschoß DM	+ 3. Obergeschoß DM	+ weitere Geschosse DM	
3	Wohnungen	Anzahl	Anzahl	Anzahl	Anzahl	Anzahl	—
4	Vereinnahmte Mieten bei verbilligter Überlassung			-geschoß	Größe m²	Durchschnittliche Miete aus Zeile 2 DM/m²	
5	Vereinnahmte Mieten für frühere Jahre/auf das Kalenderjahr entfallende Mietvorauszahlungen aus Baukostenzuschüssen						
6	Einnahmen aus Umlagen, z. B. Wassergeld, Flur- und Kellerbeleuchtung, Müllabfuhr, Zentralheizung usw.			in den Zeilen 2 und 4 enthalten	oder	falls nicht in den Zeilen 2 und 4 enthalten ▶	
7	Einnahmen aus Vermietung von Garagen, Werbeflächen, Grund und Boden für Kioske usw. sowie erstattete Umsatzsteuer						
8	Eigengenutzte Wohnung		-geschoß	Größe m²	Wegfall der Nutzungswertbesteuerung ab 1. 1. 1995 wird unwiderruflich beantragt.	Mietwert bei Nut- ▶	
9	Unentgeltlich ohne gesicherte Rechts- position an Dritte überlassene Wohnung		-geschoß	m²	Wegfall der Nutzungswertbesteuerung ab 1. 1. 1995 wird unwiderruflich beantragt.	zungs- wert- besteuerung ▶	
10	Unentgeltlich mit gesicherter Rechts- position an Dritte überlassene Wohnung		-geschoß	m²			—
11	Eigengenutzte und unentgeltlich an Dritte überlassene Garagen	Anzahl zu Zeile 8	Anzahl zu Zeile 9	zu Zeile 10	Anzahl	Mietwert bei Nutzungs- wertbesteuerung ▶	
12	Bei Nutzungswertbesteuerung: Umlagen, soweit sie auf die Wohnungen lt. Zeilen 8 und 9 entfallen						
13	Öffentliche Zuschüsse zu Erhaltungsaufwendungen, Aufwendungszuschüsse, Guthabenzinsen aus Bausparverträgen und sonstige Einnahmen			Gesamtbetrag DM	davon entfallen auf Wohnungen, für die in Zeilen 8 bis 10 kein Nut- zungswert angesetzt ist —	DM =	
14	**Summe der Einnahmen**						
15	**Summe der Werbungskosten** (Übertrag aus Zeile 55)						–
16	**Überschuß** (zu übertragen nach Zeile 18 oder nach Zeile 19 der zusammenfassenden Anlage V)						=

Zeile			Stpfl./Ehemann Gesellschaft DM	Ehefrau DM	
17	In diese Spalten bitte nur volle DM-Beträge eintragen		20	21	99 25
18	Zurechnung des Betrags aus Zeile 16		50	51	89
19	Summe der Beträge aus Zeile 16 aller weiteren Anlagen V				20
	Anteile an Einkünften aus				21
20	(Gemeinschaft, Finanzamt, Steuer-Nr.)		76	77	50
21	Bauherrengemeinschaften / Erwerbergemeinschaften		74	75	51
22	geschlossenen Immobilienfonds				76
23	Grundstücksgemeinschaften		56	57	77
24			58	59	74
25			24	25	75
	Andere Einkünfte				56
26	Einkünfte aus Untervermietung von gemieteten Räumen (Berechnung auf bes. Blatt)		66	67	57
27	Einkünfte aus Vermietung und Verpachtung unbebauter Grundstücke, von anderem unbeweglichem Vermögen, von Sachinbegriffen sowie aus Überlassung von Rechten (Erläuterung auf besonderem Blatt)		52	53	58 59 85
28					

25 - 611 Anlage V für Einkünfte aus Vermietung und Verpachtung – OFD Erfurt (08/95)

Teil A: Klausuren

Zeile	Werbungskosten				
30	**Werbungskosten** aus dem bebauten Grundstück in Zeile 1	Nur ausfüllen, wenn in den Zeilen 8 bis 11 kein Mietwert anzusetzen ist, bei teilentgeltlicher Nutzungsüberlassung (Zeile 4) oder bei gewerblicher/beruflicher Eigennutzung			Werbungskosten DM
31		Gesamtbetrag DM	Ausgaben, die nicht mit Vermietungseinkünften zusammenhängen (deshalb nicht abziehbar)		ggf. Spalte 1 abzüglich Spalte 4
32			ermittelt durch direkte Zuordnung	ermittelt verhältnismäßig	nicht abziehbarer Betrag DM
33		1	2	3	4	5
34	Schuldzinsen (ohne Tilgungsbeträge), Geldbeschaffungskosten		v.H.		
35	Renten, dauernde Lasten (Einzelangaben auf besonderem Blatt)		—		
36	Erhaltungsaufwendungen 1995 voll abzuziehen		—		
37	auf bis zu 5 Jahre zu verteilen davon 1995 abzuziehen Gesamtaufwand DM DM		—		
38	aus aus 1991 aus 1992 früheren Jahren DM + DM ▶				
39	aus 1993 aus 1994 DM + DM ▶		—		
40	Bei Wegfall der Nutzungswertbesteuerung ab 1996: Vollabzug der aus 1992 bis 1994 verbliebenen Beträge				
41	Grundsteuer, Straßenreinigung, Müllabfuhr		v.H.		
42	Wasserversorgung, Entwässerung, Hausbeleuchtung		—		
43	Heizung, Warmwasser		—		
44	Schornsteinreinigung, Haussicherungen		—		
45	Hauswart, Treppenreinigung, Fahrstuhl		—		
46	Sonstiges		—		
47	Absetzung für Abnutzung nach § 7 Abs. 4 und 5 EStG linear degressiv v.H. wie 1994 lt. bes. Blatt		—		
48	Erhöhte Absetzungen nach § 7 c EStG/§ 14 c BerlinFG (Zeile 60 beachten) wie 1994 lt. bes. Blatt				
49	nach § 7 k EStG, § 14 d BerlinFG (Zeilen 60 u. 61 beachten) wie 1994 lt. bes. Blatt				
50	nach § 14 a BerlinFG (§ 34 f EStG nicht anwendbar) wie 1994				
51	nach § 15 BerlinFG (siehe Antrag in Zeile 56) wie 1994 lt. bes. Blatt				
52	nach § 82 a EStDV, § 14 b BerlinFG wie 1994				
53	nach §§ 7 h, 7 i EStG, §§ 82 g, 82 i EStDV, Schutzbaugesetz wie 1994 lt. bes. Blatt				
54	Sonderabschreibungen nach § 4 Fördergebietsgesetz wie 1994 lt. bes. Blatt				
55	**Summe der Werbungskosten** (zu übertragen nach Zeile 15)				

Steuerermäßigung für Kinder bei Inanspruchnahme erhöhter Absetzungen nach § 15 BerlinFG

56	Antrag auf Steuerermäßigung nach § 34 f Abs. 1 EStG.				
57	Im Begünstigungszeitraum gehörten auf Dauer zum Haushalt die **Kinder** lt. Vordruck ESt 1 A Zeilen 30 31 32 33				

Zusätzliche Angaben

		DM	DM
58		Steuerpfl. Person Ehemann	Ehefrau
59	1995 vereinnahmte Zuschüsse aus öffentlichen Mitteln zu den Anschaffungs-/Herstellungskosten		
60	In Fällen der §§ 7 c, 7 k EStG (Zeilen 48 und 49) Mittel aus öffentlichen Haushalten wurden unmittelbar oder mittelbar gewährt. nicht gewährt.		
61	In Fällen des § 7 k EStG/§ 14 d BerlinFG und bei Buchwertentnahme nach § 6 Abs. 1 Nr. 4 Satz 4 EStG vor dem 1. 1. 1995: Bescheinigung nach § 7 k Abs. 3 EStG ist beigefügt.		
62	Akkumulationsrücklage im Beitrittsgebiet nach § 58 Abs. 2 EStG (Einzelangaben auf besonderem Blatt) Stpfl. Stand am 31. 12. 1994 Ehefrau Stpfl. übertragen/aufgelöst Ehefrau DM DM DM DM		

c) Füllen Sie die beiliegende Anlage V aus und ermitteln Sie dabei die Einkünfte aus Vermietung und Verpachtung für 1995!
Die Eheleute werden bei dem Finanzamt Landshut unter der St.-Nr. 0711834702 geführt.
(17 Punkte)

2. Carolin Freier, 40 Jahre, ist seit 1993 verwitwet und hat ihren Wohnsitz in Hamburg.

   Tochter Renate, geb. 17.09.1977, wohnt noch bei ihrer Mutter.

   Für 1995 macht Frau Freier folgende Angaben:

   - Sie ist Gesellschafterin eines Großhandelsbetriebes, der in der Rechtsform einer OHG betrieben wird. Das Wirtschaftsjahr der OHG läuft vom 1. 3. bis 28. 2.:

Gewinn der OHG 1994/95	120 000 DM
Gewinn der OHG 1995/96	96 000 DM

     Frau Freier ist mit 50 % am Gewinn der OHG beteiligt.

   - Als Geschäftsführerin dieser OHG bezieht Frau Freier monatlich eine Tätigkeitsvergütung von 2 400 DM, welche die OHG als Aufwand bucht.

   - Frau Freier ist an einem Juweliergeschäft als stille Gesellschafterin beteiligt. Sie ist nur am Gewinn, nicht aber an den stillen Reserven des Unternehmens beteiligt. Bei Auszahlung des Gewinnanteils für 1994 werden im Juli 1995 5 850 DM auf ihrem Bankkonto gutgeschrieben. Der Gewinnanteil für 1995 beträgt 6 300 DM und wird im April 1996 ausbezahlt. Die erforderlichen Steuerbescheinigungen liegen vor.

   - Frau Freier schließt im Dezember 1995 einen Bausparvertrag ab und überweist 6 400 DM auf das Bausparkonto.

   - Zu folgenden Versicherungen werden 1995 Beiträge geleistet:

Krankenversicherung	6 240 DM
Hausratversicherung	380 DM
private Haftpflichtversicherung	170 DM

   - Tochter Renate besucht 1995 während des ganzen Kalenderjahres ein Gymnasium in Hamburg.

- Frau Freier untersützt ihre vermögenslose Mutter, deren eigene Einkünfte 1994 8 400 DM betragen, mit monatlichen Zahlungen von 400 DM.

  Der Bruder von Frau Freier wendet zur Unterstützung seiner Mutter monatlich ebenfalls 400 DM auf.

  Ermitteln Sie systematisch geordnet das zu versteuernde Einkommen von Frau Freier für 1995!
  (26 Punkte)

3. Der 44jährige Paul Pleite hat zum 31. 12. 1995 (Bilanzstichtag) sein Einzelhandelsgeschäft in Kassel für 200 000 DM verkauft. Der Wert des Betriebsvermögens zum 31. 12. 1995 betrug 90 000 DM.

   Ermitteln Sie den steuerpflichtigen Veräußerungsgewinn für Pleite!
   (4 Punkte)

II. Gewerbesteuer

4. Die Gewerbetreibende Diana Rade aus Würzburg macht für 1995 folgende Angaben:

   - Gewinn aus Gewerbebetrieb   63 413 DM
   - Einheitswert des gewerblichen Betriebes
     auf den 1. 1. 1995   324 000 DM
   - Einheitswert des Betriebsgrundstücks   40 000 DM
   - Darlehen mit einer Laufzeit von 10 Jahren,
     das am 1. 11. 1995 aufgenommen wurde   90 000 DM
   - Zinsen für dieses Darlehen   3 600 DM

   a) Entscheiden Sie, ob die Darlehensschuld bei der Berechnung der Gewerbesteuer zu berücksichtigen ist! (Antwort mit Begründung)

   b) Ermitteln Sie systematisch geordnet die Gewerbesteuer für 1995, wenn der Hebesatz 400 % beträgt!
   (12 Punkte)

III. Vermögensteuer/Bewertung

5. Das Ehepaar Gärtner, bisher kinderlos, hat am 3. 4. 1995 ein 6 Monate altes Mädchen adoptiert.

Das Gesamtvermögen der Eheleute am 1. 1. 1995 betrug 420 000 DM, zum 1. 1. 1996 500 000 DM. In dem Gesamtvermögen ist ein steuerpflichtiges Betriebsvermögen von 700 000 DM enthalten.

Ermitteln Sie die Vermögensteuer der Eheleute Gärtner

a) zum 1. 1. 1995; begründen Sie, ob das Kind hier mit zu berücksichtigen ist;

b) zum 1. 1. 1996; prüfen Sie, ob eine Neuveranlagung zu erfolgen hat und welches Gesamtvermögen anzusetzen ist.
(10 Punkte)

IV. Umsatzsteuer

6. Otto Kühne betreibt in Lüneburg einen Export-/Import-Laden mit Waren aller Art und unterliegt der Regelbesteuerung. Das Geschäft befindet sich im Erdgeschoß seines eigenen Hauses, in dem er selbst im 3. Stock wohnt; die Wohnungen im 1. und 2. Stock sind an Privatpersonen vermietet.

Geben Sie in den folgenden Sachverhalten an, ob es sich für Kühne um steuerbare, steuerpflichtige oder steuerfreie Umsätze oder nichtsteuerbare Umsätze handelt. Begründen Sie Ihre Antworten.

USt-Id-Nummern sind – falls notwendig – vorhanden.

a) Kühne erhält am 3. 3. 1996 von einem Unternehmer aus Holland Waren für 19 000 DM.

b) Kühne liefert am 7. 3. 1996 an einen Unternehmer in der Schweiz Waren für 13 000 DM.

c) Kühne liefert am 19. 3. 1996 Waren für 9 700 DM an einen Unternehmer in Spanien.

d) Kühne schenkt am 12. 3. 1996 einem guten Kunden Waren im Wert von 65 DM und macht ihm außerdem ein Geldgeschenk von 400 DM.

e) Für die eigene Wohnung setzt er einen Mietwert von 1 250 DM pro Monat an; für seine Geschäftsräume einen Mietwert von 6 000 DM.

f) Ein französischer Privatmann aus Paris kauft am 27. 3. 1996 bei Kühne Waren für 800 DM + 120 DM USt und nimmt diese nach Paris mit.
(23 Punkte)

V. Abgabenordnung

7. Am 26. 4. 1996 erhält Jens Dörr den vom Finanzamt mit dem 25. 4. 1996 datierten ESt-Bescheid 1990. Aufgrund des Bescheides ergibt sich eine Nachzahlung von 2 790 DM, Jens Dörr hatte die ESt-Erkärung 1990 im September 1991 dem Finanzamt eingereicht.
   Muß Jens Dörr die vom Finanzamt geforderten 2 790 DM zahlen? (Antwort mit Begründung)
   (4 Punkte)

8. Mandant Schwarz aus Bremen fragt am 2. 7. 1996 an, ob er die Bilanz zum 31. 12. 1988 und die dazugehörenden Buchungsbelege vernichten darf? (Antwort mit Begründung)
   (4 Punkte)

b) Klausur Wirtschaftslehre VI

1. Anette Kirst und Sabine Hein arbeiten als Steuerfachgehilfinnen in Friedrichroda. In ihrer Freizeit kaufen und restaurieren sie gemeinsam alte Möbel, die sie an den Wochenenden auf den Flohmärkten in und um Friedrichroda zu verkaufen suchen. Ihr Umsatz beträgt 25 000 DM im Jahr, ihr gemeinsamer Gewinn 7 000 DM.
   a) Sind die beiden Frauen Kaufleute nach dem HGB? (Antwort mit Begründung)
   b) Sind sie ins Handelsregister einzutragen? (Antwort mit Begründung)
   (8 Punkte)

2. Die beiden Frauen beschließen, ihre Freizeitbeschäftigung zu ihrem Hauptberuf zu machen, kündigen fristgemäß ihr Arbeitsverhältnis und gründen eine OHG mit einem Anfangskapital von 100 000 DM, das beide zu gleichen Teilen aus Bankkrediten aufbringen. Sie eröffnen am 1. 7. 1996 ihr Geschäft. Außerdem stellen sie noch einen Auszubildenden und einen Schreinermeister ein. Die OHG wird am 30. 7. 1996 ins Handelsregister eingetragen.
   a) Nennen Sie zwei mögliche Firmenbezeichnungen für die OHG!
   b) Ab welchem Zeitpunkt ist die OHG nach dem HGB buchführungspflichtig? (Antwort mit Begründung)

c) Welche Wirkung hat die Eintragung ins Handelsregister?

d) In welche Abteilung wird die OHG eingetragen? (Antwort mit Begründung)
(10 Punkte)

3. Nach bestandener Abschlußprüfung machen Lindecker und Hopfer sich selbständig. Sie gründen am 15. 6. 1996 eine KG mit Sitz Köln und eröffnen am selben Tag ihren Geschäftsbetrieb. Komplementär der KG wird Herr Hopfer und Kommanditist Herr Lindecker. Die Eintragung im Handelsregister erfolgt am 6. 7. 1996.

   a) Nennen Sie eine mögliche Firmenbezeichnung für die KG! (Antwort mit Begründung)

   b) Wer führt das Handelsregister?

   c) In welche Abteilung wird die KG eingetragen? (Antwort mit Begründung)

   d) Entscheiden Sie, ab welchem Zeitpunkt die KG buchführungspflichtig ist! (Antwort mit Begründung)
   (12 Punkte)

4. Herr Pils ist seit dem 1. 1. 1996 Kommanditist der Krug KG. Seine Beteiligung beträgt 50 000 DM, davon sind 30 000 DM bereits eingezahlt.

   a) Die Krug KG wird im Geschäftsjahr 1996 voraussichtlich einen Gewinn von 100 000 DM erwirtschaften. Aus diesem Grund verlangt Herr Pils von der Krug KG für 1996 18 000 DM für die Bestreitung seines privaten Lebensunterhaltes.

   Hat Pils ein Recht auf Privatentnahmen? (Antwort mit Begründung)

   b) Der tatsächlich erwirtschaftete Gewinn für das Wirtschaftsjahr 1996 beträgt laut Jahresabschluß der Krug KG 150 000 DM. Davon entfallen auf Pils 40 000 DM.

   Hat Pils Anspruch auf die Auszahlung seines Gewinnanteils und wenn ja, in welcher Höhe? (Antwort mit Begründung)

   c) Herr Pils ist außerdem Gesellschafter der Maier OHG, die eine Holzgroßhandlung in Bittburg betreibt.

   Prüfen Sie, ob der Kommanditist Pils sich als Gesellschafter an einer OHG beteiligen darf! (Antwort mit Begründung)
   (12 Punkte)

5. Die Winter-GmbH beschäftigte im Wirtschaftsjahr (Kalenderjahr) 1996 40 Angestellte bei einem Umsatz von 7,5 Millionen DM.

   a) Innerhalb welcher Zeit muß der Jahresabschluß und der Lagebericht erstellt werden? (Antwort mit Begründung)

   b) Ist der Jahresabschluß durch Abschlußprüfer zu prüfen? (Antwort mit Begründung)
   (5 Punkte)

6. Herr Sommer hat dem Angestellten Winter am 1. 8. 1996 Prokura erteilt. Darf der Prokurist Winter im Namen der Sommer KG folgende Handlungen vornehmen?
   Antwort:

   a) Die Bilanz unterschreiben.

   b) Die Firma bei einem Prozeß vor dem Gericht vertreten.

   c) Einen Pkw für den Betrieb kaufen.

   d) Das Geschäftsgrundstück mit einer Hypothek belasten.

   e) Einen Wechsel akzeptieren.
   (5 Punkte)

7. Herr Mai verkauft an den Kunden Becker eine Tasche für Tennisschläger. Zu Hause bemerkt Herr Becker beim genaueren Betrachten der Tennistasche, daß der Stoff von einer Innentasche eingerissen ist. Welche Gewährleistungsansprüche nach dem BGB kann der Kunde geltend machen?
   (6 Punkte)

8. Der Automobilhändler Hans Hansen ist Inhaber eines am 23. 5. 1996 fälligen Wechsels, der vom Bezogenen Otto nicht eingelöst wird.

   Vor Hansen war Mai Inhaber des Wechsels. Aussteller des Wechsels ist Hein Mück.

   a) Wie kann Hansen beweisen, daß der Wechsel rechtzeitig vorgelegt und nicht eingelöst wurde?

   b) Was kann Hansen unternehmen, um zu seinem Geld zu kommen?
   (4 Punkte)

9. Dirk Hesse will bauen und schließt am 10. 9. 1995 mit dem Verkäufer des Grundstücks einen Kaufvertrag, der am 15. 9. 1995 vom Notar beurkun-

det wird. Die Umschreibung des Grundstücks im Grundbuch erfolgt am 15. 12. 1995.

a) Wann ist der Kaufvertrag rechtswirksam abgeschlossen? (Antwort mit Begründung)

b) Wann wird Meister Eigentümer des Grundstücks? (Antwort mit Begründung)

(6 Punkte)

10. Dirk Hesse, Alleininhaber einer Brennstoffgroßhandlung, besucht eine Fachmesse im Ausland. Sein Prokurist trifft während Hesses Abwesenheit folgende Entscheidungen, deren rechtliche Zulässigkeit Sie überprüfen sollen. (Antworten mit Begründung)

    a) Er akzeptiert einen Wechsel über 12 000 DM.

    b) Er kauft ein angrenzendes Grundstück für 60 000 DM, um das Lager zu erweitern.

    c) Er unterschreibt die durch den Steuerberater fertiggestellte Vermögensteuererklärung für Hinze, da das Finanzamt diese schon angemahnt hat.

    d) Er erteilt einem anderen Mitarbeiter Prokura.
    (8 Punkte)

11. Die Röschig AG benötigt dringend neues Kapital. Folgende Maßnahmen werden von der Geschäftsleitung erwogen, die Sie nach Außen- oder Innenfinanzierung unterscheiden sollen. (Antwort mit Begründung)

    a) Ausgabe neuer Aktien

    b) keine Gewinnausschüttung

    c) Neu angeschaffte Wirtschaftsgüter sollen nicht linear sondern degressiv abgeschrieben werden.

    d) Aufnahme von Bankdarlehen
    (12 Punkte)

12. Thomas Triebel legt am Fälligkeitstag, dem 9. 9. 1996 (Montag), den Wechsel dem Bezogenen Winter vor. Herr Winter löst den Wechsel am Verfalltag nicht ein.

    a) Bis wann muß Herr Triebel Protest erhoben haben?

    b) Wer kann die Protesturkunde ausstellen?
    (6 Punkte)

13. Frau Lustig ist als Steuerfachgehilfin beim Steuerberater Münkner beschäftigt. Herr Münkner kündigt Frau Lustig fristgemäß. 6 Tage nach dem Zugang der Kündigung teilt Frau Lustig ihrem Chef mit, daß sie schwanger ist und legt ein entsprechendes ärztliches Attest vor.

Ist die Kündigung rechtswirksam? (Antwort mit Begründung)
(6 Punkte)

c) Klausur Rechnungswesen VI

Es sind die gesetzlichen Umsatzsteuersätze anzuwenden.

Bei den Buchungssätzen sind stets auch die DM-Beträge anzugeben.

§ 6 Abs. 2 EStG und § 7g EStG sind anzuwenden, wenn die Zulässigkeitsvoraussetzungen erfüllt sind.

Begründungen sind nur vorzunehmen, wenn diese ausdrücklich verlangt werden.

I. Die Frauke Liebig KG betreibt in Karlsruhe eine Großhandlung für elektronische Geräte. Sie ermittelt ihren Gewinn nach § 5 EStG und versteuert ihre Umsätze nach vereinbarten Entgelten zum Regelsteuersatz. Das Wirtschaftsjahr entspricht dem Kalenderjahr.

Der Einheitswert des Betriebsvermögens beträgt 215 000 DM, das Gewerbekapital 360 000 DM.

Für 1995 ist auf den steuerlich niedrigsten Gewinn abzustellen. Die folgenden Sachverhalte sind noch zu berücksichtigen. Bilden Sie die Buchungssätze! Ggf. sind Berichtigungen vorzunehmen. Der jeweilige Lösungsweg ist rechnerisch darzustellen.

1.a) Eingangsrechnung vom 7. 12. 1995 über 15 gelieferte Drucker.

Listenpreis	18 000 DM
./. 25 % Wiederverkäuferrabatt	8 100 DM
Nettopreis	9 900 DM
+ 15 % USt	1 485 DM
= Rechnungsbetrag	11 385 DM

b) Für die Anlieferung bezahlt die KG am 8. 12. 1995 bar an den Spediteur 172,50 DM (brutto).

c) Ein Drucker ist schadhaft. Aufgrund der Reklamation beim Lieferant wird ein Preisnachlaß von 40 % vereinbart. Am 14. 12. 1995 erhält die KG darüber eine Gutschrift von 759 DM (brutto).

d) Der verbleibende Restbetrag wird am 19 12. 1995 nach Abzug von 2 % Skonto per Banküberweisung beglichen.
(9 Punkte)

2. Im November ist ein unbebautes Grundstück für die spätere Erstellung einer Lagerhalle gekauft worden. Dieser Vorgang ist bereits gebucht worden. Am 17. 12. 1995 gehen aufgrund des Kaufvertrages ein:

a) Rechnung des Notars über 2 000 DM zuzüglich 15 % USt, die per Bank am gleichen Tag beglichen wird.

b) Grunderwerbsteuerbescheid über 4 200 DM; der Betrag wird am 18. 1. 1996 per Postgiro bezahlt.
(4 Punkte)

3. Für den Kauf des o. g. Grundstücks wird am 1. 11. 1995 ein Darlehen von 200 000 DM mit einer Laufzeit von insgesamt 10 Jahren aufgenommen. Das Darlehen wird zu 94 % dem Bankkonto der KG gutgeschrieben. Der Buchhalter hat gebucht:

Bank	188 000 DM
+ Nebenkosten des Geldverkehrs	12 000 DM
an Darlehen	200 000 DM

Die Zinsen bis 31. 12. 1995 von 2 666 DM werden am 2. 1. 1996 vom Bankkonto abgebucht.
(4 Punkte)

4. Am 13. 12. 1995 kauft die KG eine Verkaufstheke zum Listenpreis von 1 500 DM zuzüglich 15 % USt. auf Ziel. Dieser Vorgang ist bereits auf dem Konto Betriebs- und Geschäftsausstattung gebucht worden.

a) Für die Anlieferung werden an den Spediteur 51,75 DM (brutto) bar bezahlt.

b) Die Theke wird beschädigt geliefert. Dafür wird mit dem Lieferant ein Preisnachlaß vereinbart. Die KG erhält am 18. 12. 1995 eine Gutschrift von 1 035 DM (brutto).

c) Die Nutzungsdauer beträgt 3 Jahre. Die Abschreibung ist vorzunehmen.
(6 Punkte)

5. a) Am 2. 11. 1995 kauft die KG einen neuen Pkw (15 % Privatnutzung lt. Fahrtenbuch) zum

Preis von	50 000 DM
zuzüglich 15 % USt	7 500 DM
= Kaufpreis (brutto)	57 500 DM
Der gebrauchte Pkw wird mit	18 000 DM
zuzüglich 15 % USt	2 700 DM
=	20 700 DM

   in Zahlung gegeben.

   b) Der gebrauchte Pkw hat zu Beginn der Wirtschaftsjahres einen Buchwert von 17 000 DM. Die anteilige Abschreibung bis zur Inzahlungnahme beträgt 6 000 DM.

   c) Der verbleibende Restbetrag wird nach Abzug von 2 % Skonto per Bank überwiesen.

   d) Für die Anmeldung des neu angeschafften Pkw werden bar bezahlt:

Zulassungsgebühren	180 DM
Kennzeichen	60 DM + 15 % USt

   e) Die Nutzungsdauer beträgt 5 Jahre.
   Die Abschreibung ist vorzunehmen.
   (15 Punkte)

6. a) Die Gehaltsabrechnung für den Monat Dezember 1995 muß noch gebucht werden:

Gehalt	46.000 DM
zuzüglich vom Arbeitgeber gezahlter Zuschuß vermögenswirksame Leistungen	1 040 DM
Sozialversicherungsanteil Arbeitgeber	9 318 DM
Einbehalten werden:	
Lohn- und Kirchensteuer	6 120 DM
Sozialversicherungsanteil Arbeitnehmer	9 032 DM
vermögenswirksame Leistungen	1 560 DM
zu verrechnender Vorschuß Dezember	3 000 DM

6. Prüfungssatz VI

Der Auszahlungsbetrag wird am 29. 12. 1995 per Bank überwiesen. Die Lohn- und Kirchensteuer, die Sozialversicherungsbeträge und die vermögenswirksamen Leistungen werden erst im nächsten Jahr beglichen.

b) Für eine geringfügig, aber dauerhaft beschäftigte Aushilfskraft muß die Abrechnung erstellt und gebucht werden.
Dezember: 12 Arbeitstage
2 Stunden täglich
Aushilfslohn je Stunde 14 DM
Der Arbeitslohn wird am 28. 12. bar bezahlt. Die Lohn- und Kirchensteuern werden pauschal berechnet.
(12 Punkte)

7. Am 6. 12. 1995 wird die Prämie für die Betriebshaftpflichtversicherung vom 1. 11. 1995 bis 31. 10. 1996 mit 3 600 DM im voraus per Bank bezahlt.
(2 Punkte)

II. Der Steuerberater Frank Reiser, Düsseldorf, ermittelt seinen Gewinn nach § 4 Abs. 3 EStG. Aufgrund der geführten Aufzeichnungen liegen am 31. 12. 1995 folgende Zahlen vor:

Büroeinrichtung	6 000 DM
Fuhrpark	35 000 DM
Darlehensschuld	28 000 DM
Kasse	178 DM
Bank	22 731 DM
anrechenbare Vorsteuer	15 314 DM
Umsatzsteuer 15 %	57 450 DM
Umsatzsteuervorauszahlungen	38 722 DM
Privatentnahmen	62 320 DM
Zinsaufwand	2 240 DM
Personalkosten	115 344 DM
Raumkosten	31 973 DM
Versicherungen	3 641 DM
Fahrzeugkosten	9 316 DM
Sonstige Kosten	2 987 DM
Erlöse aus Honorar	368 000 DM
Erlöse aus Anlageverkäufen (Kfz)	8 000 DM

Erstellen Sie eine Überschußrechnung gemäß § 4 Abs. 3 EStG unter Berücksichtigung folgender Sachverhalte (§ 7 g ist nicht anzuwenden):

a) Der Posten Büroeinrichtung beinhaltet die Anschaffungskosten eines neuen Stahlregales (Nutzungsdauer 12 Jahre), das am 26. 4. 1995 für netto 6 000 DM gekauft wurde.

Vervollständigen Sie das beiliegende Anlagenverzeichnis für die Büroeinrichtung unter Berücksichtigung der höchstmöglichen AfA!

b) Der Posten Fuhrpark beinhaltet die Anschaffungskosten eines neuen Pkw (Nutzungsdauer 5 Jahre), der am 28. 12. 1995 für netto 28 000 DM angeschafft und zugelassen wurde. Das alte Kraftfahrzeug wurde für 8 000 DM netto am gleichen Tag verkauft.

Vervollständigen Sie das beiliegende Anlagenverzeichnis für den Fuhrpark unter Berücksichtigung der höchstmöglichen AfA!

c) Ein Kunde geht in 1995 in Konkurs. Die Forderung aus 1994 beträgt 25 000 DM zuzüglich 15 % Umsatzsteuer.

Ist der Forderungsausfall zu berücksichtigen? (Antwort mit Begründung)

(28 Punkte)

Betriebseinnahmen

Betriebsausgaben

Gewinn

Anlagen-Verzeichnis: Rechnungswesen, Aufgabe II

Gegenstand	Anschaff.-Datum	Nutz-dauer	Abschreibungssatz				Anschaffungswert	1992		1993		1994		1995	
			pro Jahr		im Anschaff.-Jahr			Abschreib. u. Abgang	Wert per 31.12.	Abschreib. u. Abgang	Wert per 31.12.	Abschreib. u. Abgang	Wert per 31.12.	Abschreib. u. Abgang	Wert per 31.12.
			%	Betrag	Mon	Betrag									
Büroeinrichtung															
Schreibtisch	24.6.93	5	30	degr.	12	480	1 600			480	1 120	336	784		
Stahlregal															
Fuhrpark															
Pkw – alt –	3.4.92	5	20	6 000	12	6 000	30 000	6 000	24 000	6 000	18 000	6 000	12 000		
Pkw – neu –															

III. Folgende Aufgaben sind rechnerisch zu lösen:

1. Die Buchführung eines Mandanten weist u. a. die folgenden Konten aus:

S	Wareinkauf		H
Anfangsbestand	120 000 DM	Rücksendungen	3 000 DM
+ Einkäufe	210 000 DM	Endbestand	142 000 DM

S	Erlöse	H
		340 000 DM

S	Bezugskosten	H
15 000 DM		

S	Rücksendungen von Kunden	H
40 000 DM		

Ermitteln Sie
a) den Wareneinsatz
b) den Rohgewinnaufschlagsatz!
(8 Punkte)

2. Clara Ziegert wird ein Mehrfamilienhaus zu einem Kaufpreis von 1 280 000 DM angeboten, das mit einem Eigenkapital von 400 000 DM und mit zwei Hypotheken finanziert werden soll:
1. Hypothek 580 000 DM zu 6,5 % Zinsen
2. Hypothek 300 000 DM zu 7,3 % Zinsen

Neben den Zinsen müssen für das Mietwohngrundstück monatlich Aufwendungen für Instandhaltung und Abgaben 8 370 DM bezahlt werden.
Die jährliche Abschreibung beträgt 18 500 DM.
Berechnen Sie die erforderlichen monatlichen Mieteinnahmen, wenn Frau Ziegert ihr Eigenkapital mit 6 % verzinst haben möchte!
(6 Punkte)

3. Andrea Fischer fährt nach Spanien in den Urlaub. Auf der Fahrt übernachtet sie in Frankreich. Für Übernachtung und Frühstück werden ihr 240 FF berechnet, die sie mit 4 395,16 Peseten bezahlt.
Wieviel DM kosten Übernachtung und Frühstück, wenn 100 FF = 1 617,85 Pta und 100 Pta = 1,20 DM entsprechen?
(6 Punkte)

7. Prüfungssatz VII

a) Klausur Steuerwesen VII

I. Einkommensteuer

1. Detlev Rausch, verheiratet mit Susanne Rausch, legt Ihnen seine Lohnsteuerkarte 1996 Klasse III/1 vor und möchte einen Lohnsteuerermäßigungsantrag stellen. Der Gesamtbetrag der Einkünfte 1996 wird voraussichtlich 180 000 DM betragen.

   Folgende Aufwendungen macht er für 1996 geltend:
   - Fahrten Wohnung/Arbeitsstätte an 220 Tagen jweils 32 km einfacher Weg. Besuch eines Fortbildungskurses für seinen Beruf vom 1. 4.–31. 12. 1996, monatliche Gebühr 270 DM. Gewerkschaftsbeitrag jährlich 442 DM.
   - Für seine 25jährige behinderte Tochter (Schwerbehindertenausweis H), die im gemeinsamen Haushalt lebt und kein Einkommen hat, macht er außergewöhnliche Belastungen geltend. Er weist für den Unterhalt monatliche Aufwendungen von 520 DM nach.
   - Kirchensteuerzahlungen 1 558 DM
   - Am 16. 7. 1993 bezogen sie ihr neues Einfamilienhaus, welches am 2. 7. 1993 fertiggestellt wurde.

   Anschaffungskosten 1993   420 000 DM
   In diesem Betrag ist der Grund und Boden enthalten mit 150 000 DM
   Für 1993 bis 1995 wurden gemäß § 10e Abs. 1 EStG zusammen 30 000 DM in den Einkommensteuererklärungen angesetzt. Der zulässige erweiterte Schuldzinsenabzug wurde in 1993 mit 7 342 DM geltend gemacht. An Schuldzinsen werden voraussichtlich in 1996 24 000 DM anfallen.

   Ermitteln Sie den höchstmöglichen Jahresfreibetrag, den Rausch auf der Lohnsteuerkarte eintragen lassen kann!
   (18 Punkte)

2. Der ledige Lehrer Christian Pauker, 32 Jahre, arbeitet seit 1992 mit halber Stundenzahl an einem Karlsruher Gymnasium und ist Beamter auf Lebenszeit. Für die ESt-Erklärung 1995 macht er folgende Angaben:

- Bruttoarbeitslohn   30 020,— DM
- Dividendengutschrift auf dem Bankonto im Juli 1995   3 685,50 DM
  Steuerbescheinigung liegt vor
- Beiträge zur
  - Krankenversicherung   3 120,— DM
  - Bausparkasse   1 000,— DM
  - Haftpflichtversicherung   760,— DM

a) Berechnen Sie systematisch das zu versteuernde Einkommen von Herrn Pauker für 1995 und ermitteln Sie, ob die Vorsorgepauschale oder die tatsächlich gezahlten Vorsorgeaufwendungen anzusetzen sind!

b) Prüfen Sie, ob Herr Pauker zur Einkommensteuer veranlagt wird!
(22 Punkte)

3. Eva Pares ist seit Mai 1993 verwitwet. Sie lebt mit ihrem 4jährigen Sohn in Nürnberg in der eigenen Eigentumswohnung, die sie im März 1993 mit ihrem Mann gekauft hat und für die eine Steuerermäßigung nach 10e EStG in Anspruch genommen wird. Da Frau Pares berufstätig ist, bringt sie ihren Sohn ganztägig in eine Kindertagesstätte, wofür sie monatlich 600 DM bezahlen muß.

Der Gesamtbetrag der Einkünfte von Frau Pares hat 1994 48 000 DM betragen.

Prüfen Sie, inwieweit sich der Sohn 1995 steuerlich auswirkt! Geben Sie die Beträge an!
(5 Punkte)

II. Gewerbesteuer

4. Der Bäckereibesitzer Friedhelm Haxe ermittelt seinen Gewinn nach § 4 Abs. 3 EStG. Die Einnahme-Überschuß-Rechnung am 31. 12. 1995 weist einen Gewinn von 74 221 DM aus. Der Einheitswert des Betriebsvermögens wurde auf den 1. 1. 1995 mit 145 000 DM festgestellt.

Folgende Ausgaben haben den Gewinn gemindert:

Gewerbesteuervorauszahlung 1995   1 000 DM
Zinsen für ein betriebliches Darlehen   4 822 DM
Stand 31. 12. 1993 = 70 000 DM
Stand 31. 12. 1994 = 80 000 DM
Laufzeit 10 Jahre

Von einer gewerblichen Leasinggesellschaft wurde eine Teigrührmaschine gemietet:

Miete	4 000 DM
Teilwert	16 000 DM

Ermitteln Sie die Gewerbesteuerabschlußzahlung 1995 bei einem Hebesatz von 400 %! Nichtansätze sind zu begründen!
(14 Punkte)

III. Vermögensteuer/Bewertung

5. In der Bilanz zum 31. 12. 1994 des Textilgroßhändlers Alfred Listmann sind u. a. folgende Positionen ausgewiesen:

Aktiva:	Grund und Boden	322 431 DM
	Gebäude	820 117 DM
Passiva:	Eigenkapital	1 574 082 DM

Der Einheitswert des Betriebsgrundstücks wurde auf den 1. 1. 1978 mit 372 000 DM festgesetzt.

Ermitteln Sie den Einheitswert des Betriebes auf den 1. 1. 1995!
(5 Punkte)

6. Zu welchen Terminen und in welcher Höhe war die Vermögensteuer in den folgenden Fällen für 1995 zu entrichten? (Antwort mit Begründung)

   a) Die Vermögensteuerschuld von Klaus Vogel betrug 1993 4 000 DM.

   b) Die Vermögensteuerschuld von Thorsten Ernst betrug für 1993 450 DM.

   (7 Punkte)

IV. Umsatzsteuer

7. Großhändler Petrovic aus Dresden, der der Regelbesteuerung unterliegt, handelt mit Computern. Die folgenden Sachverhalte beziehen sich auf das Kalenderjahr 1995.

   a) Lieferung von PCs an verschiedene Einzelhändler im Inland zum Entgelt von 1,5 Mio. DM. Auf einen Betrag von 400 000 DM netto nimmt ein Händler 2 % Skonto in Anspruch.

   b) Verkauf von PCs nach Frankreich an die France-AG zum Entgelt von 170 000 DM, die USt-ID-Nr. liegt vor.

   c) Die Vorsteuern betragen bisher 124 317,30 DM.

d) Die Vorsteuern aus Reisekosten (Bruttobeträge), die anläßlich einer Dienstreise eines Angestellten nach München entstanden, sind noch zu ermitteln. Die Vorsteuern sind nach den Einzelbelegen, die sämtlich ordnungsgemäß vorliegen, zu berechnen.

- Benzinquittungen 287,50 DM
- Fahrtkosten mit dem Taxi in München 70,— DM
- 3 Übernachtungen (ohne Frühstück) 517,50 DM
- Speisen und Getränke für drei ganze Reisetage 200,— DM

Ermitteln Sie die USt-Zahllast für Herrn Petrovic anhand des folgenden Schemas. Die Sachverhalte a und b sind zu begründen.

| | steuerbar | | | |
nicht steuerbar	stpfl.	steuerfrei	USt	Vorsteuer
a)				
b)				
c)				
d)				

Begründungen zu a und b:

a)

b)

(13 Punkte)

8. Hauseigentümerin Uta Krieger hat Büroräume an einen Steuerberater für monatlich 1 200 DM vermietet. Außerdem vermietet sie im selben Haus zwei Wohnungen, jeweils in der selben Größe wie die Büroräume, für monatlich zusammen 1 800 DM. Soweit möglich, hat sie auf die Steuerbefreiung verzichtet. Im Jahr 1995 entstanden ihr u. a. folgende Kosten:

   a) Installationsarbeiten in den Büroräumen
   Rechnung 7 000 DM zzgl. 15 % USt 1 050 DM

   b) Reparatur der Fenster in einer Wohnung
   Rechnung 345 DM (einschl. 15 % USt)

   c) Reparatur der Heizungsanlage des gesamten Hauses
   Rechnung 4 485 DM (Rechnung einschl. 15 % USt)

   Welchen Betrag kann sich Uta Krieger 1995 als Vorsteuer abziehen?
   (Antwort mit Begründung)
   (6 Punkte)

V. Abgabenordnung

9. Reinhold Frieden wohnt mit seiner Ehefrau Nora in Leipzig und erzielt Einkünfte aus einer Rechtsanwaltspraxis, die er zusammen mit Dirk Golder in Leipzig betreibt.

   Nora Frieden erzielt Einkünfte aus einer Modeboutique, die sie in Halle betreibt.

   Prüfen Sie, ob diese Einkünfte gesondert festzustellen sind! (Antworten mit Begründung)
   (6 Punkte)

10. Die Einkommensteuer-Abschlußzahlung 1993 über 8 210 DM und ein Verspätungszuschlag von 821 DM sind am 5. 4. 1996 fällig, werden aber erst am 9. 5. 1996 vom Mandanten Müller bezahlt.

    Bezeichnen und berechnen Sie den Zuschlag, der aufgrund der verspäteten Zahlung entsteht!
    (4 Punkte)

b) Klausur Wirtschaftslehre VII

1. Jörg Hoch und Werner Klein wollen in Lübeck eine Automobilhandlung in der Rechtsform einer Kommanditgesellschaft gründen. Hoch soll Kommanditist sein. Bei der Beratung des Gesellschaftsvertrages macht Klein hinsichtlich der Firmenbezeichnung folgende Vorschläge:

   a) Werner Klein u. Co

   b) Autohaus Hoch und Klein KG

   c) Lübecker Autohaus KG

   Entscheiden Sie, ob die KG die vorgeschlagenen Bezeichnungen als Firma führen kann. (Antworten mit Begründung)
   (9 Punkte)

2. Klaus Pohl betreibt seit dem 1. 2. 1996 in Osnabrück ein Fuhrgeschäft. Er besitzt einen gebrauchten Lkw und ist selbst als Fahrer tätig. Frau Pohl hilft im Büro. Pohl erwartet 1996 einen Jahresumsatz von 160 000 DM.

   a) Ist Klaus Pohl Kaufmann nach HGB? (Antwort mit Begründung)

   b) Prüfen Sie, ob Klaus Pohl seiner Ehefrau Prokura erteilen darf! (Antwort mit Begründung)
   (8 Punkte)

3. Hein Mück, Hans Hansen und Jens Jensen wollen in Wilhelmshaven eine Aktiengesellschaft gründen, um das benötigte Kapital für die Entwicklung von neuen Schiffen zu erhalten.

   Die nachfolgenden Sachverhalte sind auf ihre rechtliche Zulässigkeit zu überprüfen. (Antwort mit Begründung)

   a) Als Gründungsgesellschafter sind die o. g. Personen und der Steuerberater Dirk Ernert vorgesehen.

   b) Als Grundkapital sehen die Gründer einen Betrag von 500 000 DM vor.

   c) Der Nennbetrag der Aktien soll auf 150 DM lauten.

   d) Um stärkere Kontrollrechte in dem neuen Unternehmen zu besitzen, sollen die ersten an die Gründer ausgegebenen Aktien ein Stimmrecht von 2 Stimmen pro Aktie erhalten!
   (12 Punkte)

4. Hein Mück bestellt am 4. 5. 1996 bei einem Frankfurter Autohändler 3 Geschäftswagen im Namen der AG. Die Auslieferung der Fahrzeuge erfolgte am 20.05.1996 an Herrn Mück. Die AG wird am 6. 7. 1996 in das Handelsregister unter dem Namen Schiffs AG eingetragen.

Am 6. 7. 1996 tritt der Autohändler an Herrn Mück heran und verlangt die Bezahlung der drei Geschäftswagen.

Kann Herr Mück vom Autohändler in Anspruch genommen werden? (Antwort mit Begründung)
(4 Punkte)

5. Dem Einzelunternehmer Marco Weisheit wird das Haftungsrisiko zu groß. Er beschließt deshalb, sein Einzelhandelsgeschäft in der Rechtsform einer GmbH fortzusetzen. Die folgenden Sachverhalte sind auf ihre rechtliche Zulässigkeit zu prüfen: (Antwort mit Begründung)

   a) Weisheit will allein die GmbH gründen,

   b) einen Gesellschaftsvertrag abzuschließen, hält er nicht für erforderlich, weil er wie bisher alleiniger Unternehmer bleibt,

   c) das Stammkapital der Gesellschaft soll 40 000 DM betragen,

   d) als Firma des Unternehmens ist vorgesehen: Marco Weisheit Einzelhandelsgesellschaft
   (12 Punkte)

6. Die Weisheit GmbH hat gegenüber dem Kunden Maier (Privatmann) noch eine Forderung von 6 000 DM, die mit Rechnungserteilung am 1. 9. 1996 sofort fällig war.

   Wann beginnt und endet die Verjährungsfrist für diesen Anspruch? (Antwort mit Begründung)
   (4 Punkte)

7. Der Einzelhändler Marco Weisheit bekommt am 2. 9. 1996 fristgerecht die bestellten Sektgläser in Kisten geliefert. Da in seinem Geschäft Hochbetrieb herrscht, ist es ihm erst am 27. 9. 1996 möglich, die Ware zu untersuchen. Dabei stellt sich heraus, daß 30 Gläser beschädigt sind.

   a) Um welche Arten von Mängel handelt es sich?

   b) Welche Erfolgsaussichten hat eine Mängelrüge, die der Einzelhändler am 27. 9. 1996 erteilt? (Antwort mit Begründung)
   (5 Punkte)

8. Marco Weisheit schließt am 30. 8. 1996 folgende Verträge ab:

   a) Er beauftragt den Steuerberater mit der Erstellung des Jahresabschlusses.

   b) Er bestellt beim Glaswerk 100 Gläser zur sofortigen Lieferung.

   Um welche Vertragsarten handelt es sich? (Antwort mit Begründung)
   (4 Punkte)

9. Der Privatmann Maier bestellt beim Großhändler Kleber am 10. 6. 1996 10 Rollen abwaschbare Tapeten; das Stück zu 20 DM. Am 20. 6. 1996 werden versehentlich nicht abwaschbare Tapeten geliefert.

   Entscheiden Sie, welche Rechte nach dem BGB Maier bei dieser mangelhaften Lieferung zustehen? (Antwort mit Begründung)
   (7 Punkte)

10. Entscheiden Sie, um welche Vertragsarten es sich in den folgenden Fällen handelt! (Antworten mit Begründung)

    a) Frau Klemm läßt in der Werkstatt der Automobilhandlung Hans Hansen einen Austauschmotor in ihren Pkw einbauen.

    b) Da sich die Lieferung des Motors verzögert, überläßt die Firma Hans Hansen Frau Klemm für 2 Tage kostenlos einen Firmenwagen.

    c) Frau Klemm läßt ihren Pkw an der Tankstelle waschen.
    (9 Punkte)

11. Steuerberater Ernert schließt am 1. 7. 1996 mit der 20jährigen Fachgehilfin Michaela Alt einen Arbeitsvertrag ab, in dem u. a. vereinbart wird:

    a) Gehalt: 2 800 DM monatlich

    b) Urlaub: 24 Werktage jährlich

    c) Kündigungsfristen: 3 Monate für die Gehilfin Alt und 1 Monat für den Steuerberater Ernert (Kündigung jeweils zum Ende eines Kalendermonats).

    Entscheiden Sie, ob diese Vereinbarungen rechtlich zulässig sind! (Antworten mit Begründung)
    (8 Punkte)

7. Prüfungssatz VII

12. In der Maschinenfabrik Neumann GmbH sind im Juni 1996 u. a. folgende Personen ganztägig beschäftigt:

	Arbeitsentgelt
Seemann, kaufmännischer Angestellter, 62 Jahre	5 800 DM
Jäger, Leiter der Buchhaltung, 50 Jahre	8 000 DM
Fischer, Auszubildende, 18 Jahre	520 DM

a) Sind diese Beschäftigten arbeitslosenversicherungspflichtig?

b) Berechnen Sie für die Beschäftigten, die versicherungspflichtig sind, für Juni 1996 den Beitrag zur Arbeitslosenversicherung! (Beitragssatz 6,5 %)

c) Geben Sie jeweils an, wer die Beiträge zur Arbeitslosenversicherung aufbringen muß! (Antwort mit Begründung)
(10 Punkte)

13. Die kaufmännische Angestellte Anette Kirst ist schwanger.

a) Für welchen Zeitraum ist sie von der Arbeit freizustellen?

b) Von wem erhält sie in dieser Zeit finanzielle Unterstützung und in welcher Höhe?
(8 Punkte)

c) Klausur Rechnungswesen VII

Es sind die gesetzlichen Umsatzsteuersätze anzuwenden.
Bei den Buchungssätzen sind stets auch die DM-Beträge anzugeben.
§ 6 Abs. 2 EStG und § 7g EStG sind anzuwenden, wenn die Zulässigkeitsvoraussetzungen erfüllt sind.
Begründungen sind nur vorzunehmen, wenn diese ausdrücklich verlangt werden.

I. Der Arzt für Allgemeinmedizin Jürgen Klett ermittelt seinen Gewinn nach § 4 Abs. 3 EStG. Sein vorläufiger Gewinn für 1995 beträgt 146 325 DM. Der Einheitswert des Betriebsvermögens beträgt 210 000 DM.
Entscheiden Sie, inwieweit die folgenden bisher noch nicht berücksichtigten Sachverhalte sich auf den Gewinn auswirken. Es ist dabei auf

den steuerlich niedrigsten Gewinn abzustellen. (Antwort mit Begründung)
(19 Punkte)

1. Am 20. 11. 1995 nimmt Klett ein Darlehen von 100 000 DM für die Anschaffung eines medizinischen Gerätes auf. Laut Bankauszug vom 21. 11. 1995 beträgt der Auszahlungsbetrag 95 %. Die Laufzeit des Darlehens beträgt 10 Jahre.

2. Am 29. 11. 1995 erwirbt Klett ein EKG-Gerät für 109 250 DM. Darin sind 14 250 DM Vorsteuer enthalten. Die betriebsgewöhnliche Nutzungsdauer beträgt 8 Jahre.

3. Am 4. 12. 1995 hat Stein eine neue Rechenmaschine für brutto 844 DM angeschafft.
   Die Bezahlung erfolgte am 4. 1. 1995. Die betriebsgewöhnliche Nutzungsdauer beträgt 5 Jahre.

4. Die Miete der Praxisräume für den Januar 1996 von 2 360 DM wird am 29. 12. 1995 dem Postgirokonto belastet.

II. Josef Bier betreibt eine Gaststätte. Er ermittelt seinen Gewinn nach § 5 EStG und unterliegt mit seinen Umsätzen der Regelbesteuerung.
Für folgende Abschlußbuchungen sind die Buchungssätze zu bilden und die Hauptabschlußübersicht zum 31. 12. 1995 zu erstellen. Der steuerlich niedrigstmögliche Gewinn ist auszuweisen. § 7g EStG ist nicht anzuwenden.

1. a) Das Konto Geschäftsausstattung enthält die Gaststätteneinrichtung mit einem Restbuchwert von 78 750 DM. Sie wurde im April 1994 für 90 000 DM angeschafft und mit 12,5 % linear abgeschrieben.
   b) Am 19. 11. 1995 wurde ein zusätzlicher Küchenherd für 4 000 DM zuzüglich 15 % Umsatzsteuer angeschafft und gebucht. Nutzungsdauer 5 Jahre.
   (5 Punkte)

2. a) Das Konto Fuhrpark enthält einen Pkw mit einem Restbuchwert von 10 000 DM. Der Verkauf des Pkw wurde am 2. 1. 1995 mit 12 000 DM + Umsatzsteuer gebucht.
   b) Am 2. 2. 1995 wurde ein neuer Pkw für 30 000 DM + Umsatzsteuer angeschafft und gebucht. Nutzungsdauer 6 Jahre.
   (5 Punkte)

3. Das Konto RAP enthält die Kfz-Versicherung vom 1. 1.–31. 5. 1995 mit 800 DM.
   (2 Punkte)

4. Die private Pkw-Nutzung wird gemäß Fahrtenbuch mit 24 % angegeben. In den laufenden Kosten ist die Kfz-Versicherung Juni–Dezember 1995 mit 2 000 DM enthalten. Kfz-Steuer ist keine angefallen.
   (8 Punkte)

5. An Jahresabschlußkosten werden voraussichtlich 3 000 DM entstehen.
   (1 Punkt)

6. Das Konto Vorsteuer ist abzuschließen.
   (1 Punkt)

7. Für 1995 ergibt sich ein Gewerbesteuerguthaben von 1 620 DM.
   (1 Punkt)

8. Der Warenbestand zum 31. 12. 1995 beträgt 13 000 DM. Das Bestandskonto ist über Wareneinkauf abzuschließen.
   (2 Punkte)

Hauptabschluß-Übersicht zum 31. 12. 1995

Konto-Nr.	Kontenbezeichnung	3 Salden-Bilanz	
		Soll	Haben
1	Geschäftsausstattung	82 750	
2	Fuhrpark	40 000	
3	Darlehenschulden		60 000
4	Kapital		17 570
5	ARAP (aktive Rechnungsabgr.)	2 500	
6	Rückstellung		
7	Kasse	120	
8	Bank	1 390	
9	Forderungen	570	
10	Sonstige Forderungen	640	
11	Vorsteuer	21 720	
12	Verbindlichkeiten		3 710
13	Sonstige Verbindlichkeiten		1 990
14	Umsatzsteuer		23 870
15	Privatentnahmen	45 000	
16	Zinsaufwendungen	6 400	
17	Abgang Anlagevermögen		
18	Warenbestandskonto	11 300	
19	Wareneinkauf	108 000	
20	erhaltene Skonti		1 830
21	Personalkosten	92 480	
22	Raumkosten	39 220	
23	Gewerbesteuer	3 260	
24	Kfz-Kosten	8 000	
25	AfA-Anlagevermögen		
26	Porto, Telefon	2 240	
27	Bürokosten	3 810	
28	Rechts- und Beratungskosten	4 100	
29	Allgemeine Verwaltungskosten	1 470	
30	Warenerlöse		354 000
31	Erlöse Anlageverkäufe		12 000
32	Kfz-Privatanteil		
33		474 970	474 970
34			
35			

7. Prüfungssatz VII

	(6 Punkte)			(7 Punkte)		(7 Punkte)	
	4 Umbuchungen			5 Schluß-Bilanz		6 GuV-Rechnung	
Gegen-konto	Soll	Haben	Gegen-konto	Aktiva	Passiva	Aufwand	Ertrag

III.

Die Zementgroßhandlung Haus KG hatte zum 31 12. 1995 umsatzsteuerpflichtige Forderungen aus Lieferungen von 759 000 DM und zweifelhafte Forderungen von 27 600 DM. Die Überprüfung der Forderungen ergab:

1. Peter Pleite hatte im Oktober Konkurs angemeldet, der am 15. 12. 1995 mangels Masse eingestellt wurde. Die Forderung beträgt 27 600 DM, die die KG im Oktober auf zweifelhafte Forderung umbuchte.

2. Die Frieder GmbH mußte im November 1995 Konkurs anmelden. Nach Auskunft des Konkursverwalters ist mit einer Konkursquote von 8 % zu rechnen. Die Forderung beträgt 80 500 DM.

3. Die übrigen Forderungen sind pauschal mit 2 % zu berichtigen. Das Konto Pauschalwertberichtigung weist zum 1. 1. 1995 einen Betrag von 9 400 DM aus. Bilden Sie die Buchungssätze!

(10 Punkte)

IV. Bearbeiten Sie die folgenden Rechenaufgaben:

1. Klaus Rudolf hat am 3. 3. ein Darlehen über 85 000 DM zu einem Zinssatz von 6 % aufgenommen. Er zahlt dieses Darlehen am 16. 8. zurück.

   Berechnen Sie den Rückzahlungsbetrag!
   (4 Punkte)

2. Der Elektrogroßhändler Rüdiger Strom verkauft eine Stereoanlage für 4 600 DM einschl. USt. Er rechnet mit einem Kalkulationsaufschlagsatz von 50 % und einem Aufschlag für allgemeine Verwaltungskosten von 17 %. Außerdem gewährt er noch einen Rabatt von 12 %.

   Berechnen Sie systematisch geordnet den Gewinn für diese Ware!
   (7 Punkte)

3. Hain, Jens, Rolf und Ina wollen eine GbR gründen. Die Beteiligungsverhältnisse sollen sein:

   Hain ⅖, Jena ³⁄₁₀, Rolf ⅕ und Ina 20 000 DM.

   Berechnen Sie die Einlagen der Gesellschafter und das Gesamtkapital der GbR!
   (5 Punkte)

4. Ein Unternehmen kaufte im Jahre 1995 Ware ein:
   20. 2. 1995   280 kg zu 4,50 DM/kg
    4. 4. 1995   170 kg zu 7,20 DM/kg
   28. 6. 1995   910 kg zu 5,10 DM/kg
   16. 11. 1995   660 kg zu 5,80 DM/kg
   Am 31. 12. 1995 sind noch 340 kg der Waren vorhanden.
   Berechnen Sie den Wert des Endbestandes nach dem gewogenen Durchschnitt!
   (5 Punkte)

5. Die Schmalhans KG hat am 13. 9. 1995 einen Kundenwechsel, fällig am 28. 11., bei der Bank diskontieren lassen. Die Bank schreibt nach Abzug von 312,50 DM für Diskont 24 687,50 DM gut.
   Berechnen Sie den Zinssatz der Bank!
   (5 Punkte)

8. Prüfungssatz VIII

a) Klausur Steuerwesen VIII

I. Einkommensteuer

1. Hubert Bauer hat in Karlsruhe ein 3-Familien-Haus gebaut, das seit dem 1. 8. 1995 bezugsfertig ist. Die 3 Wohnungen sind gleichartig und gleichwertig. Die Herstellungskosten des Gebäudes betragen lt. Bauabrechnung 900 000 DM, die Anschaffungskosten des Grund und Bodens 300 000 DM. Bauer hat seit dem 1. 8. 1995 zwei Wohnungen vermietet. Er erhält für jede Wohnung 1 200 DM/Monat. Die 3. Wohnung nutzt er selbst ab Bezugsfertigkeit.

   Zur Finanzierung des Objektes nahm Bauer am 1. 4. 1995 ein Darlehen auf. Die Bank behielt bei Auszahlung 12 000 DM Disagio ein und bucht seit dem 1. 4. 1995 monatlich 3 420 DM Zinsen vom Konto des Bauer ab. Bauer möchte die höchstmögliche AfA ansetzen.

   Berechnen Sie für Bauer
   a) die Einkünfte aus Vermietung und Verpachtung,

b) den Abzugsbetrag nach § 10e EStG, wenn der Gesamtbetrag der Einkünfte für 1995 95 000 DM beträgt!
(14 Punkte)

2. Das Ehepaar Michael und Ines Müller, beide selbständig, haben 1996 folgende Versicherungsbeiträge geleistet:

Krankenversicherung	5 600 DM
Lebensversicherung (Ehemann)	8 000 DM
Kfz-Haftpflichtversicherung	800 DM
Hausratversicherung	600 DM

Ines möchte ebenfalls eine Lebensversicherung abschließen.

Ermitteln Sie die Prämienzahlung für 1996, um die Vorsorgeaufwendungen für 1996 in voller Höhe ausnutzen zu können, und den insgesamt als Vorsorgeaufwendungen abzugsfähigen Betrag!
(7 Punkte)

3. Das Ehepaar Ernst Schneider, geb. am 19. 5. 1929, ev. und Eva-Maria Schneider, geb. 19. 10. 1932, wohnhaft in Lübeck, beauftragt Sie mit der Erstellung ihrer Einkommensteuererklärung 1995.

Das Ehepaar ist seit dem 9. 12. 1969 verheiratet und möchte zusammen veranlagt werden.

1. Herr Schneider war bis 31. 5. 1995 als Beamter beschäftigt und erhielt hierfür ein Gehalt von brutto 25 000 DM gezahlt. Ab 1. 6. 1995 wurden Herrn Schneider an Pension 21 200 DM gezahlt.

2. Das Ehepaar hat einen Bausparvertrag. Für 1995 wurde ein Antrag auf Wohnungsbauprämie gestellt. An Zinsen wurden für dieses Jahr 1 000 DM gutgeschrieben. Ein Freistellungsauftrag wurde erteilt.

3. In dem Sparbuch der Frau Schneider wurden zum 7. 3. 1996 12 800 DM Zinsen für 1995 gutgeschrieben. Die Zinsabschlagsteuer wurde belastet.

4. Aus einem Einfamilienhaus in Mainz, Rheinstraße 3, erzielt Herr Schneider ab 1. 3. 1995 20 000 DM an Mieten und 8 000 DM an Umlagen. Folgende Ausgaben sind angefallen:
Schuldzinsen, 3 500 DM, verschiedene kleinere Reparaturen 1 000 DM, Grundsteuer und Gebühren 3 000 DM, Ölrechnung 4 000 DM, Versicherung 500 DM

Das Haus wurde 1977 gebaut und mit Wirkung vom 1. 3. 1995 von Herrn Schneider für 460 000 DM einschließlich Grund und Boden = 100 000 DM erworben.

Die Umlagenabrechnung 1995 wurde von Herrn Schneider am 25. 2. 1996 in Höhe von 2 540 DM an den Mieter zurückgezahlt.

Ermitteln Sie das zu versteuernde Einkommen!
(22 Punkte)

II. Gewerbesteuer

4. Die Gewinn- und Verlustrechnung 1995 des Einzelhändlers Karl Karsten aus Düsseldorf weist einen vorläufigen Gewinn von 59 278 DM aus.

Folgende Aufwendungen haben den Gewinn gemindert:

- Gewerbesteuervorauszahlung 1995   2 720 DM
- Wanduhr als Jubiläumsgeschenk an Geschäftsfreund   780 DM
- Schuldzinsen für Darlehen   4 980 DM

Der Einheitswert des Betriebes auf den 1. 1. 1995 betrug 688 000 DM. Am 28. 9. 1993 wurde ein Darlehen von 120 000 DM (Laufzeit 5 Jahre) aufgenommen, welches folgende Salden ausweist:

31. 12. 1993 = 100 000 DM
31. 12. 1994 = 70 000 DM
31. 12. 1995 = 35 000 DM

Berechnen Sie systematisch geordnet die Gewerbesteuerrückstellung 1995 bei einem Hebesatz von 420 % (%-Methode)
(13 Punkte)

III. Vermögensteuer/Bewertung

5. Das Finanzamt hat Ihrem Mandanten Fridolin Arm eine Vermögensteuererklärung zum 1. 1. 1995 zugesandt. Er war am 1. 1. 1995 ledig und 72 Jahre alt.

Über die Vermögenswerte und Schulden zum 31. 12. 1994 legt er Ihnen folgende Übersicht vor.

- Bargeld   1 370 DM
- Sparguthaben   102 000 DM
- Zinsen für 1994 für Sparguthaben, Gutschrift 24. 1. 1995   1 622 DM

- Schmuck (aus Erbgut)   23 500 DM
- 50 Veba-Aktien Anschaffungskosten 7. 4. 1993   12 254 DM
  Kurswert 31. 12. 1994   14 352 DM
- Einfamilienhaus Einheitswert   39 000 DM
- Weinberg (selbst bewirtschaftet) Einheitswert   800 DM
- Beitrag Berufsgenossenschaft für den Weinberg 1994   52 DM
- Einkommensteuer-Restschuld 1994   680 DM

Berechnen Sie systematisch gegliedert das steuerpflichtige Vermögen auf den 1. 1. 1995!
(15 Punkte)

IV. Umsatzsteuer

6. Simon Jecke aus Köln betreibt eine Fleischerei und Gastwirtschaft mit Fremdenzimmern. Außerdem vermietet er im Betriebsgebäude noch eine Wohnung an Herrn Goldmann.

   Für 1995 ergeben sich folgende Werte:

   a) Einnahmen aus dem Verkauf von Fleisch- und Wurstwaren   310 300 DM

   b) Einnahmen Gastwirtschaft   112 700 DM

   c) Einnahmen aus der Vermietung der Fremdenzimmer   33 350 DM

   d) Mieteinnahmen Wohnung einschl. Nebenkosten   13 800 DM

   e) Simon Jecke unternahm mit seinem betrieblichen Pkw eine Urlaubsreise nach Frankreich. Die im Inland gefahrenen Kilometer betrugen 320, die im Ausland 1 850. Die Kosten pro gefahrenen km betragen 1,40 DM.

   f) Lieferungen der Fleischerei an die Gastwirtschaft von   24 500 DM

   g) Warenentnahmen zur privaten Lebensführung:
      Lebensmittel:
      Einkaufspreis bei Anschaffung   3 120 DM
      Einkaufspreis bei Entnahme   3 310 DM
      Verkaufspreis   6 514 DM

   h) ein Geschäftspartner des Simon Jecke erhielt im Laufe des Jahres zwei Geschenkpackungen, die Aufwendungen hierfür betrugen für Spirituosen   60 DM
      und Pralinen   30 DM

i) Er versendet an einen Kunden in der Schweiz
geräucherten Schinken für   780 DM
Die Ware liefert er verzollt und versteuert.
Die abzugsfähigen Vorsteuern betragen 16 341 DM. An Einfuhrumsatzsteuer hat er 613 DM bezahlt.
Ermitteln Sie die USt-Zahllast für 1995 anhand des folgenden Schemas:

Aufgabe	nicht steuerbar	steuerfreie Umsätze	steuerbar steuerpflichtige Umsätze	
			7 %	15 %
a)				
b)				
c)				
d)				
e)				
f)				
g)				
h)				
i)				

(11 Punkte)

7. Der Hausbesitzer Steffen Schönau hat, soweit möglich, zur USt optiert. Ermitteln Sie die USt-Zahllast oder das Guthaben 1995!

Folgende Zahlen liegen vor:

Jahresmieteinnahmen:
Lagerräume für Computer, brutto   20 700 DM
Wohnräume   24 000 DM

Werbungskosten:
Erneuerung Elektroinstallation Lager, brutto   6 095 DM
Wohnräume, brutto   9 775 DM
Haushaftpflichtversicherung   368 DM
(5 Punkte)

V. Abgabenordnung

8. Der ESt-Bescheid 1995 für Manuel Rösch aus Herne wurde am 15. 8. 1996 vom Finanzamt zur Post gegeben. Da Rösch Anfang August 1996 umgezogen war, kam der an die alte Adresse gerichtete Bescheid erst am 30. 8. 1996 per Postnachsendeantrag in der neuen Wohnung an. Der Bescheid enthält eine Abschlußzahlung von 4 795 DM.
   a) Bestimmen Sie Beginn und Ende der Rechtsbehelfsfrist!
   b) Bis zu welchem Zeitpunkt ist die Abschlußzahlung fällig? (Antwort mit Begründung)
   c) Am 5. 10. 1996 bemerkt Rösch in dem ESt-Bescheid einen Rechenfehler zu seinen Gunsten. Ist eine Berichtigung durch das Finanzamt noch möglich? (Antwort mit Begründung)
   (8 Punkte)

9. Entscheiden und begründen Sie, ob die folgenden Personen nach der Abgabenordnung buchführungspflichtig sind!
   a) Eine Kommanditgesellschaft mit einem Gewinn von 40 000 DM, Betriebsvermögen von 85 000 DM und Umsatz von 400 000 DM.
   b) Ein Landwirt mit einem Gewinn von 35 000 DM, Umsatz von 300 000 DM und Wirtschaftswert von 30 000 DM.
   c) Ein Steuerberater mit einem Gewinn von 80 000 DM, Umsatz von 250 000 DM und Betriebsvermögen von 120 000 DM.
   (5 Punkte)

b) Klausur Wirtschaftslehre VIII

1. Mehrere Bekannte wollen in Erfurt eine Brauerei in der Rechtsform einer Aktiengesellschaft gründen.
   Für die Gründung ist folgendes vorgesehen:
   a) Schröder, Zachow, Hesse und Pohl sollen die Gründer sein.
   b) Die Satzung soll schriftlich geschlossen werden.
   c) Das Grundkapital soll 250 000 DM betragen und in 50 000 Aktien à 5 DM zerlegt werden.
   d) Die Firma soll „Schröder & Co." lauten.

8. Prüfungssatz VIII

Prüfen Sie die einzelnen Punkte auf ihre rechtliche Zulässigkeit. (Antworten mit Begründung)
(14 Punkte)

2. Martina Trieb betreibt seit dem 2. 1. 1995 eine Sanitärgroßhandlung in der Form eines Einzelunternehmens in Waltershausen. Das Unternehmen wurde bisher im Handelsregister noch nicht eingetragen. Der Umsatz hat 1995 2,7 Mio. DM betragen, sie beschäftigt 23 Arbeitnehmer.

   a) Entscheiden Sie, ob Frau Trieb in das Handelsregister einzutragen ist und welche Wirkung die Eintragung hat. (Antwort mit Begründung)

   b) Aus Haftungsgründen wandelt Frau Trieb am 1. 1. 1996 ihr Einzelunternehmen in eine GmbH um, deren Geschäftsführer sie ist.

   Frau Trieb möchte wissen, welche An- und/oder Abmeldungen durch die Umwandlung beim Handelsregister vorzunehmen sind.
   (7 Punkte)

3. Langer, Rips und Blumenstock gründen eine Schulungsakademie in der Rechtsform einer Gesellschaft des bürgerlichen Rechts.

   Die nachfolgenden Sachverhalte sind auf ihre rechtliche Zulässigkeit zu überprüfen. (Antworten mit Begründung)

   a) Blumenstock kauft ohne Zustimmung der anderen Gesellschafter eine Computeranlage für 6 000 DM für die Akademie. Der Gesellschaftsvertrag sieht hierzu keine besondere Regelung vor.

   b) An Langer tritt der Büromöbelhersteller Maier heran und verlangt von ihm die Begleichung einer Rechnung vom 9 999 DM. Langer verweigert die Zahlung mit der Begründung, daß er nur mit 6 000 DM an der Gesellschaft beteiligt sei und er deshalb für höhere Beträge nicht haftet.
   (6 Punkte)

4. Kerstin Schack ist Kommanditistin der Schulz KG und mit 60 000 DM beteiligt. Von einem Lieferanten der KG wird ihr für die KG preisgünstig ein Posten Ware für die KG angeboten, den sie für die KG kauft.

   Ist die KG an das Geschäft gebunden? (Antwort mit Begründung)
   (4 Punkte)

5. Hans Hansen will sich mit einer Einlage von 50 000 DM als stiller Gesellschafter an der Praxis von Zahnarzt Dr. Best beteiligen.
   Ist dies rechtlich möglich? (Antwort mit Begründung)
   (3 Punkte)

6. Der Inhaber der Lebensmittelgroßhandlung Jens Jensen hat seinem langjährigen Mitarbeiter Karl Rath allgemeine Handlungsvollmacht erteilt.
   Darf Rath im Namen der Großhandlung die folgenden Rechtsgeschäfte tätigen?
   a) Kauf von Thunfisch in Dosen, 500 Stück
   b) Akzeptieren eines Schuldwechsels über 50 000 DM
   c) Einstellung eines Verkäufers
   d) Aufnahme eines Darlehens
   e) Bestellung einer Grundschuld zur Sicherung des Darlehens.
   (5 Punkte)

7. Eine Tonwarenfabrik beauftragt die Kommissionären Diana Hanpf mit dem Verkauf von 200 Blumenvasen. Hanpf verkauft diese an die Kaufhaus GmbH.
   a) Wer sind die Vertragsparteien des Kaufvertrages? (Antwort mit Begründung)
   b) Nach Abwicklung des Geschäftes verlangt Hanpf von der Tonwarenfabrik die vereinbarte Provision von 8 % und 250 DM Auslagenersatz für die Nutzung des Lagerraumes.
   Hat Frau Hanpf darauf einen gesetzlichen Anspruch? (Antwort mit Begründung)
   c) Die Tonwarenfabrik hat Frau Hanpf als Mindestverkaufspreis 15 DM vorgeschrieben. Frau Hanpf konnte zu einem Stückpreis von 17 DM verkaufen.
   Wem steht der Mehrerlös zu ? (Antwort mit Begründung)
   (9 Punkte)

8. Die Wilke GmbH schließt folgende Vertäge ab:
   a) Im September 1996 ließ er seinen Pkw von einem Kfz-Meisterbetrieb für 1 500 DM lackieren.
   b) Am 6. 9. 1996 ging das Mineralwasser aus. Wilke holte sich deshalb von einem Bekannten einen Kasten Mineralwasser. Am 8. 9. 1996

8. Prüfungssatz VIII

gab er dem Bekannten einen Kasten Mineralwasser der selben Marke zurück.

Prüfen Sie, welche Vertragsarten in den beiden Fällen gegeben sind. (Antworten mit Begründung)
(8 Punkte)

9. Der 16jährige Christian Schack kauft bei einem Fahrradhändler ein Rennrad für 350 DM von seinem Taschengeld. Als die Eltern davon erfahren, möchten sie den Kauf rückgängig machen, weil ihr Sohn ohne Einwilligung gehandelt hat.

   Prüfen Sie, ob die Eltern den Kaufvertrag rückgängig machen können. (Antwort mit Begründung)
   (4 Punkte)

10. Die Wilke GmbH benötigt zur Erweiterung des Betriebes ein Darlehen. Die Bank verlangt Sicherheiten. Die Wilke GmbH bietet hierfür an:

    a) Wertpapiere

    b) Einen Lastkraftwagen

    c) Kundenforderungen

    Nennen und erläutern Sie die Kreditsicherungsmöglichkeiten, die sich aufgrund dieser Vermögensgegenstände ergeben.
    (13 Punkte)

11. Die Arbeitnehmer Hinz und Konz sind von ihrem Arbeitgeber in der gesetzlichen Sozialversicherung ordnungsgemäß angemeldet.

    a) Hinz verunglückt auf dem täglichem Weg zur Arbeit. Es entstehen 3 000 DM Arztkosten.

    b) Konz verunglückt durch eigenes Verschulden in der Gaststätte, in der er sein Mittagessen einnimmt, zu dem der Arbeitgeber einen Zuschuß leistet. Die Arztkosten betragen 500 DM.

    Welche gesetzliche Versicherung muß jeweils die Unfallkosten tragen? (Antworten mit Begründung)
    (8 Punkte)

12. Am 6. 9. 1996 erfährt Arbeitgeber Hansen, daß sein Buchhalter Langer die Verschwiegenheitspflicht verletzt hat. Am darauffolgenden Tag kündigt Hansen seinem Angestellten fristlos wegen dieser groben Pflichtver-

letzung. Der Arbeitgeber händigt Langer ein Zeugnis aus, in dem auf die Verletzung der Verschwiegenheitspflicht ausdrücklich hingewiesen wird.

a) Prüfen Sie, ob die fristlose Kündigung rechtens ist. (Antwort mit Begründung)

b) Welche anderen Unterlagen muß der Arbeitgeber zusätzlich aushändigen?

c) Darf ein Arbeitszeugnis eine solche negative Aussage enthalten? (Antwort mit Begründung)

(10 Punkte)

13. Von welchen Sozialversicherungszweigen werden die folgenden Leistungen erbracht?

    a) Kurzarbeitergeld
    b) Sterbegeld
    c) Mutterschaftsgeld
    d) Witwengeld

    (4 Punkte)

14. Der Steuerfachgehilfe Werner Schmidt ist seit 1985 in einem Steuerbüro angestellt, er möchte zum 30. 11. 1996 kündigen.

    Wie lange beträgt die Kündigungsfrist? (Antwort mit Begründung)

    (5 Punkte)

c) Klausur Rechnungswesen VIII

Es sind die gesetzlichen Umsatzsteuersätze anzuwenden.

Bei den Buchungssätzen sind stets auch die DM-Beträge anzugeben.

§ 6 Abs. 2 EStG und § 7g EStG sind anzuwenden, wenn die Zulässigkeitsvoraussetzungen erfüllt sind.

Begründungen sind nur vorzunehmen, wenn diese ausdrücklich verlangt werden.

I. Die Computerhandlung Krause KG, Bonn, ermittelt ihren Gewinn nach § 5 EStG und versteuert ihre Umsätze nach vereinbartem Entgelt zum Regelsteuersatz. Das Wirtschaftsjahr entspricht dem Kalenderjahr. Der

Einheitswert des Betriebsvermögens beträgt 200 000 DM, das Gewerbekapital 450 000 DM. Für 1995 soll der steuerlich zulässig niedrigste Gewinn ermittelt werden.

Die folgenden Sachverhalte sind noch zu berücksichtigen. Die Buchungssätze sind zu bilden! Der Lösungsweg ist rechnerisch darzustellen.

1. In der Bilanz 1994 ist eine Gewerbesteuerrückstellung von 6 720 DM ausgewiesen. Aufgrund des Gewerbesteuerbescheides 1994 überwies die KG die Abschlußzahlung von 7 140 DM am 18. 12. 1995. Es wurde gebucht:
   Gewerbesteuer an Bank   7 140 DM
   Buchen Sie zum 31. 12. 1995!
   (2 Punkte)

2. Der Prokurist Schneider erhält jährlich eine umsatzabhängige Tantieme. Für 1995 betrug diese 12 650 DM. Die Zahlung erfolgte erst 1996.
   Buchen Sie zum 31. 12. 1995!
   (2 Punkte)

3. Am 28. 12. 1995 wurde ein Lkw geliefert und zugelassen. Die betriebsgewöhnliche Nutzungsdauer beträgt 5 Jahre.
   Die Rechnung lautet:

Lkw	134 000 DM
Überführungskosten	600 DM
	134 600 DM
+ 15 % USt	20 190 DM
	154 790 DM

   Die Zahlung der Rechnung erfolgt 1996.
   a) Buchen Sie die Anschaffung zum 28. 12. 1995!
   b) Buchen Sie die Abschreibung und ermitteln Sie den Bilanzansatz zum 31. 12. 1995!
   (9 Punkte)

4. Die Inventur zum 31. 12. 1995 ergab einen Warenbestand von 316 000 DM. Die Eröffnungsbilanz zum 1. 1. 1995 wies einen Warenbestand von 284 000 DM aus.
   Die Abschlußbuchung zum 31. 12. 1995 ist vorzunehmen!
   (2 Punkte)

5. a) Die KG kaufte am 14. 3. 1995 ein unbebautes Grundstück für 270 000 DM. Die Finanzierung erfolgte durch ein Darlehen, das durch eine Grundschuld abgesichert ist. Die Notarkosten für den Kaufvertrag betrugen 4 150 DM + 15 % USt, die Gerichtskosten für die Eintragung der Grundschuld 2 330 DM.

Die Grunderwerbsteuer von 5 400 DM sowie die anderen Kosten bezahlte der Komplementär Krause am 26. 4. 1995 von seinem privaten Bankkonto.

Bilden Sie die Buchungssätze zum 14. 3. und 26. 4. 1995!
(6 Punkte)

b) Auf dem Grundstück erstellte ein Bauunternehmer eine Lagerhalle und erteilte am 17. 10. 1995 folgende Rechnung:

Herstellungskosten Lagerhalle	540 000 DM
+ 15 % USt	81 000 DM
	621 000 DM

Die Zahlung der Rechnung erfolgte am 18. 1. 1996 durch Aufnahme eines weiteren Darlehens.

Buchen Sie zum 17. 10. 1995
(3 Punkte)

c) Ab 16. 10. 1995 wird die Lagerhalle von der KG für ihre Warenbestände genutzt.

Buchen Sie die Abschreibung und ermitteln Sie die Bilanzansätze zum 31. 12. 1995 für die Halle und den Grund und Boden!
(6 Punkte)

d) Die Zinsen für 1995 von 12 000 DM für das Grundstück wurden am 2. 1. 1996 auf dem Geschäftskonto belastet.

Buchen Sie zum 31. 12. 1995!
(2 Punkte)

6. Die Gebäudeversicherung für die Lagerhalle vom 16. 10. 1995 bis 15. 10. 1996 von 3 600 DM sowie die Lebensversicherung von Herrn Krause für Dezember 1995 von 1 000 DM wurden am 4. 12. 1995 vom Geschäftskonto abgebucht.

Bilden Sie die Buchungssätze!
(3 Punkte)

8. *Prüfungssatz VIII* 129

7. Ab 2. 1. 1995 wurde das private Auto von Herrn Krause nur noch betrieblich genutzt. Das Auto wurde am 5. 1. 1994 für 40 000 DM einschließlich 15 % USt gekauft. Die Nutzungsdauer beträgt 5 Jahre, der Teilwert zum Zeitpunkt der Einlage 35 000 DM.

   a) Das Kraftfahrzeug soll in das Gesamthandsvermögen der KG übergehen. Ermitteln Sie den Wert der Einlage zum 2. 1. 1995 und nehmen Sie die Buchung vor!

   b) Ermitteln Sie den Buchwert zum 31. 12. 1995!
   (9 Punkte)

8. Die angemessenen Bewirtungskosten vom 20. 6. 1995 für ein Essen mit Geschäftsfreunden von 390 DM einschließlich USt (der Umsatzsteuernachweis ist ordnungsgemäß) wurde bar bezahlt.

   Die Buchung ist vorzunehmen!
   (4 Punkte)

9. Die KG zahlt am 4. 12. 1995 eine Lieferantenrechnung von 39 790 DM per Bank unter Abzug von 2 % Skonto. Der Wareneingang wurde bereits am 22. 11. 1995 ordnungsgemäß gebucht.

   Buchen Sie den Zahlungsvorgang!
   (3 Punkte)

10. Herr Krause war vom 14. 11. 1995, 7.30 Uhr, bis 15. 11. 1995, 18.45 Uhr, in Frankfurt zum Wareneinkauf. Er fuhr mit dem Geschäftswagen, einfache Entfernung 200 km. Die Hotelübernachtung ohne Frühstück, die er privat bezahlte, betrug 240 DM einschließlich USt. Für die Verpflegungsaufwendungen hat er keine Belege. Die KG wendet die Gesamtpauschalierung nach UStDV an.

    Erstellen Sie die Reisekostenabrechnung und nehmen Sie die Buchung vor!
    (6 Punkte)

II. Die Textilgroßhandlung Heribert Bender ermittelt ihren Gewinn nach § 5 EStG. Das Wirtschaftsjahr entspricht dem Kalenderjahr. Gemäß der von Herrn Bender aufgestellten Bilanz ergibt sich ein Gewinn für 1995 von 200 000 DM.

Prüfen Sie folgende vorgenommenen Buchungen und berichtigen Sie ggf. auf den zulässig niedrigsten Gewinn!
Begründen Sie Ihre Entscheidungen!

1. Herr Bender hat aus England Kleider geliefert bekommen. Am 23. 10. buchte er die Lieferantenrechnung bei einem Kurs von 2,20 DM mit 6 820 DM auf Wareneinkauf. Am 31. 12. ist der Kurs auf 2,50 DM gestiegen.

2. Für kleinere Ausbesserungen hat Herr Bender eine Nähmaschine für 780 DM netto am 25. 10. gekauft. Gleichzeitig erhielt er für verschiedene Nähnadeln für die Maschine eine gesonderte Rechnung über 40 DM netto. Er buchte beides als Aufwand. Die betriebsgewöhnliche Nutzungsdauer beträgt 3 Jahre.

3. In dem Warenbestand ist eine Position Hosen im Wert von 6 340 DM enthalten. Durch Lagerschäden ist diese jedoch höchstens mit netto 4 000 DM zu verkaufen.

4. Am 28. 6. wurde eine Regalwand für netto 4 200 DM angeschafft. Die betriebsgewöhnliche Nutzungsdauer beträgt 10 Jahre. Herr Bender hat linear 10 % abgeschrieben, für ein halbes Jahr = 210 DM.

5. Herr Bender hat am 1. 12. ein unbebautes Grundstück, welches er 1988 für 50 000 DM erworben hatte, für 110 000 DM (Verkehrswert) eingelegt.

6. Herr Bender hat am 13. 4. einen Anzug für seinen privaten Gebrauch entnommen. Einkaufspreis lt. Rechnung 540 DM, mit dem die Entnahme gebucht wurde. Die Wiederbeschaffungskosten betragen zu diesem Zeitpunkt 730 DM.
(23 Punkte)

III. Bearbeiten Sie die folgenden Rechenaufgaben:

1. Die Hauberg OHG hat am 22. 3. 1996 einen Kundenwechsel, fällig am 28. 5. 1996 bei der Bank diskontieren lassen. Die Bank schreibt nach Abzug von 1 760 DM für Diskont 118 240 DM gut.
   Berechnen Sie den Zinssatz der Bank!
   (5 Punkte)

2. An der Jennifer Treiber OHG sind folgende Gesellschafter beteiligt:

Gesellschafter	Kapitalkonto zum 1. 1. 1995	Einlagen während des Wirtschaftsjahres
Jennifer Treiber	250 000 DM	0 DM
Juliane Kaufmann	200 000 DM	0 DM
Simone Schmidt	120 000 DM	30 000 DM

Der Reingewinn der Jennifer Treiber OHG beträgt für 1995 300 000 DM und ist wie folgt zu verteilen:
- Frau Treiber erhält für die Geschäftsführung vorab 120 000 DM.
- Die Kapitalkonten zum Jahresende der Gesellschafter werden mit 6 % verzinst.
- Der Restgewinn wird nach den Kapitalkonten zum Jahresende verteilt.

Nehmen Sie die Gewinnverteilung für 1995 vor!
(8 Punkte)

3. Der Spirituosengroßhändler Bodo Scholz kauft 100 Flaschen Weinbrand zum Bareinkaufspreis von 1 200 DM ein.

Außer den Bezugskosten von 50 DM sind für die Kalkulation

80 DM Handlungskosten,
20 %   Kundenrabatt und
2 %   Kundenskonto zu berücksichtigen.

Scholz kalkuliert mit einer Handelsspanne von 33 ⅓ %.

Berechnen Sie:
a) den Bezugspreis
b) den Listenverkaufspreis (ohne USt),
c) den Gewinn in DM
(7 Punkte)

Teil B: Lösungen

1. Prüfungssatz I

a) Lösungen Steuerwesen I

I. Einkommensteuer

1. Aufgabe

Einkünfte aus nichtselbständiger Arbeit

Gehalt 12 × 7 428 DM	=	89 136,— DM (1)	
+ Tantieme 1994	=	20 000,— DM (1)	
Einnahmen		109 136,— DM	
Werbungskosten Arbeitnehmerpauschbetrag		2 000 DM (1)	107 136 DM

Einkünfte aus Kapitalvermögen

Nettodividende 73,125 %	4 387,50 DM	
KESt 25 %	1 500,— DM (1)	
SOLZ 1,875 %	112,50 DM (1)	
Bardividende 100 %	6 000,— DM	
3/7 KSt	2 571,43 DM (1)	
Bruttodividende	8 571,43 DM	
Sparbuchzinsen	350,— DM (1)	
Einnahmen	8 921,43 DM	
Werbungskosten-PB	100,— DM (1)	
Sparerfreibetrag	6 000,— DM (1)	2 821 DM
Summe der Einkünfte		109 957 DM
= Gesamtbetrag der Einkünfte		
• Sonderausgabenpauschbetrag (1)		108 DM

Übertrag:

- Vorsorgepauschale
  109 136 DM (1) × 18 % (1) = 19 644 DM
  max. 2 000 DM (1)
  ohne Rest durch 54 teilbar (1)   1 998 DM   1 998 DM

Außergewöhnliche Belastungen

Kinderbetreuungskosten
12 × 1 000 DM   12 000 DM (1)
abziehbar max.   4 000 DM (1)   4 000 DM
Einkommen   103 851 DM
− Kinderfreibetrag (1)   4 104 DM
− Haushaltsfreibetrag (1)   5 616 DM
Zu versteuerndes Einkommen   94 131 DM

2. Aufgabe

Berechnung
a) Rente 7 Monate × 2 125 DM =   14 875 DM
7 × 231 DM =   1 617 DM (1)
5 Monate × 2 375 DM =   11 875 DM
5 × 243 DM =   1 215 DM
Einnahmen   29 582 DM (1)
Ertragsanteil 30 % (2) von 29 582 DM =   8 874,60 DM
[bei Ansatz von 31 % (1)]
− Werbungskosten-PB   200,— DM (1)
Sonstige Einkünfte   8 674,60 DM

Berechnung
b) Höchstbetrag   7 200,— DM (1)
eigene Einkünfte der Tochter   9 400 DM
− Werbungskosten-PB   2 000 DM (1)
                                    7 400 DM
anrechnungsfreier Betrag   6 000 DM (1)
übersteigender Betrag   1 400 DM   1 400,— DM (1)
abziehbarer Höchstbetrag   5 800,— DM

geleistete Unterhaltsaufwendungen
12 × 750 DM = 9 000 DM abziehbare
außergewöhnliche Belastungen   5 800,— DM (1)

Begründung des Ansatzes:
Es ist der steuerlich abzugsfähige Unterhalt (§ 33a Abs. 1) anzusetzen, da die Altersgrenze für die Gewährung eines Kinderfreibetrages überschritten ist und somit auch kein Ausbildungsfreibetrag (§ 33a EStG) gewährt werden kann (2)

II. Gewerbesteuer

1. Gewerbeertrag

Gewinn aus 1994/95	74 550 DM
+ Hinzurechnungen	
Entgelt für Dauerschulden 7 600 DM (1)	
50 % von 7 600 DM (1)	3 800 DM
Gewinn und Hinzurechnungen	78 350 DM
− Kürzungen	
1,2 % von 44 100 DM	
(70 % von 45 000 DM × 140 %) (3)	529 DM
Gewerbeertrag	77 821 DM
abgerundet auf volle 100 DM	77 800 DM (1)
− Freibetrag	48 000 DM (1)
verbleiben	29 800 DM

Steuermeßbetrag nach dem Gewerbeertrag
24 000 DM × 1 % = 240 DM (1)
5 800 DM × 2 % = 116 DM (1) gesamt M 1   356 DM

2. Gewerbekapital

Einheitswert des Gewerbebetriebes	381 000 DM
+ Hinzurechnungen	
Dauerschulden 87 000 DM	
− Freibetrag 50 000 DM (1)	
verbleiben 37 000 DM	
50 % von 37 000 DM (1)	18 500 DM
Einheitswert und Hinzurechnungen	399 500 DM

Übertrag:	399 500 DM
− Kürzungen	
Betriebsgrundstück (45 000 DM × 140 %)	63 000 DM (2)
Gewerbekapital	336 500 DM
abgerundet auf volle 1 000 DM	336 000 DM (1)
− Freibetrag	120 000 DM (1)
verbleiben	216 000 DM
Steuermeßbetrag nach dem Gewerbekapital 0,2 % von 216 000 DM M2 (1)	432 DM
einheitl. Steuermeßbetrag M = M1 + M2 356 DM + 432 DM	788 DM
Gewerbesteuer:	
788 DM × 430 % Hebesatz	3 388,40 DM (1)
− Vorauszahlungen	2 700,— DM (1)
Abschlußzahlung	688,40 DM

Anmerkung: Die Kürzung bezugnehmend des Betriebsgrundstücks beim Gewerbeertrag ist mit 70 % des Einheitswertes, beim Gewerbekapital in voller Höhe vorzunehmen.

III. Umsatzsteuer
Aufgabe 1.1

Lfd. Nr.	nichtsteuerbare Umsätze DM	steuerfreie Umsätze mit VoSt-Abzug DM	steuerfreie Umsätze ohne VoSt-Abzug DM	steuerpflichtige Umsätze DM
1				1 320 000 (2)
2		37 000 (2) (Ausf. § 4+§ 6)		
3				540 000 (2)
4		25 000 (2) (igL § 4+§ 6 a)		
5	Innenumsatz (1)			
6 a)			14 400 (2) (keine Opt. § 9)	12 000 (1) (mit Option § 9)
6 b)			21 600 (2) (keine Opt. § 9)	

Summe	1 872 000 DM
× 15 %	280 000 DM (1)
= USt-Traglast	280 000 DM

Aufgabe 1.2

abzüglich VoSt: Nr. 1	−	85 000 DM (1)
Nr. 2 a	−	2 480 DM (1)
Nr. 2 b Aufteilung der VoSt, da Vermietung an Heilpraktiker steuerfrei ohne VoSt-Abzug (1)	−	2 640 DM (1)
Nr. 2 c nichtabzugsfähig, da Vermietung ohne VoSt-Abzug (1)		0 DM
		190 680 DM
abzüglich USt-Vorauszahlungen	−	189 750 DM (1)
= USt-Abschlußzahlung		930 DM (1)

2. Aufgabe

1. Als *juristische Person* des öffentlichen Rechts (die nicht Unternehmer ist) erwirbt die Stadtverwaltung Jena *Unternehmereigenschaft* (1)   *[§ 1a (1) 2b UStG]* durch Überschreitung der *Erwerbsschwelle* in Höhe von 25 000 DM (1) *[§ 1a (3) 2. UStG]*.

   Somit liegen alle Voraussetzungen (von Unternehmer, innerhalb Gemeinschaftsgebiet, an Unternehmer) für innergemeinschaftlichen Erwerb vor (2) *[§ 1a (1) UStG]*.

2. *Privatpersonen* erfüllen mit dem *Erwerb neuer Fahrzeuge* aus anderen EU-Mitgliedsstaaten den Steuertatbestand des *innergemeinschaftlichen Erwerbs (2)* [§ 1b UStG, sog. Fahrzeugeinzelbesteuerung].

   Ein *Fahrzeug* (hier Kfz) gilt als *neu*, wenn die *erste Inbetriebnahme* im Zeitpunkt des *Erwerbs* nicht mehr als *drei Monate* zurückliegt (1) [§ 1b (3) UStG] (bzw. die Laufleistung nicht mehr als 6 000 km beträgt).

   Diese Voraussetzungen sind im vorliegenden Falle jeweils erfüllt, somit liegt ein innergemeinschaftlicher Erwerb vor (1)   *[§ 1b UStG]*

IV. Bewertungsgesetz/Vermögensteuer

Vermögensaufstellung zum 1. 1. 1996

Besitzposten	DM
1. Betriebsgrundstück; das Grundstück wird zu mehr als 50 % eigenbetrieblich genutzt, damit wird es notwendiges Betriebsvermögen (2) 140 000 DM × 140 % =	196 000 (1)
2. Fuhrpark	36 000 (1)
3. BGA	42 701
4. Wertpapiere; werden mit dem aktuellen Kurswert bewertet (1)	12 000 (1)
5. Forderungen a. LL. – PWB (237 639 DM 3 000 DM)	234 639
6. Bankguthaben	12 250 (1)
Summe	533 590

Schuldposten

1. Darlehen	210 000	
2. GewSt-Rückstellung	8 660	(2)
3. Verbdl. a. LL:	200 570	
4. USt	34 620	
Summe	453 850	

Summe der Besitzposten	533 590	
− Summe der Schuldposten	453 850	
= Reinbetriebsvermögen	79 740	(1)
abgerundet auf volle 1 000 DM		
= Einheitswert des Betriebsvermögens	79 000	(1)

V. Abgabenordnung

1. a) Es handelt sich um die Festsetzungsfrist für die ESt (1), *nach deren Ablauf* eine Steuer*festsetzung* (ESt-Bescheid) *nicht mehr zulässig* ist *(1) [§ 169 (1) AO]*. Die Frist beträgt *vier Jahre (1) [169 (2) AO]*.

   b) *Sie beginnt, wenn eine Steuererklärung einzureichen ist (1)*, mit *Ablauf des Kalenderjahres*, in dem die Steuererklärung *eingereicht* wurde *(1) [§ 170 (2) AO]*, spätestens jedoch mit Ablauf *des dritten Kalenderjahres*, welches *auf* das Jahr der *Entstehung der Steuer folgt (1) [§ 170 (2) AO]*.

   c) *Die Festsetzungsfrist beginnt im vorliegenden Falle am 1. 1. 1996, 00.00 Uhr (bzw. am 31. 12. 1995, 24.00 Uhr) (1)* und endet demzufolge am *31. 12. 1999*, 24.00 Uhr *(1)*.

2. a) Ja, da Klein Vollkaufmann (Grundhandelsgewerbe nach § 1 HGB und Handelsregistereintragung) ist, muß er Bücher führen (§ 140 AO). (1)

   b) Betriebsvermögensvergleich nach § 5 EStG, da er buchführungspflichtiger Gewerbetreibender ist. (1)

b) Lösungen Wirtschaftslehre I

1. 10

Fall 1:
Bildung eines Aufsichtsrates; (4)
Besetzung: 6 Anteilseigner
           6 Arbeitnehmer
           davon 2 Gewerkschaftsvertreter
           [Mitbestimmungsgesetz von 1976, § 1 (1) Nr. 2)
           § 7 (1) Nr. 1, § 7 (2) Nr. 1]

Fall 2:
kein Aufsichtsrat zu bilden, da Personengesellschaft (2)

Fall 3:
Kein Aufsichtsrat, da weniger als 500 Beschäftigte (4)
[Betriebsverfassungsgesetz von 1952 § 77 (1)]

2. 10

2.1 Thomas ist als beschränkt Geschäftsfähiger hinsichtlich des Abschlusses oder der Aufhebung eines Arbeitsverhältnisses als Verkäufer unbeschränkt geschäftsfähig [§ 113 (1)], da ihn seine Eltern dazu ermächtigt haben. (3)

Keine Ermächtigung hat er, sich als Bauhelfer einstellen zu lassen, insoweit ist sein Arbeitsvertrag schwebend unwirksam [§§ 106, 108 (1)] (3)

2.2 Der Ratenzahlungsvertrag ist nicht rechtswirksam zustande gekommen. Da Thomas beschränkt geschäftsfähig ist, darf er keinen Ratenzahlungsvertrag abschließen. (4)

3. 8

1. Fall:
Mietvertrag (§ 535 BGB), Sache wird gegen Entgelt überlassen, hier: Ladenlokal (2)

2. Fall:
Werkvertrag (§ 631 BGB), Unternehmer muß versprochenes Werk erstellen, hier: Räume renovieren (2)

3. Fall:
Dienstvertrag (§ 611 BGB), alt: Arbeitsvertrag
Arbeitnehmer werden zur Leistung von Diensten verpflichtet (2)

4. Fall:
Leihvertrag (§ 598 BGB), Nutzung der Sache wird unentgeltlich
gestattet, hier: Bilder aushängen (2)

4.   **6**

4.1 Am Tage der Beurkundung durch den Notar, am 28. 3. 1996
(§ 313 und § 925 BGB) (3)

4.2 Mit der Eintragung ins Grundbuch, am 5. 5. 1996, (§ 873 BGB) (3)

5.   **13**

1. Handelsregister, Abt. B (3)
2. Genossenschaftsregister (2)
3. Handelsregister, Abt. A (3)
4. Vereinsregister (2)
5. Handelsregister, Abt. A (3)

6.   **10**

1. ja, Kannkaufmann (2)
2. ja, Mußkaufmann (2)
3. ja, Sollkaufmann (2)
4. ja, Sollkaufmann (2)
5. ja, Mußkaufmann (2)

7.   **4**

Zahlungsunfähigkeit liegt vor, wenn ein wesentlicher Teil der sofort fälligen Geldschulden ungedeckt ist und dieser Zustand voraussichtlich andauert. (2)

Überschuldung liegt vor, wenn das vorhandene Vermögen eines Unternehmens nicht mehr ausreicht, die aufgelaufenen Schulden zu decken. (2)

8.   **4**

Z. B. Umsatzrückgang, rückläufige Gewinne, erste Verluste, zunehmende Verschuldung, Schrumpfen des Eigenkapitals, beginnende Zahlungsschwierigkeiten, Zahlungsunfähigkeit (4)

9. 3
- Bareinlösung bei der bezogenen Bank
- Gutschrift auf eigenes Konto
- Weitergabe an Gläubiger (3)

10. 4
Die Zahlung sollte mit drei Eurocheque erfolgen.
Z. B.: 2 Eurocheque je 400 DM und 1 Eurocheque 54,75 DM; da die
Bank bis zu 400 DM je Scheck die Einlösung garantiert (4)

11. 10

11.1 Unter Leasing versteht man die Vermietung (Verpachtung) von
Wirtschaftsgütern (2)

11.2 Wesentliche Anwendungsgebiete:
- Mobilien-Leasing, z. B. Leasing von Büromaschinen, Kraftfahrzeugen, Fertigungsmaschinen (2)
- Immobilien-Leasing, z. B. Leasing von Produktionshallen, Lagerhallen (2)

11.3 *Vorteile:* z. B. Erhöhung der Liquidität
neuester Stand der Technik
Serviceübernahme durch Leasinggeber
Abzugsfähigkeit der Leasingraten als Betriebsausgabe (2)

Nachteile: z. B. hohe Leasingraten
Summe der Leasingraten kann höher als
Kaufpreis sein (2)

12. 13

12.1 Sie sind gemeinschaftliches Vermögen aller Gesellschafter (3)
12.2 Sie haften unbeschränkt, unmittelbar und gesamtschuldnerisch (3)
12.3 Einzelgeschäftsführung aller Gesellschafter und Einzelvertretung
aller Gesellschafter (2)
12.4 Die OHG wird aufgelöst (§ 131 HGB):
- mit Ablauf der Zeit
- durch Beschluß der Gesellschafter
- durch Konkurseröffnung über das Vermögen der Gesellschaft

- durch Konkurseröffnung über das Vermögen eines Gesellschafters
- durch den Tod eines Gesellschafters (5)

13. 5

Z. B.: (5)
- beim zuständigen Amtsgericht zur Eintragung in das Handelsregister
- beim örtlichen Gewerbeamt
- beim zuständigen Finanzamt
- bei der IHK
- bei der Berufsgenossenschaft
- bei den Trägern der Sozialversicherung

c) Lösungen Rechnungswesen I

1.a) Forderung aus L. u. L   9 200 DM
   an Erlöse   8 000 DM (1)
   Umsatzsteuer   1 200 DM (1)

b) Bank   8 924 DM   (1)
   gewährte Skonti   240 DM   (1)
   Umsatzsteuer   36 DM   (1)
   an Forderungen aus L.u.L   9 200 DM

2. $\dfrac{36\,000 \times 77 \times 6}{100 \times 360} =$ 462 DM (altern. 78 Zinstage nach Euromethode) (2)

   Wechselbetrag =   36 000 DM
   ./. Diskont =   462 DM
   ./. Bankspesen =   42 DM
                       35 496 DM   (1)

Bank   35 496 DM   (1)
Diskontaufwendungen   462 DM   (1)
Kosten des Geldverkehrs   42 DM   (1)
an Besitzwechsel   36 000 DM (1)

3.a) Materialeinkauf	4 000 DM		(1)
Vorsteuer	600 DM		(1)
an Verbindl. aus L.u.L		4 600 DM	
3.b) Verbindlichkeiten aus L.u.L	4 600 DM		
an Bank		4 140 DM	(1)
Materialeinkauf		400 DM	(1)
Vorsteuer		60 DM	(1)
4.a) Maschinen	300 000 DM		(1)
Vorsteuer	45 000 DM		(1)
an Verbindl. aus L.u.L.		345 000 DM	
b) Maschinen	120 DM		(1)
Vorsteuer	18 DM		(1)
an Kasse		138 DM	
c) Maschine	300 000 DM		
+ Anschaffungsnebenkosten	120 DM		
= Bemessungsgrundlage AfA	300 120 DM		(1)
300 120 DM : 10 Jahre =	30 012 DM		(1)
$1/12$ =	2 501 DM		(1)
Abschreibung Anlagevermögen	2 501 DM		
an Maschinen		2 501 DM	(1)
5. geringwertige Wirtschaftsgüter	1 500 DM		(1)
Vorsteuer	225 DM		(1)
an Bank		1 725 DM	
6.a) außerplanm. Abschreibung	50 000 DM		(1)
an Beteiligung		50 000 DM	(1)

b) Es ist der niedrigere Teilwert anzusetzen, da die Wertminderung von Dauer ist (strenges Niederstwertprinzip). (1)

7.a) Aktive RAP (Mietsonderzhlg.)	10 000,— DM		(1)
Vorsteuer	1 500,— DM		(1)
an Erlöse aus Anlageverkäufen		10 000 DM	(1)
Umsatzsteuer		1 500 DM	(1)

1. Prüfungssatz I

b)	Abgang Anlagevermögen	7 000,— DM		(1)
	an Lkw		7 000 DM	
	10 000 DM : 36 Monate =	277,78 DM monatlich		
	277,78 DM × 5 Monate =	1 389,— DM		(1)
	Lkw-Leasing	1 389,— DM		
	an Aktive RAP		1 389 DM	(2)
8.	Abschreibung Umlaufvermögen	7 500,— DM		(1)
	Umsatzsteuer	1 125,— DM		(1)
	an Forderungen aus L.u.L		8 625 DM	(1)

9.a) 6 000 DM : 15 Jahre   400,— DM   (1)
     ./. 400 DM   AfA
                  ─────────
                   5 600 DM

BGA	5 600,— DM		
an Privateinlage		5 600 DM	(2)

Da der Schrank innerhalb der letzten 3 Jahre vor der Zuführung angeschafft worden ist, darf die Einlage höchstens mit den Anschaffungskosten abzüglich AfA (fortgeführte Anschaffungskosten) angesetzt werden. (2)

b) Restnutzungsdauer 14 Jahre = 7,14 % linear			(1)
Abschreibung Anlagevermögen	400,— DM		
an BGA		400 DM	(1)
10.a) Gehälter	46 500 DM		(1)
gesetzlich sozialer Aufwand	10 460 DM		(1)
an Verbindlichkeiten FA		6 900 DM	(1)
Verbindlichkeiten FA		490 DM	(1)
Verbindlichkeiten Sozialversicherung		19 520 DM	(1)
Forderung an Arbeitnehmer		2 300 DM	(1)
Verbindlichkeiten Gehälter		27 750 DM	(1)
b) Verbindlichkeiten Gehälter	27 750 DM		
an Bank		27 750 DM	(1)

II.

1. Die Lieferantenschulden zählen zu den Verbindlichkeiten und sind deshalb mit dem höchsten Wert (umgekehrtes Niederstwertprinzip) anzusetzen. (2)
   Gewinnminderung 270 DM (1)

2. Geschenke sind nur bis zu einem Betrag von 75 DM abzugsfähig. Es handelt sich hierbei um eine nicht abzugsfähige Betriebsausgabe (§ 4 Abs. 5 EStG) (2)
   Gewinnerhöhung 300 DM (1)

3. Einlagen sind mit dem Teilwert für den Zeitpunkt der Zuführung anzusetzen, wenn sie nicht innerhalb der letzten drei Jahre vor dem Zeitpunkt der Zuführung angeschafft worden sind.
   Einlagewert somit 60 000 DM. (3)
   keine Gewinnauswirkung (1)

4. Um den niedrigst möglichen Gewinn zu bekommen, muß Frau Hübsch die degressive AfA-Methode wählen. Sie beträgt das dreifache der linearen, maximal 30 %. Da das Kfz in der zweiten Jahreshälfte angeschafft wurde, darf nur die halbe Jahres-AfA angesetzt werden. (3)
   Die Zulassungskosten gehören zu den Anschaffungskosten des Pkw. (1)

Anschaffungskosten =	42 000 DM	
+ Zulassungskosten =	300 DM	(1)
30 % degressiv (1)	42 300 DM = 12 690 DM	
hiervon ½ (1) =	6 345 DM	
bisher als Aufwand	8 400 DM	(1)
Zulassungskosten	300 DM	(1)
Gewinnerhöhung	2 355 DM	(1)

   – lineare AfA war falsch berechnet.

5. Die Kfz-Steuer muß abgegrenzt werden, da sie verschiedenen Wirtschaftsjahren zuzurechnen ist. (2)
   Kfz-Kosten 1. 1.–31. 10. 1996   500 DM (1)
   Gewinnerhöhung   500 DM (1)

III.

1. Warenumsatz 468 000 DM : 1,30 = Wareneinsatz   360 000 DM (1)
   ∕ Wareneingang   212 900 DM (1)
   + Warenendbestand am 31. 12. 1995   39 600 DM (1)
   = Warenbestand am 1. 1. 1995   186 700 DM (1)

1. Prüfungssatz I

2.

	Kapital DM	4 % DM (1)	Rest nach Köpfen DM (1)	Gesamt DM
Groß	200 000	8 000	30 000	38 000
Klein	100 000	4 000	30 000	34 000
Teuer	50 000	2 000	30 000	32 000
	350 000	14 000 (1)	90 000 (1)	104 000 (1)

3. a)   b)

	qm DM/qm		Miete/Monat		Anzahl Wohnungen		Miete/Monat DM
1 ZKB	35 × 15,00	=	525,00	×	35	=	18 375
2 ZKB	54 × 12,50	=	675,—	×	85	=	57 375
3 ZKB	85 × 11,50	=	977,50	×	60	=	58 650
			(3)		Miete/Monat × 12 Monate		134 400 (1)
					= Miete/Jahr		1 612 800 (1)

c)

	qm × Anzahl	=	Gesamt-qm
1 ZKB	35 × 35	=	1 225
2 ZKB	54 × 85	=	4 590
3 ZKB	85 × 60	=	5 100
			10 915 (1)

$$\frac{\text{Gesamt-Miete}}{\text{Gesamt-qm}} = \frac{134\,400 \text{ DM}}{10\,915 \text{ qm}} = 12{,}31 \text{ DM/qm} \qquad (2)$$

d) $\dfrac{\text{Nebenkosten/Jahr}}{\text{Gesamt-qm}} = \dfrac{366\,744 \text{ DM}}{10\,915 \text{ qm}} = 33{,}60 \text{ DM/qm/Jahr}$ (2)

                                             : 12 Monate

                                             = 2,80 DM/qm   (1)

2. Prüfungssatz II

a) Lösungen Steuerwesen II

I. Einkommensteuer

1. Ermittlung des zu versteuernden Einkommens

	EM	EM
• Einkünfte aus Gewerbebetrieb atypischer stiller Gesellschafter		19 600 DM (1)
• Einkünfte aus selbständiger Arbeit Aufsichtsratsmitglied	8 000 DM	

• Einkünfte aus nichtselbst. Arbeit
  Gehalt 13 × 3 500   45 500 DM (1)
  Tantieme (§ 11 EStG
  Zuflußprinzip)   2 500 DM (1)
                         48 000 DM
• WK-PB   2 000 DM (1)   46 000 DM

Sonstige Einkünfte
aus gelegt. Vermittlung   1 500 DM (1)

Summe der Einkünfte   55 500 DM   19 600 DM
                                                       55 500 DM

Gesamtbetrag der Einkünfte   75 100 DM

Sonderausgaben KiSt   477 DM
                KiSt   144 DM
                KiSt   130 DM   751 DM (2)

Versicherungsbeiträge   10 300 DM
1. Vorwegabzug   12 000 (1)
   Kürzung 16 %
   v. 48 000   7 680 (1)
                  4 320   4 320 DM   4 320 DM (1)
   verbleiben   5 980 DM
2. Grundhöchstbetrag   5 220 DM   5 220 DM (1)
                          760 DM

2. Prüfungssatz II

3. Hälftiger Höchstbetrag
   von 50 % von 760 DM   380 DM   380 DM (1)   9 920 DM
   außergewöhnliche Belastun-
   gen Friedhelm —
   Ausbildungsfreibetrag   4 200 DM (1)
   Markus – Ausbildungsfrei-
   betrag $4/12 \times 2\,400$ DM   800 DM (1)   5 000 DM
   Einkommen   59 429 DM
   KFB $2 \times 4\,104$ DM (2)   8 208 DM
   zu versteuerndes Einkommen   51 221 DM

   ESt   8 522,— DM (1)
   Bemessungsgrundlage
   für KiSt FB für ein Kind
   25 DM × 12 Monate
   2 Kinder   600,— DM (1)
                              7 922,— DM
   KiSt 9 %   712,98 DM (1)
   ESt   8 522,— DM   712,98 DM
   – Lohnsteuer   5 300,— DM (1) 477,— DM
   – Vorauszahl.   1 600,— DM (1) 144,— DM
   Nachzahlung   1 622,— DM   91,98 DM
   gesamte Nachzahlung   1 713,98 DM

Aufgabe 2

Spenden für mildtätige und   1 300 DM
wissenschaftliche Zwecke   3 000 DM
                                           4 300 DM   4 300 DM (2)
5 % von 115 000 DM = 5 750 DM
Spenden für kirchliche   700 DM
und gemeinnützige Zwecke   1 100 DM
                                           1 800 DM   1 800 DM (2)
                                                          6 100 DM

Spenden an politische Parteien	6 500 DM	
Steuerermäßigung nach		
§ 34 g EStG × 50 %	6 000 DM	
	500 DM	500 DM (2)
Spendenabzug nach § 10 b EStG		6 600 DM

Aufgabe 3

Einkünfte aus nichtselbst. Arbeit		25 000 DM
– Altersentlastungsbetrag		3 720 DM (1)
Gesamtbetrag der Einkünfte		21 280 DM
Krankheitskosten	9 000 DM	
– Erstattung	4 500 DM (1)	4 500 DM
– zumutbare Belastung nach		
§ 33/3 EStG 5 % von 21.280	(1)	1 064 DM (1)
Abziehbare a. B.		3 436 DM

II. Vermögensteuer

Aufgabe 1

BST	*Vermögensarten*			
	L + F Vermögen	Grund- vermögen	Betriebs- vermögen	sonst. Vermögen
a)				x (§ 110 Abs. 1 Nr. 3 BewG) (1)
b)			x (§ 97 Abs. 1 Nr. 5 BewG)	(1)
c)	x (§ 34 Abs. 7 BewG)			(1)
d)	kein Vermögen i. S. des BewG			(§ 111 Nr. 10) (1)
e)				x (§ 110 Abs. 1 Nr. 12 BewG) (1)

Aufgabe 2

	Fall 1	Fall 2	Fall 3	
Einheitswert 1. 1. 1995	70 000	400 000	580 000	
abgerundeter Wert 1. 1. 1996	60 000	601 000	475 000	(1)
Abweichung nach oben	0	201 000	0	
Abweichung nach unten	10 000	0	105 000	
Wertfortschreibung	nein, da Abweichung nicht mehr als 100 000 nach unten	ja, Abweichung nach oben mehr als 200 000	ja, da Abweichung nach unten mehr als 100 000	
(§ 22/1 Nr. 2 BewG)	(2)	(2)	(2)	

III. Gewerbesteuer

Aufgabe 1

Gewinn aus Gewerbebetrieb	160 000 DM	(1)
+ Hinzurechnungen		
− Entgelte für Dauerschulden 50 % von 3 950 DM	1 975 DM	(1)
Mietzahlung bleibt unberücksichtigt, da der Computer gewerblich genutzt wird	0 DM	(1)
− Gewinnanteil als stiller Gesellschafter	8 000 DM	(1)
− Verlustanteil an KG	4 000 DM	(1)
Summe Hinzurechnungen und Gewinn	173 975 DM	
⁒ Kürzungen für den Grundbesitz		
(1) (1)		
500 000 DM × 140 % × 1,2 %	8 400 DM	
	165 575 DM	
⁒ Gewerbeverlust	20 000 DM	(1)
Gewerbeertrag	145 575 DM	
Gewerbeertrag abgerundet	145 500 DM	(1)
⁒ Freibetrag	48 000 DM	(1)
verbleiben	97 500 DM	

× Steuermeßzahl
1 % v. 24 000	240
2 % v. 24 000	480
3 % v. 24 000	720
4 % v. 24 000	960
5 % v. 1 500	75
	2 475 (2)

Aufgabe 2

	AL	UL		Ges. AL	Verh
Gera	1 160 000	80 %	40 000	1 200 000	3
Hermsdorf	390 000	20 %	10 000	400 000	1
				1 600 000	
			(1)	(1)	(1)

Steuermeßbetrag

Gera	60 000 DM	(1)
Hermsdorf	20 000 DM	(1)
	80 000 DM	

IV. Umsatzsteuer

Aufgabe 1

Arthur Müller ist Unternehmer im Sinne § 2 UStG. Sein Unternehmen umfaßt das Architekturbüro, die Baufirma Müller Massivbau-Unternehmung sowie die Vermietung des Mehrfamilienhauses. Nicht zum Unternehmen gehört das Einfamilienhaus in Erfurt-Möbisburg, weil es nur zu eigenen Wohnzwecken, also nicht zur Erzielung von Einnahmen dient. (5)

zu b)

Nr.	nicht steuerbar	steuerbar	steuerfrei	steuerpflichtig	Punkte
1	×				1
2		×		×	2
3		×	×		2
4		×		×	2
5		×		×	2
6	×				1

V. Abgabenordnung

Aufgabe 1

zu a)

Die Stundung ist ein Verwaltungsakt (§ 118). Gegen Verwaltungsakte sind Einspruch und Beschwerde zulässig. Da die Stundung bzw. Ablehnung nicht im § 348 genannt sind, muß als Rechtsbehelf eine Beschwerde eingelegt werden. (2)

zu b)

Die Beschwerde bearbeitet die Finanzbehörde, die die angefochtene Entscheidung erlassen hat (§ 368 AO). (2)

zu c)

Die Berechnung der Stundungszinsen richtet sich nach der Abgabenordnung (§§ 234, 238). (1)

Aufgabe 2

zu a)

Gegen den Gewerbesteuermeßbescheid ist Einspruch beim FA einzulegen (§ 348 Abs. 1 Nr. 2 i. V. m. § 184 AO), gegen den Gewerbesteuerbescheid ist Widerspruch einzulegen beim Steueramt der Gemeinde (§ 68 VwGO). (2)

zu b)

Die Rechtsbehelfe müssen schriftlich eingelegt oder zur Niederschrift erklärt werden. (§ 357 Abs. 1 AO). (1)

zu c)

Die Rechtsbehelfsfrist für den Meßbescheid des Finanzamtes beginnt am 25. 4. 1996, 0 Uhr und endet am 24. 4. 1996 24.00 Uhr (§ 122 Abs. 2 AO). (4)

154   Teil B: Lösungen

Gesamt 13 Punkte

1995

– Bitte weiße Felder ausfüllen oder ☒ ankreuzen, Anleitung beachten –

Zeile							
1	An das Finanzamt	Erfurt	(1)				Eingangsstempel
2	Fallart	Steuernummer		Unterfallart	Jahr	Vorgang	Sachbereich
3	11	5 1 1 0 0 8 1 9 6	(1)	50	95	1	99 11

5 Umsatzsteuererklärung

6 Berichtigte Steuererklärung (falls ja, bitte eine „1" eintragen) **110**

7   **121**

8 A. Allgemeine Angaben

9 Unternehmen/Firma
Arthur Müller

10 Art des Unternehmens
Architekturbüro, Bauunternehmung, Vermietung u. Wohnraum   (1)

11 Straße, Haus-Nr.
Musterweg 99

12 PLZ, Ort
99110 Erfurt-Möbisburg   Telefon

13 Dauer der Unternehmereigenschaft (nur ausfüllen, falls nicht vom 1. Januar bis zum 31. Dezember 1995)   vom Tag | Monat   bis zum Tag | Monat

14 1. Zeitraum   **200**

15 2. Zeitraum   **201**

16 Die Abschlußzahlung ist binnen einem Monat nach der Abgabe der Steuererklärung zu entrichten (§ 18 Abs. 4 UStG).
Ein Erstattungsbetrag ist auf mein dem Finanzamt benanntes Konto zu überweisen,
soweit nicht eine Verrechnung mit Steuerschulden vorzunehmen ist.

17 Verrechnung des Erstattungsbetrags erwünscht (falls ja, bitte eine „1" eintragen) **129**

18 Geben Sie bitte die Verrechnungswünsche auf einem besonderen Blatt oder auf dem
beim Finanzamt erhältlichen Vordruck „Verrechnungsantrag" an.

19 **Ein Umsatzsteuerbescheid ergeht nur, wenn von Ihrer Berechnung der Umsatzsteuer abgewichen wird.**

20 Hinweis nach den Vorschriften der Datenschutzgesetze: Die mit der Steuererklärung angeforderten Daten werden aufgrund der
§§ 149 ff. der Abgabenordnung sowie der §§ 18, 18 b des Umsatzsteuergesetzes erhoben. Die Angabe der Telefonnummer ist freiwillig.

21 B. Angaben zur Besteuerung der Kleinunternehmer (§ 19 Abs. 1 UStG)

22 Die Zeilen 23 und 24 sind nur auszufüllen, wenn der Umsatz 1994 (zuzüglich Steuer) nicht mehr als
25 000 DM betragen hat und auf die Anwendung des § 19 Abs. 1 UStG nicht verzichtet worden ist.   Betrag volle DM

23 Umsatz im Kalenderjahr 1994 }   **238**
                       (Berechnung nach § 19 Abs. 1 und 3 UStG)

24 Umsatz im Kalenderjahr 1995 }   **239**

Unterschrift

25 Ich habe dieser Steuererklärung die Anlage UR

26 [x] beigefügt *(1)*   Bei der Anfertigung dieser
                                                                                  Steuererklärung einschließlich
                                                                                  der Anlagen hat mitgewirkt:

27 [ ] nicht beigefügt, weil ich darin keine Angaben zu machen hatte.

28 Ich versichere, die Angaben in dieser Steuererklärung einschließlich der beigefügten Anlagen
wahrheitsgemäß nach bestem Wissen und Gewissen gemacht zu haben.

29   30.03.96   gez. Müller   (1).

30 Datum, eigenhändige Unterschrift des Unternehmers

18-100 **USt 2 A** – Umsatzsteuererklärung 1995 – OFD Erfurt (12/95)

2. Prüfungssatz II

Zeile	C. Steuerpflichtige Lieferungen, sonstige Leistungen und Eigenverbrauch		Bemessungsgrundlage volle DM		Steuer DM	Pf	
32	Lieferungen und sonstige Leistungen .... zu 15 v. H.	280	2.500.000		375.000	00	(1)
33	Eigenverbrauch: a) Entnahme von Gegenständen .... zu 15 v. H.	281					
34	b) Entnahme von sonstigen Leistungen ...... zu 15 v. H.	282	30.000		4.500	00	(1)
35	c) Aufwendungen i. S. des § 4 Abs. 5 Satz 1 Nr. 1 bis 7 oder Abs. 7 oder § 12 Nr. 1 EStG . zu 15 v. H.	283					
36	Unentgeltliche Leistungen von Gesellschaften an ihre Gesellschafter usw. . zu 15 v. H.	284					
37	Lieferungen und sonstige Leistungen .... zu 7 v. H.	275					
38	Eigenverbrauch: a) Entnahme von Gegenständen .... zu 7 v. H.	276					
39	b) Entnahme von sonstigen Leistungen .... zu 7 v. H.	277					
40	c) Aufwendungen i. S. des § 4 Abs. 5 Satz 1 Nr. 1 bis 7 oder Abs. 7 oder § 12 Nr. 1 EStG . zu 7 v. H.	278					
41	Unentgeltliche Leistungen von Gesellschaften an ihre Gesellschafter usw. . zu 7 v. H.	279					
42							
43	Umsätze aus früheren Kalenderjahren						
44	Umsätze zu anderen Steuersätzen	155		156			
45	Umsätze land- und forstwirtschaftlicher Betriebe nach § 24 UStG						
46	a) Lieferungen in das übrige Gemeinschaftsgebiet an Abnehmer mit USt-IdNr.	777					
47	b) Steuerpflichtige Lieferungen und Eigenverbrauch von Sägewerkserzeugnissen, die in der Anlage zum UStG nicht aufgeführt sind						
48	ab 1. Januar 1994 .... zu 6 v. H.	265					
49	in früheren Kalenderjahren	255		256			
50	c) Steuerpflichtige Lieferungen und Eigenverbrauch von Getränken, die in der Anlage zum UStG nicht aufgeführt sind, sowie von alkoholischen Flüssigkeiten (z.B. Wein)						
51	ab 1. Januar 1994 .... zu 6 v. H.	266					
52	in früheren Kalenderjahren	257		258			
53	d) Steuerpflichtige Lieferungen und Eigenverbrauch der Tierzucht- und Tierhaltungsbetriebe in der Zeit vom 1. Juli 1985 bis zum 31. Dezember 1991 bei Überschreiten der Obergrenze von 330 Vieheinheiten						
54	im vorangegangenen Wirtschaftsjahr	260		261			
55	e) übrige steuerpflichtige Umsätze land- und forstwirtschaftlicher Betriebe, für die keine Steuer zu entrichten ist	361					
56	Steuer infolge Wechsels der Besteuerungsart/-form:						
57	Nachsteuer/Anrechnung der Steuer, die auf bereits versteuerte Anzahlungen entfällt (im Falle der Anrechnung bitte auch Zeile 58 ausfüllen) ...			317			
58	Betrag der Anzahlungen, für die die anzurechnende Steuer in Zeile 57 angegeben worden ist	367					
59	Nachsteuer auf versteuerte Anzahlungen u.ä. wegen Steuersatzänderung			319			
60	Summe .... (zu übertragen in Zeile 92)	340		379.500	00		

Zeile			Steuer	
			DM	Pf
61	**D. Abziehbare Vorsteuerbeträge** (ohne die Berichtigung nach § 15 a UStG)			
62	Vorsteuerbeträge aus Rechnungen von anderen Unternehmern (§ 15 Abs. 1 Nr. 1 UStG)	320	150.000	00 (1)
63	Vorsteuerbeträge aus dem innergemeinschaftlichen Erwerb von Gegenständen (§ 15 Abs. 1 Nr. 3 UStG)	761	10.500	00 (1)
64	entrichtete Einfuhrumsatzsteuer (§ 15 Abs. 1 Nr. 2 UStG)	762		
65	Vorsteuerbeträge, die nach den allgemeinen Durchschnittssätzen berechnet sind (§ 23 UStG)	333		
66	Vorsteuerbeträge nach dem Durchschnittssatz für bestimmte Körperschaften, Personenvereinigungen und Vermögensmassen (§ 23 a UStG)	334		
67	Vorsteuerabzug für innergemeinschaftliche Lieferungen **neuer Fahrzeuge** außerhalb eines Unternehmens (§ 2 a UStG) sowie von Kleinunternehmern im Sinne des § 19 Abs. 1 UStG (§ 15 Abs. 4 a UStG)	759		
68	Summe .... (zu übertragen in Zeile 97)		160.500	00

E. Berichtigung des Vorsteuerabzugs (§ 15 a UStG)

69-71	Bei Wirtschaftsgütern, die über das Kalenderjahr der erstmaligen Verwendung hinaus zur Ausführung von Umsätzen verwendet werden, ist der Vorsteuerabzug zu berichtigen, wenn sich die Verhältnisse, die im Kalenderjahr der erstmaligen Verwendung für den Vorsteuerabzug maßgebend waren, innerhalb von 10 Jahren (bei beweglichen Wirtschaftsgütern innerhalb von 5 Jahren) ändern. Eine Änderung der Verhältnisse liegt auch bei einer **Veräußerung** oder **Entnahme zum Eigenverbrauch** vor, wenn dieser Umsatz für den Vorsteuerabzug anders zu beurteilen ist als die Verwendung im ersten Kalenderjahr. Bei nachträglichen Anschaffungs- oder Herstellungskosten ist sinngemäß zu verfahren.	
72-73	1. Sind im Kalenderjahr 1995 **Grundstücke, Grundstücksteile, Gebäude** oder **Gebäudeteile**, für die Umsatzsteuer gesondert in Rechnung gestellt wurde, erstmals zur Ausführung von Umsätzen verwendet worden? Falls ja, bitte eine „1" eintragen.	370
74	(Geben Sie bitte auf besonderem Blatt für jedes Grundstück oder Gebäude gesondert an: Lage, Zeitpunkt der erstmaligen Verwendung, Art und Umfang der erstmaligen Verwendung im Erstjahr, insgesamt angefallene Vorsteuer, in den Vorjahren bereits abgezogene Vorsteuer)	
75-76	2. Haben sich im Kalenderjahr 1995 die Verhältnisse, die für die Beurteilung des Vorsteuerabzugs maßgebend waren, bei **Grundstücken, Grundstücksteilen, Gebäuden** oder **Gebäudeteilen** geändert, die innerhalb der letzten 10 Jahre erstmals zur Ausführung von Umsätzen verwendet wurden? Falls ja, bitte eine „1" eintragen.	371
77	Falls ja: die Verhältnisse, die ursprünglich für die Beurteilung des Vorsteuerabzugs maßgebend waren, haben sich seitdem geändert durch	
78	☐ Veräußerung ☐ Entnahme zum Eigenverbrauch	
79	☐ Nutzungsänderung, und zwar	
80	☐ Übergang von steuerpflichtiger zu steuerfreier Vermietung (insbesondere bei Mieterwechsel) oder umgekehrt.	
81	☐ Steuerfreie Vermietung bisher eigengewerblich genutzter Räume oder umgekehrt.	
82	☐ Übergang von einer Vermietung für NATO- oder ähnliche Zwecke zu einer nach § 4 Nr. 12 UStG steuerfreien Vermietung.	
83	☐ Änderung des Verwendungsschlüssels bei gemischt genutzten Grundstücken.	
84-85	☐ 3. Haben sich im Kalenderjahr 1995 die Verhältnisse, die für die Beurteilung des Vorsteuerabzugs maßgebend waren, bei **beweglichen Wirtschaftsgütern** geändert, die innerhalb der letzten 5 Jahre erstmals zur Ausführung von Umsätzen verwendet wurden? Falls ja, bitte eine „1" eintragen.	372

		nachträglich abziehbar		zurückzuzahlen	
		DM	Pf	DM	Pf
86	4. Vorsteuerberichtigungsbeträge				
87	zu 2. (Grundstücke usw.)				
88	zu 3. (bewegliche Wirtschaftsgüter)				
89	Summe	357		359	
90		Zu übertragen in Zeile 98		Zu übertragen in Zeile 95	

2. Prüfungssatz II

Zeile	F. Berechnung der zu entrichtenden Umsatzsteuer		Steuer DM	Pf
91				
92	Umsatzsteuer auf steuerpflichtige Lieferungen, sonstige Leistungen und Eigenverbrauch .... (aus Zeile 60)		379.500	00
93	Umsatzsteuer für Leistungen, die dem Abzugsverfahren unterlegen haben - nur für im Ausland ansässige Unternehmer - .... (aus Zeile 28 der Anlage UN)			
94	Umsatzsteuer auf innergemeinschaftliche Erwerbe .... (aus Zeile 19 der Anlage UR)		10.500	00
95	Vorsteuerbeträge, die aufgrund des § 15 a UStG zurückzuzahlen sind............. (aus Zeile 89)			
96	Zwischensumme...		390.000	00
97	**Abziehbare Vorsteuerbeträge** .... (aus Zeile 68)		160.500	00
98	Vorsteuerbeträge, die aufgrund des § 15 a UStG nachträglich abziehbar sind .... (aus Zeile 89)			
99	**Kürzungsbeträge nach dem BerlinFG** .... (aus Zeile 29 der Anlage UR)			
100	Andere Kürzungsbeträge für frühere Kalenderjahre (z. B. nach den §§ 24 a, 26 Abs. 4 UStG)	505		
101	Verbleibender Betrag		229.500	00
102	In Rechnungen unberechtigt ausgewiesene Steuerbeträge (§ 14 Abs. 2 und 3 UStG) sowie Steuerbeträge, die nach § 6 a Abs. 4 Satz 2 UStG geschuldet werden..................	318		
103	Steuerbeträge, die nach § 17 Abs. 1 Satz 2 UStG geschuldet werden	331		
104	Steuer-, Vorsteuer- und Kürzungsbeträge, die auf frühere Besteuerungszeiträume entfallen (nur für Kleinunternehmer, die § 19 Abs. 1 UStG anwenden)	391		
105	**Umsatzsteuer** .... Überschuß		229.500	00
106	Anrechnung der einbehaltenen Umsatzsteuer im Abzugsverfahren (§ 58 Abs. 2 UStDV)			
107	a) für Werklieferungen und sonstige Leistungen (§ 51 Abs. 1 Nr. 1 UStDV) - nur für im Ausland ansässige Unternehmer - .... (aus Zeile 30 der Anlage UN)			
108	b) für Lieferungen von sicherungsübereigneten Gegenständen (§ 51 Abs. 1 Nr. 2 UStDV) sowie von Grundstücken im Zwangsversteigerungsverfahren (§ 51 Abs. 1 Nr. 3 UStDV) (Bitte Bescheinigungen nach § 53 Abs. 7 UStDV beifügen)................................	897		
109	Anrechnung der bei der Beförderungseinzelbesteuerung entrichteten Umsatzsteuer (§ 18 Abs. 5 b UStG) .... – Bitte Belege beifügen –	888		
110	**Verbleibende Umsatzsteuer** .... (Bitte in jedem Fall ausfüllen)	816	229.500	00
111	Verbleibender Überschuß – rot eintragen oder mit Minuszeichen versehen –		(kann auf 10 Pf zu Ihren Gunsten gerundet werden)	
112	Vorauszahlungssoll 1995 (einschließlich Sondervorauszahlung)		222.000	00 (1)
113	Noch an die Finanzkasse zu entrichten - Abschlußzahlung - (Bitte in jedem Fall ausfüllen) Erstattungsanspruch – rot eintragen oder mit Minuszeichen versehen –	820	7.500	00 (1)
114				
115	**Bearbeitungshinweis**			
116	1. Die aufgeführten Daten sind mit Hilfe des geprüften und genehmigten Programms sowie ggf. unter Berücksichtigung der gespeicherten Daten maschinell zu verarbeiten.			
117	2. Die weitere Bearbeitung richtet sich nach den Ergebnissen der maschinellen Verarbeitung.			
118		Kontrollzahl und/oder Datenerfassungsvermerk		
119				
120				

1995

Zeile		
1	Steuernummer 151/100/81961	
2	Unternehmen / Firma Arthur Müller	

– Bitte weiße Felder ausfüllen oder ☒ankreuzen. Anleitung beachten –

Anlage UR zur Umsatzsteuererklärung

Sachbereich: 99 | 11

A. Innergemeinschaftliche Warenbewegungen

Zeile				
9	Innergemeinschaftliche Warenbewegungen (§ 18 a Abs. 3 UStG)	(falls ja, bitte eine „1" eintragen)	795	

B. Innergemeinschaftliche Erwerbe

Zeile			Bemessungsgrundlage volle DM	Steuer DM	Pf
13	Steuerfreie innergemeinschaftliche Erwerbe				
14	Erwerbe nach § 4 b UStG	791			
15	Steuerpflichtige innergemeinschaftliche Erwerbe (§ 1 a UStG)				
16	zum Steuersatz von 15 v. H.	792	70.000	10.500	00 (1)
17	zum Steuersatz von 7 v. H.	793			
18	neuer Fahrzeuge von Lieferem ohne USt-IdNr. zum Steuersatz von 15 v. H.	794			
19	Summe .... (zu übertragen in Zeile 94 der Steuererklärung)			10.500	00

C. Umsatzsteuerkürzung nach dem Berlinförderungsgesetz (BerlinFG)

Zeile			Bemessungsgrundlage volle DM		Steuer DM	Pf
29	Kürzungsbeträge nach den §§ 1, 1 a und 2 BerlinFG für frühere Kalenderjahre	557		558		

(Zu übertragen in Zeile 99 der Steuererklärung)

18-120 **Anlage UR** – zur Umsatzsteuererklärung 1995 **USt 2 A** – OFD Erfurt (12/95)

2. Prüfungssatz II

Zeile	D. Steuerfreie Lieferungen, sonstige Leistungen und Eigenverbrauch		Bemessungsgrundlage volle DM	
31				
32	**Steuerfreie Umsätze mit Vorsteuerabzug**			
33	a) **Innergemeinschaftliche Lieferungen** (§ 4 Nr. 1 b UStG) an Abnehmer mit USt-IdNr.	741		
34	neuer Fahrzeuge an Abnehmer **ohne** USt-IdNr.	744		
35	neuer Fahrzeuge außerhalb eines Unternehmens (§ 2 a UStG)	749		
36	Summe der Zeilen 33 bis 35			
37	b) **Weitere steuerfreie Umsätze mit Vorsteuerabzug** (z. B. nach § 4 Nr. 1 a und c, 2 bis 7 UStG)			
38	**Ausfuhrlieferungen** und Lohnveredelungen an Gegenständen der Ausfuhr (§ 4 Nr. 1 a UStG) ..			
39	Umsätze nach § 4 Nr. ___ UStG			
40	Umsätze im Sinne des Offshore-Steuerabkommens, des Zusatzabkommens zum NATO-Truppenstatut, des Ergänzungsabkommens zum Protokoll über die NATO-Hauptquartiere und des deutsch-sowjetischen Truppenaufenthalts- und -abzugsvertrags			
41	Reiseleistungen nach § 25 Abs. 2 UStG			
42	Summe der Zeilen 38 bis 41	237		
43	**Steuerfreie Umsätze ohne Vorsteuerabzug**			
44	a) **nicht zum Gesamtumsatz** (§ 19 Abs. 3 UStG) gehörend nach § 4 Nr. 12 UStG (Vermietung und Verpachtung von Grundstücken usw.)	286	12.000	(1)
45	nach § 4 Nr. ___ UStG	287		
46	Summe der Zeilen 44 und 45			
47	b) **zum Gesamtumsatz** (§ 19 Abs. 3 UStG) gehörend			
48	nach § 4 Nr. ___ UStG			
49	nach § 4 Nr. ___ UStG			
50	Summe der Zeilen 48 und 49	240		
51	**E. Ergänzende Angaben zu Umsätzen**			
52	Umsätze, die aufgrund eines Verzichts auf Steuerbefreiung (§ 9 UStG) als steuerpflichtig behandelt worden sind			
53 54	Steuerpflichtige Umsätze eines im Inland ansässigen Unternehmers, die dem Abzugsverfahren nach § 51 Nr. 1 Nr. 2 und 3 UStG unterliegen, für die der Leistungsempfänger nach § 52 Abs. 2 UStDV keine Umsatzsteuer einbehalten hat – sog. Nullregelung – (Bitte Bescheinigungen nach § 52 Abs. 4 UStDV beifügen)	289		
55	Versendungsumsätze im Sinne des § 3 c UStG in das übrige Gemeinschaftsgebiet			
56	a) in Abschnitt C der Steuererklärung enthalten	208		
57	b) in anderen Mitgliedstaaten der EU zu versteuern	206		
58	Innergemeinschaftliche Güterbeförderungsleistungen und damit zusammenhängende sonstige Leistungen, die im übrigen Gemeinschaftsgebiet steuerbar sind (§ 3 b Abs. 3 bis 6 UStG)	207		
59	In den Zeilen 57 und 58 enthaltene Umsätze, die nach § 15 Abs. 2 und 3 UStG den Vorsteuerabzug ausschließen	204		
60	Umsätze aus grenzüberschreitenden Personenbeförderungen im Luftverkehr (§ 26 Abs. 3 UStG) ...			

b) Lösungen Wirtschaftslehre II

1. a) 6 Wochen vor der Geburt und bis 8 Wochen nach der Geburt ist Petra Stein freizustellen (§§ 3, 6 MuSchG) (4)

   b) Sie erhält von der Krankenkasse Mutterschaftsgeld von höchstens 25 DM je Tag. War der Nettolohn höher, so hat der Arbeitgeber die Differenz zu tragen (§§ 13, 14 MuSchG). (4)

2. Der Arbeitgeber darf den Arbeitnehmeranteil zur Sozialversicherung nicht einbehalten, da die Ausbildungsvergütung 500 DM beträgt und somit die Entgeltgrenze für Geringverdiener (Entgeltgrenze für alleinige Beitragspflicht des Arbeitgebers) = 520 DM in den neuen Bundesländern (in den alten Bundesländern 610 DM) nicht übersteigt. Es sind somit 500 DM auszuzahlen (§ 249 SGB V, § 168 SGB VI, § 58 SGB XI, § 171 AFG) (6)

3. Da es sich um einen Arbeitsunfall handelt, muß die zuständige Berufsgenossenschaft für die Folgekosten aufkommen. (4)

4. Die Kündigung ist nicht fristgerecht, da das Arbeitsverhältnis eines Arbeitnehmers mit einer Frist von 4 Wochen zum 15. oder zum Ende eines Kalendermonats gekündigt werden muß (§ 622 BGB). (6)

5. a) Zulässig, da eine Person eine GmbH errichten kann (§ 1 GmbHG). (3)

   b) Nicht zulässig, da das Stammkapital der Gesellschaft mindestens 50 000 DM betragen muß (§ 5 GmbHG). (3)

   c) Nicht zulässig, da die Firma der Gesellschaft entweder von dem Gegenstand entlehnt sein oder der Name des Gesellschafters enthalten sein muß (§ 4 GmbHG), außerdem liegt ein Verstoß gegen den Grundsatz der Firmenwahrheit und Firmenklarheit vor. (3)

   d) Der Gesellschafter einer GmbH haftet grundsätzlich mit seiner Einlage. Da es sich hierbei nur um einen Gesellschafter handelt, beträgt die Haftung mindestens 50 000 DM.
   (3)

6. a) Ja, dies ist rechtlich möglich, da der Beitrag eines Gesellschafters auch in der Leistung von Diensten bestehen kann. (4)

b) Die Gesellschafter haften sowohl mit dem betrieblichen Vermögen als auch mit ihrem gesamten privaten Vermögen. (4)

7. a) Ja, der Kauf einer Computeranlage liegt im Rahmen der Geschäfte und Rechtshandlungen, die dieses Gewerbe gewöhnlich mit sich bringt (§ 54 HGB). (3)

b) Nein, der Jahresabschluß ist vom Kaufmann, hier dem gesetzlichen Vertreter (Geschäftsführer), zu unterschreiben (§ 245 HGB). (3)

c) Nein, die jährliche Gesellschafterversammlung ist vom Geschäftsführer einzuberufen (§ 49 GmbHG). (3)

8. a) Nein, zur Vornahme von Rechtsgeschäften, die über den gewöhnlichen Betrieb eines Handelsgewerbes hinausgehen, ist ein Beschluß aller Gesellschafter erforderlich (§ 116 Abs. 2 HGB) (4)

b) Ja, der Vertrag ist gültig, weil sich die Vertretungsmacht eines jeden OHG- Gesellschafters auf alle gerichtlichen und außergerichtlichen Geschäfte und Rechtshandlungen erstreckt (§ 126 HGB). (4)

9. Der Mehrerlös steht der Firma Saunu zu, da der Kommissionär zwar im eigenen Namen, aber für fremde Rechnung Verträge abschließt (§§ 383 u. 387 HGB). (4)

10. Aktiva 820 000
 ./. Aussonderung (unter Eigentumsvorbehalt
 gelieferte Ware) 30 000
 Konkursmasse 790 000
 ./. Masseschulden 42 000
 748 000
 ./. Massekosten 45 000
 703 000
 ./. bevorrechtigte Forderungen (Steuerschulden) 23 000
 Restmasse 680 000
 4 000 000 DM = 100 %
 680 000 DM = x
 x = 17 % Konkursquote (13)

11. a) Mietvertrag, weil Skiausrüstung gegen Entgelt zur Nutzung überlassen wird. (4)

b) Leihvertrag, weil der Schlitten unentgeltlich zur Nutzung überlassen wird (4)

c) Nein, der Vertrag ist nichtig, weil der Kaufvertrag über ein Grundstück der notariellen Beurkundung bedarf. (4)

12. Für Schecks, deren Ausstellungs- und Zahlungsort in demselben Erdteil liegt, beträgt die Vorlegungsfrist 20 Tage. Somit ist die Bank nicht verpflichtet, diesen Scheck einzulösen (Art. 29 ScheckG). (4)

13. 1.   2.   3.   4.   5.   6.
    A   A   A   B   C   A (6)

c) Lösungen Rechnungswesen II

I.

1.a)	15. 12. 1994		
	Wareneinkauf	5 000 DM	(2)
	VoSt	750 DM	
	an Verbindl. L + L		5 750,— DM
1.b)	Verbindl. L + L	5 750 DM	
	an Bank		5 577,50 DM (3)
	erhaltene Skonti		150,— DM
	VoSt		22,50 DM
2.a)	Kasse	21 850 DM	
	an Umsatzerlöse		19 000,— DM (3)
	USt		2 850,— DM
b)	Bank	21 850 DM	
	an Kasse		21 850,— DM (2)
3.a)	18. 12. 1995		
	Fahrzeuge	35 000 DM	(2)
	VoSt	5 250 DM	
	an Verbindl. L + L		40 250,— DM

19. 12. 1995
Fahrzeuge 300 DM (2)
VoSt 45 DM
an Kasse 345 DM

20. 12. 1995
40 250 DM
./. 805 DM 2 % Skonti
39 445 DM Überweisung (1)

Verbindl. L + L 40 250 DM
an Bank 39 445 DM (3)
  Fahrzeuge 700 DM
  VoSt 105 DM

b) Kaufpreis 35 000 DM
 + ANK 300 DM
 − Skonti 700 DM
AK 34 600 DM (1)

Abschreibung lin. $\dfrac{100}{5\,J}$ = 20 %/J degr. max. 30 %

34 600 DM × 30 % = 10 380 DM/Jahr (1)
½ Jahr = 5 190 DM (1)
Abschreibung 5 190 DM
an Fahrzeuge 5 190 DM (2)

4. Verbindlichkeiten Höchstwertprinzip
  Bilanzansatz bleibt mit 3 200 DM (2)

5.a) 15. 12. 1995
  sonst. betriebl. Aufwand 800 DM (3)
  ARAP 400 DM
  VoSt 180 DM
  an Verbindl. L + L 1 380 DM

b) 18. 12. 1995
  Verbindl. L + L 1 380 DM
  an Bank 1 380 DM (2)

6. Berichtigung
ARAP (Disagio) 3 000,— DM
an Darlehen 3 000,— DM (2)
p. 31. 12. 1995

$$\frac{3\,000\ DM}{5\ Jahre} = \frac{600\ DM/Jahr \times 2\ Mon.}{12\ Monate} = 100\ DM \tag{2}$$

zinsähnl. Aufwand 100,— DM
an ARAP (Disagio) 100,— DM (2)

$$Zinsen\ 9\ \%\ von\ 100\,000\ DM = \frac{100\,000 \times 9 \times 45}{100 \times 360} = 1\,125\ DM \tag{2}$$

Zinsen 1 125,— DM (2)
an sonst. Verbindlichk. 1 125,— DM

7. Gewerbesteuerrückstellung 7 600,— DM (3)
 an Bank 7 200,— DM
    Ertrag aus Auflösung
    von Rückstellung 400,— DM

8. Forderungen brutto 73 312,50 DM : 1,15 (1)
         netto 63 750,— DM
 1 % PWB 637,50 DM (1)
 Konto 1 250,— DM
 Ertrag aus Herabsetzung 612,50 DM (1)

 PWB Forderungen
 PWB Forderungen 612,50 DM (2)
 an Ertrag aus
    Herabs. PWB 612,50 DM

9. Privat 805,— DM
 an EV-USt-pfl. 700,— DM
    USt 105,— DM (3)

10.a) Steuerrechtlich Aktivierungsgebot, weil entgeltlich erworben (1)
  b) BGA 100 000,— DM (3)
     Firmenwert 15 000,— DM
     an Privat 115 000,— DM

c) Lin. Afa $\frac{100}{5 \text{ J.}}$ × 20 % degr. max. 30 %

100 000 DM × 30 % = 30 000 DM/Jahr		(1)
Abschreibungen 30 000 DM		
an BGA	30 000 DM	(2)

Firmenwert steuerrechtlich verteilen auf 15 Jahre

$\frac{15\,000 \text{ DM}}{15 \text{ Jahre}}$ = 1 000 DM/Jahr   (1)

Abschreibung 1 000 DM		(2)
immaterielle VG		
an Firmenwert	1 000 DM	

II. Vorläufiger Gewinn   + 85 000 DM

1. keine Änderung vorzunehmen da verein- (1)
   nahmte USt nach dem Zuflußprinzip zu den (1)
   Betriebseinnahmen zählt   —

2. Die Büroausstattung ist keine Betriebsausgabe. (1)
   Die Vorschriften des § 7 EStG über die AfA sind
   anzuwenden. Die AfA-Beträge sind Betriebsausgabe
   Gewinnerhöhung   + 30 000 DM (1)
   $\frac{100}{12 \text{ Jahr.}}$ = 8,333 %/Jahr lin.
   degr. = 3fache d. lin. = 25 %   (1)
   30 000 DM netto × 25 % = 7 500 DM
   Gewinnminderung   − 7 500 DM (1)

3. Keine Auswirkung auf den Gewinn, weil vorher (1)
   keine Betriebseinnahme erfaßt Zuflußprinzip (1)

4. Disagio ist Betriebsausgabe in voller Höhe, (1)
   da Abflußprinzip   (1)
   Gewinnminderung   − 1 600 DM (1)

5. Entnahmen sind mit dem Teilwert (Wieder- (1)
   beschaffungswert) + USt vorzunehmen
   4 000 DM + 600 DM

Übertrag   105 900 DM

Übertrag:		105 900 DM
Gewinnerhöhung		+ 4 600 DM (1)
Restwert Betriebsausgabe § 7 EStG	(1)	
Gewinnminderung		− 1 DM (1)
6. Rückstellung unzulässig, da Abflußprinzip	(2)	
Gewinnerhöhung		+ 5 000 DM (1)
Gewinn		+ 115 499 DM (1)

III.

1.

Rechnungsbetrag	24 380,— DM	
./. 3 % Skonti	731,40 DM	
	23 648,60 DM = Kreditsumme	(1)
Zinsen	$\dfrac{23\,648{,}60 \times 12{,}5 \times 30}{100 \times 360} = 246{,}34$ DM	(2)
Skontobetrag	731,40 DM	
Zinsen	246,34 DM	
Zinsvorteil/Reinertrag	485,06 DM wenn Kredit genommen wird	(1)

2. a) 9 600 000 DM = 150 % = 6 400 000 DM Wareneinsatz (1)

b)
AB	780 000,— DM	(1)
Wareneinkauf	6 550 000,— DM	(1)
./. Wareneinsatz	6 400 000,— DM	(1)
= Bestand	930 000,— DM	

c)
Wareneinsatz	6 400 000,— DM	(1)
+ Betriebsausgaben	1 950 000,— DM	(1)
= Selbstkosten	8 350 000,— DM	(1)
Umsatzerlöse	9 600 000,— DM	(1)
./. Selbstkosten	8 350 000,— DM	
= Reingewinn	1 250 000,— DM	(1)

d) $\dfrac{\text{Rohgewinn}}{\text{Umsatz}} \times 100 = \dfrac{\text{Umsatz} - \text{WE}}{\text{Umsatz}} \times 100 = \dfrac{3\,200\,000}{9\,600\,000} \times 100 = 33\,{}^{1}\!/_{3}\,\%$ (1) HSP

3. | Zinsen 1. Hypothek | 340 000 DM × 9,5 % | 32 300 DM (1)
   | Zinsen 2. Hypothek | 260 000 DM × 10,3 % | 26 780 DM (1)
   | Zinsen EK | 200 000 DM × 8,0 % | 16 000 DM (1)
   | Aufwendungen | 5 000 DM × 12 Mon. | 60 000 DM (1)
   | Abschreibungen | 800 000 DM × 2 % | 16 000 DM (1)
   | erforderliche Jahresmiete | | 151 080 DM
   | monatliche Miete | 12 590 DM | (1)

3. Prüfungssatz III

a) Lösungen Steuerwesen III

I. Gewerbesteuer

1. Der Verein ist mit seinem wirtschaftlichen Geschäftsbetrieb gewerbesteuerpflichtig [§ 2 (2) GewStG]. (2) Die Mitgliederbeiträge dienen der Erfüllung der Satzungszwänge und sind nicht gewerbesteuerpflichtig. (2) Mit der Gaststätte übt der Verein eine selbständige (1) nachhaltige (1) Tätigkeit aus, durch die Einnahmen erzielt werden, (1), die über Rahmen einer Vermögensverwaltung hinausgehen. (1) [§ 14 AO, ersatzweise, Tatbestandsmerkmale § 15 EStG].
Der Gewinn aus dem Gaststättenbetrieb unterliegt der Gewerbesteuer. (1)

2. | Gewinn | 66 000 DM | |
Hinzurechnungen		
§ 8 Nr. 3 Gewinn als stiller Gesellschafter	0 DM (1)
§ 8 Nr. 7 Hälfte Miet- u. Pachtzinsen	3 000 DM (1)
§ 8 Nr. 8 Verlust KG	2 000 DM (1)
	71 000 DM	
Kürzung	0 DM (1)
	71 000 DM	
− Freibetrag § 11	(1)	48 000 DM (1)
	23 000 DM × 1 % (1)
Steuermeßbetrag nach Gewerbeertrag	230 DM (1)
Keine Berechnung nach Gewerbekapital nach § 37 GewStG	(1)
Einheitlicher Steuermeßbetrag	
230 DM × 300 % Hebesatz = 690 DM Gewerbesteuer	(2)

II. Abgabenordnung

3. Der Verspätungszuschlag ist ein Anspruch aus dem Steuerschuldverhältnis (1) (§ 37 AO) und unterliegt somit der Zahlungsverjährung (1) nach § 228 AO. Die Verjährungsfrist beträgt 5 Jahre (1) und somit ist der Anspruch mit Ablauf des 31. 12. 1995 (2) erloschen. Das Finanzamt darf nicht verrechnen. (1)

4. Nein, Franz Spät kann keine Wiedereinsetzung in den vorigen Stand nach § 110 AO (1) gewährt werden, weil keine gesetzliche Frist, sondern eine behördliche versäumt wurde (2). Es liegt im Ermessen des FA die Frist zu verlängern. (1)

III. Umsatzsteuer

5.1 Da der Vorjahresumsatz 1 000 000 DM (1) (alte Bundesländer 250 000 DM) nicht überstiegen hat, muß das Finanzamt dem Antrag des Herrn Werner, die Umsätze nach vereinnahmten Entgelt zu versteuern, stattgeben (1). Maßgebend ist der Gesamtumsatz i. S. des § 19/3. Nicht zum Gesamtumsatz gehört die USt (1).

5.2

		steuerbar	nicht steuerb.	steuerpfl.	steuerfrei	
a)	Jena	x		88 409 DM		(1)
	Zeulenr.	x		51 723 DM		(1)
	Altenb.	x		14 213 DM		(1)
	Venlo		x (Lieferort Holland)			(1)
	Gera	x		97 445 DM		(1)
b)	Verkauf d. Grunds.	x (§ 1 Abs. 1 Nr. 1)			x (§ 4 Nr. 9a)	(2)
c)	Pacht	x – „ –			x – „ –	(2)
d)	Überl.	x (§ 1 Abs. 1 Nr. 1b)		645 DM (§ 10 Abs. 4 Nr. 1)		(2)
e)	VW-Transp.	x		435 DM		(2)
f)	private Kfz-Nutzung	x		800 DM		(1)
				253 670 DM		

3. Prüfungssatz III 169

  steuerpflichtige Umsätze 253 670 DM × 15 % =   38 050,50 DM (1)
  ∕. VoSt   <u>23 214,— DM</u> (1)
      14 836,50 DM
  + USt-Schuld aus ausgewiesenen Rechnungen   <u>4 500,— DM</u> (1)
  USt-Schuld   <u>19 336,50 DM</u>

6.

 6. a) Innergemeinschaftliche Lieferung, steuerbar und steuerfrei (§ 4 Nr. 1 b i. V. mit § 6 a Abs. 1 UStG).
   Erwerbsbesteuerung in Spanien, wer den Gegenstand transportiert, spielt keine Rolle. (2)

 6.b) Ursprungslandprinzip, Ort der Lieferung Arnstadt (§ 3 Abs. 6 UStG), steuerbar und steuerpflichtig. (2)

 6.c) innergemeinschaftlicher Erwerb auch durch Privatpersonen, steuerbar und steuerpflichtig bei neuen Fahrzeugen (§ 3 d UStG), Fahrzeugeinzelbesteuerung (§ 16 Abs. 5 a UStG). USt bis spätestens zum 10. Tag nach Ablauf des Erwerbs (30. 8. 1996) (2)

 6. d) Steuerfreie Ausfuhrlieferung (§ 4 Nr. 1 a i. V. m. § 6 UStG) (1)

IV. Vermögensteuer

7.

	Fall 1	*Fall 2*
Abweichung nach unten	320	0
Abweichung nach oben	0	920
Mindestbetrag	250 (1)	1 000 (1)
Neuveranlagung	ja (1)	nein (1)

8. Grundvermögen 140 000 DM + 40 % = 56 000 DM   196 000 DM (1)
  Sonst. Vermögen
  Bargeld   150 DM (1)
  Freibetrag <u>150</u> DM (1)   0 DM
  Wertpapiere Kurswert   <u>165 370 DM</u> (1)
        165 370 DM
  ∕. Freibetrag   <u>10 000 DM</u> (1)   <u>155 370 DM</u>
          351 370 DM

./. Schulden
Hypothek 168 000 DM (1)
Maler 20 000 DM (1) 188 000 DM
Gesamtvermögen 163 370 DM
abgerundet auf volle 1 000 DM nach unten 163 000 DM (1)
./. Freibetrag 120 000 DM (1)
Steuerpflichtiges Vermögen 43 000 DM

V. Einkommensteuer

9. Einkünfte aus Gewerbebetrieb 92 000 DM (1)

Einkünfte aus nichtselbständiger Arbeit
Einnahmen
12 × 3 100 DM 37 200,— DM
- Versorgungsfreibetrag
  40 % von 37 200 max. 6 000,— DM (1)
- Arbeitnehmerpauschbetrag 2 000,— DM (1) 29 200 DM

Einkünfte aus Kapitalvermögen
Nettodividende 73,125 % 16 877,25 DM
+ KESt 25 % 5 770,— DM (1)
+ Soli-Zuschlag 1,875 % 432,75 DM (1)
 23 080,— DM
+ 30 % KSt 9 891,— DM (1)
Einnahmen 32 971,— DM
- Werbungskosten-
  pauschbetrag 100,— DM
- Sparerfreibetrag 6 000,— DM (1) 26 871 DM

Einkünfte aus Vermietung und Verpachtung
Mieteinnahmen
10 000 DM + 15 % Umsatz-
steuer 1 500 DM (1) 11 500,— DM
Zinsen 4 500,— DM (1)
Damnum 15 250,— DM (1)
AfA 5 % (1) von
200 000 DM (1) 10 000,— DM − 18 250 DM

Summe = Gesamtbetrag der Einkünfte 129 821 DM

Sonderausgabenpauschbetrag	108 DM (1)
Vorsorgepauschale	
18 % von 31 200 DM (1) max. 2 000 DM (1)	
durch 54 teilbar	1 998 DM (1)
Verlustabzug	120 000 DM (1)
Einkommen	7 715 DM
Kinderfreibetrag	4 104 DM (1)
Haushaltsfreibetrag	5 616 DM (1)
zu versteuerndes Einkommen	
Summe zu versteuerndes Einkommen	− 2 005 DM

10.

Kaufpreis	330 000 DM
Anschaffungsnebenkosten	
Grunderwerbsteuer	6 600 DM (1)
Notariatsgebühren Kaufvertrag	2 140 DM (1)
Gerichtskosten Eigentumsumschreibung	710 DM (1)
Anschaffungskosten gesamt	339 450 DM
− Anteil Grund und Boden = ⅕ von 339 450 DM	67 890 DM (1)
Anschaffungskosten Gebäude	271 560 DM
+ 50 % Anschaffungskosten für Grund und Boden	33 945 DM (1)
	305 505 DM
− 10 % für berufliche Nutzung	30 550 DM (1)
Bemessungsgrundlage für § 10e Abs. 1 EStG	274 955 DM
Abzugsbetrag gem § 10e Abs. 1 EStG	
= 6 % (1) von 274 955 DM	16 498 DM

Aufwendungen vor Bezug (Vorkosten) gem § 10e (6) EStG

Schuldzinsen	480 DM	(1)
Damnum 8 % von 180 000 DM	14 400 DM	(1)
Notariatskosten Grundschuld	430 DM	(1)
Gerichtskosten	440 DM	
	15 750 DM	
− 10 % für berufliche Nutzung	− 1 575 DM	(1)
Abzug gem § 10e Abs. 6 EStG	14 175 DM	

b) Lösungen Wirtschaftslehre III

1. a) Er ist Soll-Kaufmann ab dem 25. 2. 1996, (3) weil die Handelsregistereintragung (konstitutive Wirkung) für den Erwerb der Kaufmannseigenschaft (2) entscheidend ist. (§ 2 HGB) (5)

   b) Er ist buchführungspflichtig ab 1. 1. 1996, weil er von diesem Zeitpunkt an verpflichtet ist, die Eintragung seines Unternehmens in das Handelsregister herbeizuführen. (§ 262 HGB) (3)

   Gesamtpunktzahl: (8)

2. a) Ja, denn jeder Gesellschafter ist zur Vertretung der OHG ermächtigt. (Einzelvertretungsmacht § 125 HGB) (2)

   Die Gesamtvertretung ist nicht wirksam, da sie nicht im Handelsregister eingetragen ist. (§ 125 Abs. 4 HGB) (2)

   b) Ja, da Martina Gans persönlich und gesamtschuldnerisch haftet. (2)

   Gesamtpunktzahl: (6)

3. a) • Name, Vorname und Wohnort jedes Gesellschafters
   • Firma und Sitz der Gesellschaft
   • Zeitpunkt des Geschäftsbeginn
   • Name und Höhe der Einlage der Kommanditisten (§§ 162 Abs. 1, 106 HGB) (5)

   b) Zum Beispiel: Schwan KG, da der Name des persönlich haftenden Gesellschafters (Komplementärs) mit dem Zusatz einer Gesellschaft angegeben sein muß. (§ 19 Abs. 2, 4 HGB) (3)

   c) Beim örtlich zuständigen Amtsgericht, Abteilung A (2)

   Gesamtpunktzahl: (10)

4. a) Am 24. 9. 1996 mit Beurkundung vor dem Notar (§§ 313, 925 BGB) (2)

   b) Die Eigentumsüberlassung erfolgt durch Auflassung und Grundbucheintragung. (2)

   c) Am 2. 12. 1996 mit Eintragung im Grundbuch (§ 873 BGB). (2)

   Gesamtpunktzahl: (6)

5. Bei der Rechnungserstellung liegt ein Irrtum vor [Zahlendreher]. (2)
   Die Rechnung ist anfechtbar. Die Rechnung muß berichtigt
   werden. [§ 119 BGB]. (2)
   Gesamtpunktzahl: (4)

6. a) Der Bürgschaftsvertrag ist nicht zustande gekommen, da er nur mündlich geschlossen wurde. Für einen Bürgschaftsvertrag ist aber die Schriftform vorgeschrieben (§ 125 BGB). Der Vertrag ist infolge Formmangels nichtig. (3)
   b) Der Vertrag ist nichtig, da er als Wuchergeschäft gegen die guten Sitten verstößt (§ 138 BGB). (3)
   c) Der Kaufvertrag ist gültig, aber anfechtbar wegen arglistiger Täuschung (§ 123 BGB). (3)
   Gesamtpunktzahl: (9)

7.
   a) Autohaus GmbH, Eisenach
      ppa. Unterschrift Reh (2)
   b) Der Prokurist darf ohne besondere Befugnis folgende Rechtsgeschäfte nicht tätigen:
      Grundstücke veräußern oder belasten
      Steuererklärung und Bilanz unterschreiben
      Eintragung ins Handelsregister anmelden
      Konkurs anmelden
      Geschäft verkaufen
      Prokura erteilen
      Gesellschafter aufnehmen (4)
      Gesamtpunktzahl: (6)

8. a) Bestellung einer Hypothek oder Grundschuld (§§ 1113, 1191 BGB) (1)
   b) Sicherungsübereignung (§ 930) (1)
   c) Verpfändung (§1204 BGB) (1)
   d) Zession (Abtretung von Forderungen) {§ 398 BGB} (1)
   Gesamtpunktzahl: (4)

9. a) Mahnung hat keinen Einfluß auf die Verjährungsfrist. (2)
   b) Stundungsbitte führt zu einer Unterbrechung der Verjährung. (2)
      Stundungsgewährung hemmt die Verjährungsfrist (§§ 196, 202, 208 BGB) (2)

c) Die Frist beginnt mit dem Ablauf des Jahres, in dem der Anspruch entstanden ist. (31. 12. 1995, 24.00 Uhr) (2)

Die Verjährungsfrist beträgt 4 Jahre, da es sich um den Anspruch gegenüber einem anderen Gewerbetreibenden handelt. (§ 196 Abs. 2 BGB) (2)

Stundungsbitte (Unterbrechung):
- Neubeginn der Frist 10. 2. 1996, 24.00 Uhr,
- vorläufiges Ende der Verjährung 10. 2. 2000, 24.00 Uhr (3)

Stundungsgewährung (Hemmung):
1 Monat, Verjährung endet am 10. 3. 2000, 24.00 Uhr. (3)

Gesamtpunktzahl: (16)

10. Am 10. 3. 1996, da ein Scheck bei Sicht fällig wird. (Artikel 28 ScheckG) (3)

Gesamtpunktzahl: (3)

11. a) Ja, die Kündigung ist rechtswirksam, da er sich in einem anderen Ausbildungsberuf ausbilden lassen will und die Kündigungsfrist von 4 Wochen einhält (§ 15 Abs. 2 Ziff. 2 BBiG). (4)

b) Nein (§ 16 Abs. 1 Satz 2 BBiG) (2)

c) Nein, denn der Ausbilder hat dem Auszubildenden bei Beendigung der Ausbildung ein Arbeitszeugnis auszustellen. (§ 8 Abs. 1 BBiG) (4)

Gesamtpunktzahl: (10)

12. a) Nein, da er die Beitragsbemessungsgrenze von 5 100 DM 1996 (alte Bundesländer 6 000 DM) überschritten hat. (3)

b) Nein, geringfügig Beschäftigte sind versicherungsfrei, wenn sie weniger als 15 Std./Woche arbeiten und nicht mehr als 500 DM 1996/Monat (alte Bundesländer 590 DM) verdienen. (3)

c) Nein, da der Handelsvertreter kein Arbeitnehmer, sondern selbständiger Gewerbetreibender ist. (3)

d) Ja, die Sekretärin liegt mit einem Bruttolohn unter der Beitragsbemessungsgrenze 5 100 DM 1996 (alte Bundesländer 6 000 DM).

Der Beitrag wird zu je 50 % vom Arbeitnehmer und Arbeitgeber getragen. (3)

Gesamtpunktzahl: (12)

13. a) Recht auf Information (§ 106 BetrVG) (2)
    b) Recht auf Mitbestimmung (§ 87 BetrVG) (2)
    c) Recht auf Anhörung (§ 102 BetrVG) (2)
    Gesamtpunktzahl: (6)

c) Lösungen Rechnungswesen III

I.

1.a) 10. 1. 1995

unbebaute Grundstücke	45 000 DM	(1)
an Verbindlichkeiten	45 000 DM	(1)
unbebaute Grundstücke	1 700 DM	(2)
VoSt	120 DM	(1)
an Privateinlage	1 820 DM	

b) 1. 2. 1995

45 000 DM Auszahlungsbetrag = 90 % (1)
100 % = x

$$\frac{45\,000\ DM \times 100}{90} = 50\,000\ DM\ Darlehen$$

Bank	45 000 DM	(1)
Disagio	5 000 DM	(1)
an Darlehen	50 000 DM	(1)

2.a)
Materialkosten	80 000		
+ Material GMK 20 %	16 000		(1)
= Materialkosten		96 000 DM	
+ Fertigungseinzelkost.	20 000		
+ Fertigungs. GMK 130 %	26 000		(1)
= Fertigungskosten		46 000 DM	
steuerlich niedrigste HK		142 000 DM	(1)

b)
Bauten auf eigenem Grundstück	142 000 DM	(1)
an Erlöse Eigenleistung	142 000 DM	(1)

Umbuchung
bebaute Grundstücke   46 700,— DM   (1)
  an unbebaute Grundstücke   46 700,— DM (1)

c) 4 % AfA (ab 1995) zeitanteilig

$$\frac{142\,000 \text{ DM} \times 4\,\% \times 2 \text{ Monate}}{12 \text{ Monate}} = 946{,}67 \text{ DM} \qquad (2)$$

Abschreibungen   947,— DM
  an Gebäude   947,— DM (2)

3. $50\,000 \text{ DM} \times 5\,\% = \dfrac{2\,500 \text{ DM/Jahr} \times 11}{12} = 2\,291{,}67 \text{ DM}$ (2)

Zinsaufwand   2 291,67 DM
  an sonstige Verbind-
     lichkeiten   2 291,67 DM (2)

Disagio $\dfrac{5\,000 \text{ DM}}{5 \text{ Jahre}} = 1\,000 \text{ DM/Jahre}$ (1)

$\dfrac{1\,000 \text{ DM} \times 11 \text{ Monate}}{12 \text{ Monate}} = 916{,}67 \text{ DM anteilig}$ (1)

Zinsaufwand   916,67 DM   (1)
  an Disagio   916,67 DM (1)

4. AK 150 000 DM Einlage innerhalb von
   3 Jahren nach Anschaffung   (2)
   unbebaute Grundstücke   150 000,— DM
     an Privateinlage   150 000,— DM (2)

5.a) 30 × 8 DM = 240 DM   (1)
   Verlust Abgang UV   240,— DM   (1)
     an Bestand Vorräte   240,— DM (1)

  b)   25 000 DM Saldo Konto
      −   240 DM Schadensfall
        24 760 DM BW
      − 18 500 DM Inv. Bestand
         6 260 DM BÄ Vorräte   (1)
      WE   6 260,— DM   (1)
      oder: BÄ Vorräte
        an Materialbestand   6 260,— DM (1)

c) Vermögensgegenstände sind einzeln zu erfassen und zu bewerten.
   Wertansatz Obergrenze AK oder HK					(3)

d) Festbewertung
   Gruppenbewertung
   Verbrauchsfolgeverfahren
   nur Lifo ist handels- und steuerrechtlich zulässig				(4)

6. Reparaturaufwand			35 000 DM			(1)
   an Rückstellungen					35 000 DM	(1)

7.a) 6 900 DM brutto
   −   900 DM USt
      6 000 DM netto

   Forderungsverluste			6 000 DM			(1)
   USt					 900 DM			(1)
      an zweifelhafte Forderungen				6 900 DM	(1)

b) zweifelhafte Forderungen		17 250 DM			(1)
   an Forderungen					17 250 DM	(1)

   17 250 DM brutto
    2 250 DM USt

   15 000 DM netto Ausfallquote 95 % = 14 250 DM			(1)

   Abschreibung UV			14 250 DM			(1)
   an EWB Forderungen					14 250 DM	(1)
   oder zweifelhafte
   Forderungen

c) 506 000 DM
   − 17 250 DM

    488 750 DM brutto
   − 63 750 DM USt

    425 000 DM netto 1 % 4 250 DM PWB Forderung		(1)
                          − 6 000 DM Konto PWB
                          − 1 750 DM Ertrag			(1)

   PWB Forderungen			1 750 DM			(1)
      an Ertrag aus Herabsetzung				1 750 DM	(1)
         PWB Forderungen

8. BGA   4 300 DM   (1)
    Bürobedarf   120 DM   (1)
    Immat. VG   1 000 DM   (1)
    VoSt   813 DM   (1)
        an Bank   6 233 DM

9. a) Grundmietzeit 40–90 %, die Aktivierung erfolgt beim Leasing-
      geber   (1)
   b) Mietleasing   700 DM   (1)
      VoSt   105 DM   (1)
        an Postgiro   805 DM (1)

10. Kfz-Versicherung   70 DM   (1)
    ARA-Posten   770 DM   (1)
        an Bank   840 DM (1)

    $\dfrac{840 \text{ DM}}{12} = 70$ DM/Monat

11. Kosten mit VoSt   Kosten ohne VoSt
    Leasingr.   700 DM   70 DM   Kfz-Vers.
    lfd. Kfz. Kosten 300 DM   _____
                   1 000 DM   70 DM
    30 %   300 DM   21 DM   (2)
    + 15 % USt   45 DM

    Privat   366 DM   (1)
        an EV-USt-pfl.   300 DM (1)
           EV-USt-frei   21 DM
           USt   45 DM (1)

II.

1. $\dfrac{1}{3} + \dfrac{1}{5} + \dfrac{1}{4} = \dfrac{20 + 12 + 15}{60} = \dfrac{47}{60}$ Rest $\dfrac{13}{60}$ (1)

    $\dfrac{5\,616\,000 \text{ DM}}{13} = 432\,000 \text{ DM} = \dfrac{1}{60} = 432\,000 \text{ DM}$ (1)

    Warenhaus   20/60   8 640 000 DM   (1)
    Gemeinde   12/60   5 184 000 DM   (1)
    Sparkasse   15/60   6 480 000 DM   (1)
    Mineralölgesellschaft 13/60   5 616 000 DM   (1)
                                    25 920 000 DM

2.

		vorab	10% Zinsen	Rest	Gesamt Gewinn
U. Schneider	80 000	48 000	8 000	16 000	72 000
P. Müller	60 000		6 000	16 000	22 000
B. Schneider	40 000		4 000	16 000	20 000
		48 000	18 000	48 000	114 000
		(1)	(1)	(1)	(3)

Gewinn aus Gewerbebetrieb

	Gewinn		
U. Schneider	72 000 DM		72 000 DM
P. Müller	22 000 DM	14 400 DM Miete	36 400 DM
B. Schneider	20 000 DM	18 000 Zinsen	38 000 DM

(3)

3. 135 % = 1 620 000 DM $\dfrac{1\,620\,000 \text{ DM} \times 100}{135}$ = 1 200 000 DM
   100 % =   Wareneinsatz   (3)

AB + WE	1 250 000 DM	
− Wareneinsatz	1 200 000 DM	
Warenbestand	50 000 DM	(1)
Erlöse	1 620 000 DM	
− Wareneinsatz	1 200 000 DM	
Rohgewinn	420 000 DM	(1)

$\dfrac{\text{Rohgewinn} \times 100}{\text{Warenverkauf}}$ = $\dfrac{420\,000 \text{ DM} \times 100}{1\,620\,000 \text{ DM}}$ = 25,93 % Rohgewinnsatz   (2)

Rohgewinn	420 000 DM
− Geschäftskosten	325 000 DM
Reingewinn	95 000 DM

$\dfrac{\text{Reingewinn} \times 100}{\text{Warenverkauf}}$ = $\dfrac{95\,000 \times 100}{1\,620\,000 \text{ DM}}$ = 5,86 % Reingewinnsatz   (3)

4. Prüfungssatz IV

a) Lösungen Steuerwesen IV

I. Einkommensteuer

1.

			Er	Sie
Einkünfte aus Gewerbebetrieb				22 500 DM (1)
Einkünfte aus nichtselbständiger Arbeit				
3 100 DM × 12 =	37 200,— DM			
./. Versorgungs-freibetrag 40 % max.	6 000,— DM (1)			
./. Arbeitnehmer-pauschbetrag	2 000,— DM (1)	29 200 DM		
Einkünfte aus Kapitalvermögen:				
Gewinnanteil				
73,125 %	10 237,50 DM			
+ KESt 25 %	3 500,— DM (1)			
+ Soli-Zuschlag				
1,875 %	262,50 DM (1)			
	14 000,— DM			
+ KSt 30 %	6 000,— DM (1)			
	20 000,— DM			
+ Zinsen	3 150,— DM (1)			
	23 150,— DM			
./. Werbungskosten-pauschbetrag	200,— DM (1)			
./. Sparerfrei-betrag	12 000,— DM (1)	10 950 DM		
		40 150 DM +	22 500 DM	
Summe der Einkünfte			62 650 DM	
./. Altersentlastungs-betrag (Er) 40 % v.	10 950,— DM (1)	max.	3 720 DM (1)	
Gesamtbetrag der Einkünfte			58 930 DM	

4. Prüfungssatz IV

./. Sonderausgaben:
  Beitrag und Spende   6 720 DM (1)
  ./. (§ 34 g EStG)   6 000 DM (1)   720 DM

Vorsorgeaufwendungen:
Versicherungen: 8 000 DM ⎫
                     150 DM ⎬ (2)
                   4 800 DM ⎪
                     180 DM ⎭
                  13 130 DM

Vorwegabzug:
12 000 DM   max.   12 000 DM (1)   12 000 DM
                    1 130 DM

1. Höchstbetrag max.   1 130 DM (1)   1 130 DM   13 130 DM

./. außergewöhnliche Belastungen
Behindertenpauschbetrag   2 070 DM (1)
Unterstützung Vater – Höchstbetrag   7 200 DM (1)

Einkünfte und Bezüge:
Pension   16 200 DM (1)
Wohngeld   840 DM (1)
                   17 040 DM
./. Versorgungs-
   freibetrag
   40 % v. 16 200   6 000 DM (1)
./. Arbeitnehmer-
   pauschbetrag   2 000 DM (1)
./. Unkostenpausch-
   betrag   360 DM (1)
                    8 680 DM
übersteigen   6 000 DM (1)   ./. 2 680 DM (1)   4 520 DM

Einkommen = zu versteuerndes Einkommen   38 490 DM

2. a) Seine Wohnung wird bei der Einkunftsermittlung nicht mehr berücksichtigt, es wird kein Mietwert mehr angesetzt, weil er den Wegfall der Nutzungswertbesteuerung beantragt hat. Somit kann er für seine Wohnung auch keine Werbungskosten mehr ansetzen. (3)

b) Die Werbungskosten sind anteilig zu kürzen, da die Miete weniger als 50 % der ortsüblichen Marktmiete – hier 20 DM – beträgt (§ 21 Abs. 2 S. 2 EStG). Da der Bruder nur ¼ der Miete zahlt, sind die Werbungskosten für seine Wohnung zur zu ¼ anzusetzen. (3)

c) Einnahmen: EG   24 000 DM (1)
            2. Stock   6 000 DM (1)
                                                   30 000 DM

./. Werbungskosten (insgesamt):
Schuldzinsen   2 960 (1)
Tilgung ist kein
Aufwand   0 (1)
Reparatur
über 5 J. (1)   4 000 (1)
AfA – § 7 Abs. 4
2 % der AK   7 200 (1)
              14 160 : 3 (3 gl. Wohn.)
       = 4 720 (1) × 1,25 (1) =   5 900 DM
Einkünfte aus VuV   24 100 DM

3. a) Werbungskosten   2 470 DM (1)
    ./. Arbeitnehmer-
    pauschbetrag   2 000 DM (1)   470 DM

Sonderausgaben
Kirchensteuer   635 DM (1)

Internatskosten
30 % von 3 600   1 080 DM (1)
./. Sonderausgaben-
    pauschbetrag   216 DM (1)   1 499 DM

außergewöhnliche
Belastungen
6 000 DM Ausbildungs-
freibetrag   4 200 DM (1)

Jahresfreibetrag   6 169 DM

b) 6 169 DM : 8 (1) = 771,12 DM aufgerundet 772 DM (1)

II. Gewerbesteuer

4.	Gewinn	98 041 DM	(1)	
		98 000 DM	(1)	
	./. Freibetrag	48 000 DM	(1)	
		50 000 DM		
		24 000 DM 1 %	(1)	240,— DM
		24 000 DM 2 %	(1)	480,— DM
		2 000 DM 3 %	(1)	60,— DM
				780,— DM

Gewerbekapital:			
EW 1. 1. 1995	370 000 DM	(1)	
./. Freibetrag	120 000 DM	(1)	
	250 000 DM		
× 2 ‰ (1)			500,— DM

a) einheitlicher Gewerbe-
   steuermeßbetrag   1 280,— DM (1)

b) Zerlegung nach Löhnen

Mannheim	367 000 DM	
+ Unternehmer-Lohn	30 000 DM	
	397 000 DM	
79,08 % von 1 280 DM =		1 012,22 DM (2)
Köln	85 000 DM	
+ Unternehmer-Lohn	20 000 DM	
	105 000 DM	
20,92 % von 1 280 DM =		267,78 DM (2)

III. Vermögensteuer/Bewertung

5. Grundvermögen
   140 % von 85 000 DM   119 000 DM (1)

Betriebsvermögen		
Einheitswert	125 000 DM	
Freibetrag (§ 117 a BewG)	125 000 DM	0 DM (1)

Sonstiges Vermögen			
Sparguthaben	9 000 DM		
Bausparguthaben	27 000 DM (2)		
Girokonto	730 DM		
	36 730 DM		
FB (§ 110 Abs. 1 Ziff. 2 BewG)	3 000 DM (1)		
	33 730 DM		
Wertpapiere	420 000 DM (1)		
	453 730 DM		
FB (§ 110 Abs. 2 BewG)	30 000 DM (1)	423 730 DM	
Rohvermögen		542 730 DM	
Schulden		2 700 DM (1)	
Gesamtvermögen		540 030 DM	
Abrundung (§ 4 Abs. 2 VStG)		540 000 DM (1)	
Freibeträge (§ 6 Abs. 2 VStG)			
3 × 120 000 DM	360 000 DM (1)		
Altersfreibetrag			
Ehemann 50 000 DM (1)			
Ehefrau 50 000 DM (1)	100 000 DM	460 000 DM	
steuerpflichtiges Vermögen		80 000 DM	

IV. Umsatzsteuer

6.

Nr.	nicht steuerbar	steuerbar	steuerfrei	steuerpflichtig
A. (1)		680 000 DM (1)		680 000 DM (1)
(2)		52 000 DM	52 000 DM	
(3)		3 700 DM	3 700 DM	
B. (1)		24 000 DM (1)		24 000 DM (1)
(2)		28 000 DM (1)	28 000 DM (1)	
(3)		19 200 DM (1)	19 200 DM(1)	
				704 000 DM

USt 15 % v. 704 000 DM		105 600 DM (1)
./. Vorsteuer		
für die Maschinenfabrik	37 500 DM (1)	
für das Mietshaus		
⅓ v. 6 750 DM	2 250 DM (1)	39 750 DM
USt-Zahllast		65 850 DM

a) Die Lieferung nach Brüssel ist steuerbar, weil der Ort der Lieferung Erfurt ist. (2)

Sie ist aber steuerfrei, weil es sich um eine innergemeinschaftliche Lieferung handelt. (2)

b) Die Lieferung nach Budapest ist steuerbar, weil der Ort der Lieferung Erfurt ist. (2)

Sie ist aber steuerfrei, weil es sich um eine Ausfuhrlieferung handelt. (2)

V. Abgabenordnung

7. Brötchen muß Bücher führen, da sein Gewinn mehr als 48 000 DM beträgt. (§ 141 AO). (2)

   Seine Buchführungspflicht beginnt nach Aufforderung durch das Finanzamt, frühestens zum 1. 1. 1997. (2)

8. Sie muß Zinsen entrichten, weil die Steuerfestsetzung zu einer Nachforderung führt, und diese Nachforderung mehr als 15 Monate nach Ablauf des Kalenderjahres der Entstehung der Steuer fällig ist. (§ 233a Abs. 2 AO). (3)

---

b) Lösungen Wirtschaftslehre IV

1. a) Nicht zulässig, da neben der Schriftform die notarielle Beurkundung erforderlich ist (§ 2 GmbHG) (3)

   b) Nicht zulässig, der Zusatz (G) mbH ist notwendig (§ 4 GmbHG) (3)

   c) Zulässig, weil ein Stammkapital von mindestens 50 000 DM erreicht ist. (§ 5 GmbHG). (3)

d) Zulässig, weil die Stammeinlagen nicht weniger als 500 DM betragen und glatt durch 100 teilbar sind (§ 5 GmbHG). (3)

e) Nicht zulässig, weil die Einzahlung von Mück nicht mindestens ¼ seiner Stammeinlage beträgt und die Summe der Einzahlungen nicht die vorgeschriebenen 25 000 DM Mindesteinzahlung erreicht (§ 7 GbmHG). (5)

2. a) Werkvertrag, hier wird ein bestimmter Erfolg geschuldet (§ 631 BGB) (4)

   b) Kaufvertrag, weil Vertragsinhalt der Erwerb einer Sache gegen Entgelt ist (§ 433 BGB). (3)

   c) Werklieferungsvertrag, weil Leistung und Material vom Auftragnehmer zu erbringen sind (§ 651 BGB). (4)

3. Ermittlung der Konkursquote

Aktiva	850 000 DM
./. Aussonderung	80 000 DM (1)
./. Absonderung	120 000 DM (1)
	650 000 DM
./. Masseschulden	12 000 DM (1)
	8 000 DM (1)
	630 000 DM
./. Massekosten	19 000 DM (1)
	611 000 DM
./. bevorrechtigte Forderungen	85 000 DM (1)
	526 000 DM (1)
nicht bevorrangigte Forderungen:	
• Bankschulden	180 000 DM (1)
• Lieferanten	2 350 000 DM (1)
	2 530 000 DM (1)

2 530 000 DM = 100 %
 526 000 DM =   x %   (1)
x = 20,8 % Konkursquote   (2)

4. a) Die Mahnung hat keinen Einfluß auf die Verjährungsfrist, dies wird nur durch das Erlassen eines Mahnbescheides erreicht. (1)

b) Die Stundungsbitte entspricht einem Schuldanerkenntnis und
   unterbricht somit die Verjährung (§ 208 BGB) (1)

   Die Stundungsgewährung hemmt die Verjährungsfrist (§ 202
   BGB) (1)

c) Die Verjährungsfrist beginnt mit dem Ablauf des Jahres, in dem
   der Anspruch erwachsen ist, somit am 31. 12. 1995, 24.00
   Uhr.(§ 201 BGB) (2)

   Die Verjährungsfrist beträgt 4 Jahre, da es sich um den
   Anspruch gegenüber einem anderen Gewerbetreibenden handelt (§ 196 Abs. 2 BGB). (2)

   Stundungsbitte (Unterbrechung):
   • Neubeginn der Frist 15. 1. 1996, 24.00 Uhr,
   • vorläufiges Ende der Verjährung 15. 1. 2000, 24.00 Uhr (2)

   Stundungsgewährung (Hemmung):
   • 1 Monat, die Verjährung endet somit am 15. 2. 2000 um
     24.00 Uhr (3)

5. a) • Namen, Vornamen, Stand und Wohnsitz jeden Gesellschafters,
   • Firma und Sitz der Gesellschaft,
   • Zeitpunkt des Geschäftsbeginns,
   • Name und Höhe der Einlage des Kommanditsten (§§ 162
     Abs. 1, 106 HGB) (5)

   b) Die Eintragung der KG erfolgt in Abteilung A des Handelsregisters, weil es sich um eine Personengesellschaft handelt. (2)

   c) Zum Beispiel Triebel KG, Triebel & Co.; da der Name des
      persönlich haftenden Gesellschafters mit dem Zusatz einer
      Gesellschaft angegeben sein muß (§ 19 Abs. 2 HGB). (3)

6. a) Ja, die Kündigung ist wirksam, da sich Menzel in einem anderen
   Ausbildungsberuf ausbilden lassen will und die Kündigungsfrist
   von 4 Wochen einhält (§ 15 Abs. 2 Ziff. 2 BBiG). (4)

   b) Nein (§ 16 Abs. 1 Satz 2 BBiG). (2)

   c) Nein, denn der Ausbildende hat dem Auszubildenden bei Beendigung der Ausbildung ein Arbeitszeugnis auszustellen (§ 8
      Abs. 1 BBiG). (4)

7. Da sich der Unfall während der Arbeitszeit in Betrieb ereignete, muß die gesetzliche Unfallversicherung, deren Träger die Berufsgenossenschaften sind, die Behandlungskosten bezahlen. (4)

8. Nein, die Kündigung ist nicht wirksam, da eine fristlose Kündigung innerhalb von zwei Wochen nach bekannt werden des Kündigungsgrundes ausgesprochen werden muß. Diese Frist ist hier überschritten worden (§ 626 BGB). (4)

9. a) Nein, der Handlungsbevollmächtigte Wichtig darf den Schuldwechsel nicht akzeptieren. Eine Befugnis dieser Art muß besonders erteilt (§ 54 HGB). (4)

   b) Ja, als Prokurist wäre er zu Vornahme aller Rechtsgeschäfte, die der Betrieb eines Handelsgewerbes mit sich bringt, berechtigt (§ 49 HGB). (4)

10. Die Bank garantiert die Einlösung aller Euroschecks bis zum Betrag von 400 DM, wenn sie vom Inhaber einer Scheckkarte ausgestellt werden und die Scheckkartennummer auf dem Scheck eingetragen ist. (5)

11. a) Außenfinanzierung (1)
    b) Innenfinanzierung (1)
    c) keine Finanzierung (1)
    d) Außenfinanzierung (1)
    e) Innenfinanzierung (1)
    f) keine Finanzierung (1)

c) Lösungen Rechnungswesen IV

I.

1. Buchwert 31. 2. 1994   10 500 DM
   ./. AfA 1995
   25 % v. 12 000 DM   3 000 DM
   fortgeführte Anschaffungskosten
   31. 12. 1995   7 500 DM (1)

4. Prüfungssatz IV

Der Computer ist mit dem niedrigeren Teilwert von 5 000 DM anzusetzen, da die Wertminderung voraussichtlich von Dauer ist. (3)

2.	Abschreibungen auf Anlagevermögen	3 000 DM	
	außerplanmäßige Abschreibungen	2 500 DM	
	an Maschinen		5 500 DM (3)

II.

1.	Porto	170,— DM	
	an Kasse		170,— DM (1)
2.	Wareneinkauf	25 000,— DM	
	Vorsteuer	3 750,— DM	
	an Verbindlichkeiten		28 750,— DM (2)
3.a)	Kasse	18 400,— DM	
	an Warenerlöse		16 000,— DM (2)
	Umsatzsteuer		2 400,— DM
b)	Geldtransit (Bank)	18 400,— DM	
	an Kasse		18 400,— DM (1)
4.a)	Forderungen aus Lieferung und Leistung	1 035,— DM	
	an Warenerlöse		900,— DM (2)
	Umsatzsteuer		135,— DM
b)	Bank	1 014,30 DM	
	gewährte Skonti	18,— DM	
	Umsatzsteuer	2,70 DM	
	an Forderungen aus Lieferung und Leistung		1 035,— DM (3)
5.	Betriebs- und Geschäftsausstattung	64 680,— DM	
	Vorsteuer	9 702,— DM	
	an Bank		74 382,— DM (3)
6.a)	Bank	75 200,— DM	
	aktive RAP (Damnum)	4 800,— DM	
	an Darlehen		80 000 DM (3)
b)	4 800 DM : 10 Jahre = 480 DM		
	davon $3/12$ = 120 DM (1)		
	Nebenkosten des Geldverkehrs (Zinsen)	120,— DM	
	an aktive RAP (Damnum)		120,— DM (1)

7. Darlehen 1 600,— DM
   Zinsaufwand 500,— DM
   an Bank 2 100,— DM (2)

8. Erlöse aus Warenverkäufen 390,— DM
   Umsatzsteuer 58,50 DM
   an Kasse 448,50 DM (2)

9. 206 380 FF × 31,70 = 65 422,46 (2)
   Wareneinkauf 65 422,46 DM
   an Verbindlichkeiten 65 422,46 DM (1)
   Am 31. 12. ist keine Buchung vorzunehmen, da Schuld geringer (Niederstwertprinzip, nicht realisierte Gewinne dürfen nicht ausgewiesen werden). (3)

10. Aktive RAP 1 350,— DM
    an Versicherungen 1 350,— DM (2)

11. 30 % degressiv von 54 000 DM = 16 200 DM (1)
    AfA Anlagevermögen 16 200,— DM
    an Kraftfahrzeuge 16 200,— DM (1)

12. Abschreibung auf Forderungen 1 100,— DM
    Umsatzsteuer 165,— DM
    an Forderungen aus Lieferung und Leistung 1 265,— DM (3)

13. Gewerbesteuer 2 920,— DM
    an Rückstellungen 2 920,— DM (1)

14. 138 000 DM brutto = 120 000 DM netto × 2 %
    = 2 400 DM (2)
    Einstellung in Pauschal-Wertberichtigung 2 400,— DM
    an Forderungen aus Lieferung und Leistung 2 400,— DM (2)

15. Anschaffungskosten 120 000 DM,
    Abschreibung 15 Jahre = 8 000 DM jährlich (2)
    Abschreibung Firmenwert 8 000,— DM
    an Firmenwert 8 000,— DM (1)

4. Prüfungssatz IV   191

III. Vorläufiger Gewinn   100 000 DM
1. Da niedrigst möglicher Gewinn
   AfA degr. (1)
   30 % von 13 000 DM
   900 DM (1) für ein halbes Jahr   450 DM (1)
   bisher abgeschrieben   150 DM   ./.   300 DM (1)
   § 7g EStG
   20 v. H. von 3 000 DM   ./.   600 DM (1)

2. Geschenke nur abzugsfähig bis 75 DM pro Person
   und Jahr. Deshalb als nicht abzugsfähige Betriebsausgabe hinzuzurechnen. (2)   +   650 DM (1)

3. 100 sfr = 120,30 DM
   15 000 sfr = x
   $x = \dfrac{120{,}30 \times 15\,000}{100} = 18\,045$ DM (1)

   100 sfr = 122,90 DM
   15 000 sfr = x
   $x = \dfrac{122{,}90 \times 15\,000}{100} = 18\,435$ DM (1)   ./.   390 DM (1)

   Verbindlichkeiten sind mit dem höheren Teilwert
   anzusetzen. (Niederstwertprinzip)   (2)

4. Da Rührmaschine und Einsätze eine Einheit bilden
   und dadurch über 800 DM liegen, kein GWG.   (2)
   Anschaffungskosten
   780 DM + 60 DM   840 DM (1)
   AfA linear 33 ⅓ %   280 DM (1)
   bisher im Aufwand   960 DM   +   680 DM (1)

5. Für Fahrten zwischen Wohnung und Arbeitsstätte
   darf für den Entfernungskilometer höchstens
   0,70 DM angesetzt werden. Der Differenzbetrag zu
   den tatsächlichen Kosten ist eine nichtabzugsfähige
   Betriebsausgabe.   (3)
   220 Tage × 10 km × 0,70 DM   = 1 540 DM (1)
   220 Tage × 10 km × 1,80 DM   = 3 960 DM (1)   +   2 420 DM (1)
                                                         102 460 DM

IV.

Kapital	Zeit	Tage	Zins-zah-len	alternativ: Zinsen bei Einzelberechnung
200 000 DM	4. 5.	34 (1)	68 000 (1)	1 700,— DM
⁒ 20 000 DM				
180 000 DM	8. 6.	85 (1)	153 000 (1)	3 825,— DM
⁒ 14 000 DM				
166 000 DM	3. 9.	83 (1)	137 780 (1)	3 444,50 DM
⁒ 120 000 DM				
46 000 DM	26. 11.	34 (1)	15 640 (1)	391,— DM

$$374\,420 \times \frac{9}{360} \ (2) \ = \ 9\,360{,}50 \text{ DM}$$

2. a) Massekosten 27 340 DM (1)
   bevorrechtigte Gläubiger 39 630 DM (1)
   übrige Gläubiger 505 000 DM (1) *)
   Konkursverbindlichkeiten 571 970 DM

   *) [9 % = 45 450 DM
      100 % = ?   505 000 DM]   (2)

   b)   100 % = 84 000 DM
      ⁒ 9 % =   7 560 DM
         91 % = 76 440 DM (2)

3. Degressive AfA : 3 × 20 % = 60 %, max. 30 % (1)

   a) 70 % = 8 820 DM
      100 % = x $\dfrac{100 \times 8\,820 \text{ DM}}{70}$ = 12 600 DM (2)

   b) 70 % = 12 600 DM
      100 % = x $\dfrac{100 \times 12\,600 \text{ DM}}{70}$ = 18 000 DM (2) Anschaffungskosten

4. Gewinn   30 000 DM (1)
   Kaufpreis 400 000 DM ⁒ Eigenmittel
   100 000 DM = 300 000 DM Kredit
   × 6 % Zinsen =   18 000 DM (2)
   Verzinsung   12 000 DM

   $\dfrac{12\,000 \times 100}{100\,000}$ = 12 % (1)

5. Prüfungssatz V

a) Lösungen Steuerwesen V

I. Einkommensteuer

1. a) Aufwand 4 000 DM
   (§ 34 g EStG) 3 000 DM 1 500 DM (2)
   53 % (1) von 1 000 DM 530 DM
   Einkommensteuerersparnis (1) ./. 2 030 DM

   b) Kfz-Haftpflichtversicherung ohne Kasko 1 700 DM (1)
   Krankenversicherung 3 000 DM
   Lebensversicherung 6 520 DM (1)
    11 220 DM
   Vorwegabzug 6 000 DM (1)
    5 220 DM
   Grundhöchstbetrag 2 610 DM (1)
   übersteigender Betrag 2 610 DM (1)

   c) Kinderbetreuungskosten (1)
   800 DM × 12 = 9 600 DM (1)
   1. Tochter 4 000 DM (1)
   2. Tochter 2 000 DM (1) 6 000 DM

2. Ermittlung der Anschaffungskosten
   Kaufpreis 420 000 DM
   Grunderwerbsteuer 8 400 DM (1)
   Gerichtskosten
   Eigentumsumschreibung 420 DM (1)
   Notar, Kaufvertrag 1 180 DM (1)
   Bemessungsgrundlage 430 000 DM

   Fördergrundbetrag 2,5 % (1) von 430 000 DM = 10 750 DM

		max.	2 500 DM (1)
Vorkostenabzug Pauschale			3 500 DM (1)
			6 000 DM

Disagio	23 200 DM	(1)
Zinsen November		1 740 DM (1)
Notar, Grundschuldbest.		430 DM (1)
Die Aufwendungen von		25 370 DM

gehören nicht zu den Anschaffungskosten, sondern zu den Vorkosten, die mit der Pauschale abgegolten sind. (1)

		Er	Sie
3. Einkünfte aus Gewerbebetrieb (20 % v. 70 000 DM)			14 000 DM (2)
Einkünfte aus Gewerbebetrieb (unbeb. Grundstück)			36 000 DM (1)
Einkünfte aus selbst. Arbeit		190 000 DM (1)	
Einkünfte aus selbst. Arbeit		14 000 DM (1)	
Einkünfte aus Kapitalvermögen			
Dividendengutschrift			
73,125 %	12 796,88 DM		
+ KESt 25 %	4 375,— DM (1)		
Solizuschlag			
1,875 %	328,12 DM (1)		
Zwischensumme	17 500,— DM		
+ KSt 30 %	7 500,— DM (1)		
	25 000,— DM		
./. Werbungskostenpauschbetrag	200,— DM (1)		
./. Sparerfreibetrag	12 000,— DM (1)		12 800 DM
		204 000 DM	62 800 DM

5. Prüfungssatz V

Summe bzw. Gesamtbetrag der Einkünfte				266 800 DM
∕. Sonderausgaben				
Sonderausgaben-pauschbetrag				216 DM (1)
Vorsorgeaufwendungen	18 960 DM (2)			
Hausratversicherung	0 DM (1)			
Vorwegabzug ∕. 12 000 (1)	∕. 12 000 DM	12 000 DM (1)		
	6 960 DM			
1. Höchstbetrag	∕. 5 220 DM	5 220 DM (1)		
2. Höchstbetrag ½ von	1 740 DM	870 DM (1)	18 090 DM	
∕. außergewöhnliche Belastung Unterstützung der Mutter mit 6 000 maximal Eink. und Bezüge 8 400 (1)		7 200 DM (1)		
∕. Werbungskostenpauschbetrag 200 (1)				
∕. Unkosten-Pauschbetrag 360 (1)	7 840 DM			
∕. Höchstbetrag	6 000 DM (1)	1 840 DM (1)		
			5 360 DM	
zu versteuerndes Einkommen 1995			243 134 DM	

II. Gewerbesteuer

4. *Gewerbeertrag:*

Vorläufiger Gewinn	62 730 DM	
+ Vorauszahlungen	8 300 DM	(1)
Gewinn	71 030 DM	
+ Hinzurechnungen	0 DM	
⁒ Kürzungen:		
1,2 % des Grundbesitzes (140 %)	1 008 DM	(2)
Gewerbeertrag	70 022 DM	
abgerundet	70 000 DM	(1)
⁒ Freibetrag	48 000 DM	(1)
	22 000 DM	
× Meßzahl 1 %		
Meßbetrag nach dem Gewerbeertrag	220 DM	(1)

Gewerbekapital:

Einheitswert des Betriebes	314 000 DM	
+ Hinzurechnungen	0 DM	
⁒ Kürzungen:		
Einheitswert des Betriebsgrundstücks (140 %)	84 000 DM	(1)
	230 000 DM	
⁒ Freibetrag	120 000 DM	(1)
Gewerbekapital	110 000 DM	
× Meßzahl 2 ‰		
Meßbetrag nach dem Gewerbekapital	220 DM	(1)

	+ 220 DM	(1)
Einheitlicher Meßbetrag	440 DM	
× Hebesatz 420 %	1 848 DM	(1)

⅚-Methode
1 848 DM × ⅚ (1)
= 1 540 DM
   8 300 DM (1)
   6 760 DM

III. Vermögensteuer/Bewertungsgesetz

5. a) Grundvermögen
   62 000 DM + 40 %   86 800 DM (1)

   Betriebsvermögen: 1 340 000 DM
   ./. Freibetrag   500 000 DM (1)
   75 % (1) v.   840 000 DM   630 000 DM

   Sonstiges Vermögen:
   Bargeld   1 600 DM (1)
   ./. Freibetrag
   3 × 1 000 DM max.   1 600 DM (1)
                                          0 DM
   + Aktien   32 500 DM (1)
   ./. Freibetrag
   3 × 10 000 DM   30 000 DM (1)   2 500 DM
   Rohvermögen/Gesamtvermögen   719 300 DM
   abgerundet   719 000 DM (1)
   ./. persönliche Freibeträge
   3 × 120 000 DM   360 000 DM (1)
   Freibetrag für
   behindertes Kind   50 000 DM (1)
   steuerpflichtiges Vermögen   309 000 DM

b) Eine Neuveranlagung findet statt, weil sich die Voraussetzungen für die Gewährung von Freibeträgen geändert haben (§ 16 Abs. 1 Nr. 2 VStG). (2)
(Christensen hat wegen Vollendung des 60. Lebensjahres ab 1. 1. 1996 Anspruch auf einen zusätzlichen Freibetrag).

IV. Umsatzsteuer

6. a) Ja, Eigenverbrauch, weil Warenentnahme im April für private Zwecke im Erhebungsgebiet stattfindet. Wiederbeschaffungskosten 2 100 DM. (4)

   b) Nein, weil echter Schadenersatz; kein Leistungsaustausch. (3)

   c) Ja, sonstige Leistung (Werkleistung), die Lang im April erbringt; Entgelt 800 DM. (3)

d) Ja, Eigenverbrauch, weil Geschenk an Geschäftsfreund im April über 75 DM. Tatsächlicher Aufwand 100 DM beträgt. (4)

7. a) Nein, da der Gesamtumsatz im vergangenen Kalenderjahr mehr als 250 000 DM beträgt. (3)

   b) Ja, dies ist auf Antrag beim Finanzamt möglich, da Buch Umsätze als Angehöriger eines freien Berufes ausführt. (3)

V. Abgabenordnung

8. a) Einspruch, Frist 1 Monat (1) zuzüglich Zustellungsvermutung 3 Tage (1), hier bis 6. 5. 1996, 24.00 Uhr. (1)

   b) Da der Steuerbescheid unter Vorbehalt der Nachprüfung ergangen ist, kann Frau Böhm auch nach Ablauf der Einspruchsfrist Antrag auf Änderung des Steuerbescheides stellen. (3)

   c) Sie kann Antrag auf zinslose Stundung stellen. (2)

b) Lösungen Wirtschaftslehre V

1. a) Ja, Werner Breit ist Mußkaufmann, weil er ein Grundhandelsgewerbe betreibt. (§ 1 Abs. 2 Ziff. 1 HGB) (4)

   b) Nein, Werner Breit benötigt für seinen Bio-Laden keinen in kaufmännischer Weise eingerichteten Geschäftsbetrieb; somit betreibt er sein Gewerbe als Minderkaufmann. Minderkaufleute können sich nicht ins Handelsregister eintragen lassen. (§ 4 HGB) (6)

2. a) Der Malermeister betreibt ein sonstiges Gewerbe. Er muß sich ins Handelsregister eintragen lassen, da sein Geschäftsbetrieb mit 80 Beschäftigten und einem Umsatz von 3,2 Mio DM eine kaufmännische Organisation erfordert.
   Meyer wird Vollkaufmann nach Eintragung ins Handelsregister (§ 2 HGB) (3)

   b) Der Spediteur betreibt ein Grundhandelsgewerbe, somit ist er Mußkaufmann. (§ 1 Abs. 2 Ziff. 6 HGB)

5. Prüfungssatz V

    Da die Betriebsgröße, 2 Mitarbeiter und nur 90 000 DM Umsatz, keine kaufmännische Organisation erforderlich macht, ist Herr Schiecke Minderkaufmann; daher keine Eintragung ins Handelsregister. (§ 4 HGB) (3)

  c) Keine Eintragung ins Handelsregister zwingend, da der Landwirt ein Eintragungswahlrecht hat. Dies gilt auch für das Nebengewerbe. (§ 3 HGB) (3)

3. a) Stille Gesellschaft, da Beteiligung an einem Handelsgewerbe, die Einlage in das Vermögen von Herrn Ernert übergegangen ist und die Haftung von Herrn Triebel ausgeschlossen ist. (§ 230 HGB) (4)

  b) Nein, der stille Gesellschafter tritt nach außen nicht in Erscheinung. (2)

4. a) Menzel hat die Kaufmannseigenschaft am 1. 4. 1996 erworben, da er ein Grundhandelsgewerbe betreibt. Somit ist er Mußkaufmann. Die Handelsregistereintragung ist nur rechtsbezeugend (deklaratorisch). (§ 1 Abs. 2 Ziff. 1 HGB) (6)

  b) Die Firma entspricht den gesetzlichen Vorschriften. Menzel ist Einzelunternehmer. (§ 18 HGB) (4)

  c) Die Bestellung von Frau Menzel zur Prokuristin ist zulässig, weil Menzel Vollkaufmann ist. (§ 4 Abs. 1 HGB) (2)

  d) Sie muß zeichnen:
    indem sie der Firma ihren Namen und einen die Prokura andeutenden Zusatz hinzufügt (§ 51 HGB)
    Dirk Menzel Maschinengroßhandlung
    (Unterschrift)
    ppa. Menzel (3)

5. a) Ja, weil ein Handelsvertreter grundsätzlich nebeneinander mehrere Vertretungen übernehmen kann. (3)

  b) Nein, die Kündigungsfrist beträgt 3 Monate zum Quartalsende, da das Vertragsverhältnis länger als 3 Jahre bestand (§ 89 Abs. II HGB) (3)

  c) Ja, da der Geschäftsabschluß überwiegend auf die Tätigkeit von Schulz zurückzuführen ist (§ 87 Abs. III HGB) (3)

6. a) Kommissionsvertrag (§ 383 BGB), Verkauf von Waren im eigenen Namen und auf fremde Rechnung (3)

   b) Nein, da Klein das Rechtsgeschäft für die Wohnwelt-GmbH abgeschlossen hat und die Zurückweisung des Geschäfts nicht unverzüglich erfolgte. (§ 386 HGB) (3)

7. Nein, Triebel ist kein Eigentümer an dem Fernsehapparat geworden, da es keinen gutgläubigen Erwerb von gestohlenen Sachen gibt. Triebel ist bloß Besitzer. (§ 935 BGB) (4)

8. a) Da beide Gewerbetreibende sind, beträgt die Verjährungsfrist 4 Jahre. (§ 197 BGB) (4)

   b) Die Verjährung wird durch den Mahnbescheid unterbrochen. (§ 209 Abs. 2 Ziff. 1 BGB) (3)

9. Die Forderung ist mit 2 000 DM zu berücksichtigen, weil der Mandant Menten durch die Annahme des Vergleichs auf die Hälfte seiner ursprünglichen Forderung verzichtet hat. (6)

10. Noch am Tag der Ausstellung (20. 5. 1996), weil ein Scheck bei Sicht fällig wird. (Art. 28 ScheckG) (4)

11. a) Aussteller ist Maier, Bezogener ist Menten (Art. 1 WG) (2)

    b) Die Weitergabe des Wechsels erfolgt durch Indossament. (Art. 11 WG) (2)

    c) Schickschuld: Zahlungen sind auf Kosten und Gefahr des Schuldners an den Gläubiger zu übermitteln. (§ 270 (1) BGB) (3)
    Holschuld: Da der Bezogene in der Regel nicht weiß, wer am Verfalltag der Wechselinhaber ist, muß sich der jeweilige Inhaber das Geld beim Bezogenen holen. (3)

12. a) Arbeitslosenversicherung (2)
    b) Unfallversicherung (2)
    c) Krankenversicherung (2)
    d) Unfallversicherung (2)

13. Die Kündigung ist unwirksam, da bei einem unbefristeten Arbeitsverhältnis die Schutzvorschriften des Mutterschutzgesetzes den Vereinbarungen während der Probezeit vorgehen. (§ 9 MuSchG) (6)

c) Lösungen Rechnungswesen V

I.

Aufgabe 1:

a) Wareneinkauf	135 000 DM (2)	
+ 15 % Vorsteuer	20 250 DM (1)	
an Verbindlichkeiten a. LuL		155 250,— DM
b) Anschaffungsnebenkosten	600 DM (1)	
+ 15 % Vorsteuer	90 DM (1)	
an Kasse		690,— DM
c) Verbindlichkeiten a. LuL		
an Schuldwechsel		155 250,— DM (2)

Aufgabe 2:

a) Buchung am 3. 12. 1995

BGA	11 300 DM (1)	
+ 15 % Vorsteuer	1 695 DM (1)	
an Verbindlichkeiten a. LuL		12 995,— DM
BGA	520 DM (1)	
+ Vorsteuer	78 DM (1)	
an Kasse		598,— DM

Buchung am 15. 12. 1995

Verbindlichkeiten a. LuL	12 995 DM	
an BGA		226,— DM (2)
an Vorsteuer		33,90 DM (1)
an Postgiro		12 735,10 DM (1)

b) Ermittlung der Anschaffungskosten

Kaufpreis netto	11 300 DM
+ Montagekosten	520 DM (1)
./. erhaltener Skonto	226 DM (1)
Anschaffungskosten	11 594 DM

degressive Abschreibung:
./. 30 % (1) von 11 594 DM × ½ (1) =   1 739,— DM

Buchung:
Abschreibung auf AV   1 739 DM (1)
an BGA   1 739,— DM

Aufgabe 3:

a) Rückstellung GewSt	10 000 DM (1)	
an Gewerbesteuer		266,— DM (1)
(Erträge a. d. Auflösung		
v. Rückst.)		
an Bank		9 734,— DM
b) Versicherungen	650 DM (1)	
+ Aktive RAP	7 150 DM (2)	
an Bank		7 800,— DM

Aufgabe 4:

Gehälter	45 000,— DM (1)	
+ Löhne	92 583,— DM (2)	
+ ges. soz. Aufwand	25 608,36 DM (1)	
an Verb. LSt + KiSt		28 638,60 DM (1)
an Verb. SozV		49 685,40 DM (2)
an Verb. vermögenswirksame		
Leistungen		3 600,— DM (1)
an verrechnete Sachbezüge		3 568,70 DM (1)
an Umsatzsteuer (Sachbezug)		535,30 DM (1)
an Verb. aus Lohn und Gehalt		77 163,36 DM (1)

Aufgabe 5:

./. pauschale LSt: 15 % von	6 000 DM	=	900 DM (1)
./. pauschale KiSt: 7 % von	900 DM	=	63 DM (1)
Aushilfslöhne	6 000 DM ⎫	(1)	
+ LSt für Aushilfen	963 DM ⎭		
an Verb. LSt und KiSt			963 DM (1)
an Verb. aus Lohn und Gehalt			6 000 DM (1)

Aufgabe 6:

Kaufpreis netto	18 000 DM
+ 15 % Umsatzsteuer	2 700 DM
= Anschaffungskosten brutto	20 700 DM (1)
./. 2 x lin. Abschreibung (10 %)	4 140 DM (1)
Fortgeführte Anschaffungskosten (1) am 12. 1. 1995	16 560 DM

a) Der Anhänger ist höchstens mit den fortgeführten Anschaffungskosten einzulegen (Teilwert zum Zeitpunkt der Einlage ist höher), da er innerhalb der letzten drei Jahre vor der Zuführung in das Betriebsvermögen angeschafft worden ist. (3)

b) Buchung:

Fuhrpark an Privateinlage 16 560 DM (1)

Aufgabe 7:

In der Bilanz sind die Verbindlichkeiten mit den Anschaffungskosten von 7 396,80 DM*) anzusetzen, weil der Ansatz mit dem gesunkenen Kurs**) zu einem Ausweis von nicht realisierten Gewinnen von 578,88 DM führen würde. (3)

*) 3 216 engl. Pfund × 2,30 DM = 7 396,80 DM ⎫
**) 3 216 engl. Pfund × 2,12 DM = 6 817,92 DM ⎭ (1)

Aufgabe 8:

Berechnung:

ursprüngliche Forderung brutto		11 983 DM
∕. Bankeingang		943 DM (1)
= Forderungsausfall brutto		11 040 DM
∕. 15 % Umsatzsteuer		960 DM (1)
= Forderungsausfall		10 080 DM
∕. bereits abgeschrieben		8 336 DM (1)
noch abzuschreiben		1 744 DM (1)
Bank	943 DM	
+ Umsatzsteuer 15 %	~~960~~ DM (1)	
+ Abschreibung des UV	~~1 744~~ DM (1)	
an zweifelhafte Forderungen		3 647 DM (1)

II. Hauptabschlußübersicht vom 31. 12. 1995 *je 3 richtige Ansätze 1 Punkt*
                                                    (5)   (5)

Kto.-Nr.	Kontenbezeichnung	Salden-Bilanz II per ____		Vermögens-Bilanz (Schlußbilanz) per ____		Erfolgs-Bilanz (Gewinn und Verlust) per ____	
		Soll (Lastschrift)	**Haben** (Gutschrift)	**Aktiva** (Besitz)	**Passiva** (Schulden)	**Aufwand** (Verlust)	**Ertrag** (Gewinn)
	Firmenwert	30 000		30 000			
	Mietkaution	3 000		3 000			
	Ladeneinrichtung	22 500		22 500			
	Kraftfahrzeuge	15 000		15 000			
	Darlehensschulden		76 225		76 225		
	Kapital	4 700		4 700			
	Rechnungsabgrenzungsp.	800		800			
	Rückstellung		2 500		2 500		
	Kassenbestand	320		320			
	Bankbestand	15 630		15 630			
	Kundenforderungen	27 940		27 940			
	Lieferantenverbindlichkeit.		26 840		26 840		
	Umsatzsteuer		1 090		1 090		
	Privatentnahmen	18 480		18 480			
	Zinserträge		110				110
	Zinsaufwendungen	3 885				3 885	
	Warenbestandskonto	4 160		4 160			
	Wareneinkauf	118 420				118 420	
	Personalkosten	55 600				55 600	
	Raumkosten	12 220				12 220	
	Kfz-Kosten	7 370				7 370	
	Abschreibung Anlageverm.	10 040				10 040	
	Porto, Telefon	3 030				3 030	
	Bürokosten	2 990				2 990	
	Rechts- u. Beratungskosten	6 310				6 310	
	Allg. Verwaltungskosten	4 080				4 080	
	Warenerlöse		255 000				255 000
	Entnahmen Farbe		1 100				1 100
	Kfz-Privatanteil		3 130				3 130
	Telefon-Privatanteil		480				480
		366 475	366 475	142 530	106 655	223 945	259 820
					35 875	35 875	(2)
				142 530	142 530	249 510	249 510
				Anfangskapital 1. 1. ∕ 4 700			(1)
				+ Gewinn		35 875	(1)
				∕ Entnahmen		18 480	(1)
				Endkapital 31. 12.		+ 12 695	(1)

5. Prüfungssatz V

1.
Aktiva	190 000 DM
./. Schulden	76 000 DM (1)
Kapital 31. 12. 1995	114 000 DM
+ Entnahmen	46 000 DM (2)
./. Einlagen	10 000 DM (2)
	150 000 DM
./. Gewinn	30 000 DM (1)
Kapital 1. 1. 1995	120 000 DM
Erträge	320 000 DM
./. Aufwendungen	290 000 DM
Gewinn 1995	30 000 DM (1)
Kapital 1. 1. 1995	120 000 DM = 100 %
Gewinn 1995	30 000 DM = x

$$x = \frac{100 \times 30\,000\text{ DM}}{120\,000\text{ DM}} \quad (1) = 25\,\%$$

2. Bestand 1. 1. 1995

39 Maschinen à 400 DM	15 600 DM (1)
+ Wareneinkäufe	
295 Maschinen à 400 DM	118 000 DM (1)
./. Bestand 31. 12. 1995	
124 Maschinen à 400 DM	49 600 DM (1)
(39 St. + 295 St. ./. 210 St.)	
Wareneinsatz	84 000 DM (1)
Warenerlöse 210 Maschinen à 600 DM	126 000 DM (1)
Rohgewinn	42 000 DM (1)

$$\text{Rohgewinnsatz} \quad \frac{42\,000 \times 100\,(1)}{126\,000} = 33\,\tfrac{1}{3}\,\%\ (1)$$

3.a)

Gesell- schafter	Kapital	5 %	Rest	handelsrechtl. Gewinn
Müller	500 000 DM	25 000 DM	87 980 DM (1)	112 980 DM
Meier	300 000 DM	15 000 DM	43 990 DM ⎫ (1)	58 990 DM
Schulz	250 000 DM	12 500 DM	43 990 DM ⎭	56 490 DM
		52 500 DM (3)	175 960 DM	228 460 DM (1)

b)

Gesellschafter	handelsrechtlicher Gewinn	sonstige Vergütungen	Einkünfte aus Gewerbebetrieb
Müller	112 980 DM	132 000 DM (1)	244 980 DM
Meier	58 990 DM	36 000 DM (1)	94 990 DM
Schulz	56 490 DM	0 DM	56 490 DM
	228 460 DM	168 000 DM	396 460 DM (1)

6. Prüfungssatz VI

a) Lösungen Steuerwesen VI

I. Einkommensteuer

1. a) Die verbilligte Vermietung hat keine Auswirkungen auf den Abzug der Werbungskosten, da das Entgelt nicht weniger als 50 % der ortsüblichen Miete beträgt, so daß die Werbungskosten in vollem Umfang abzugsfähig sind. (3)

    b) Der Antrag bedeutet, daß kein Ansatz eines Mietwertes mehr erfolgt, andersseits aber auch kein Abzug der anteiligen Werbungskosten mehr möglich ist (Kürzung um 26,32 %). (3)

    c) s. Anlage V(10) Ermittlung der AfA, 7 Abs. 4 EStG
    2 % von 600 000 DM = 12 000 DM (1)

2. Einkünfte aus Gewerbebetrieb

    Gewinnanteil 50 % von
    120 000 DM   60 000 DM (2)
    Tätigkeitsvergütung
    (2 400 DM × 12)   28 800 DM (2)   88 800 DM

    Einkünfte aus
    Kapitalvermögen (1)
    Auszahlung 73,125 %   5 850 DM (1)
    KESt 25 %   2 000 DM (1)
    Soli-Zuschlag 1,875 %   150 DM (1)
    Gewinnanteil   8 000 DM

6. Prüfungssatz VI

= Einnahmen	8 000 DM		
./. Werbungskosten-pauschbetrag	100 DM (1)		
./. Sparerfreibetrag	6 000 DM (1)	1 900 DM	
Summe der Einkünfte		90 700 DM	
= Gesamtbetrag der Einkünfte			
./. Sonderausgaben			
Sonderausgaben-pauschbetrag		108 DM (1)	
Vorsorgeaufwendungen			
Vers.-Beiträge			
Hausratversicherung	0 DM		
Kranken-versicherung	6 240 DM		
Haftpflicht	170 DM		
	6 410 DM (3)		
./. Vorwegabzug	6 000 DM	6 000 DM (1)	
	410 DM		
+ 50 % (1) der Bausparbeiträge	3 200 DM		
	3 610 DM		
./. Höchstbetrag	2 610 DM	2 610 DM (1)	
	1 000 DM		
./. ½ v. Rest	500 DM	500 DM (1)	9 110 DM
Außergewöhnliche Belastungen			
Unterhaltsaufwendungen			
höchstens	7 200 DM (1)		
Einkünfte 8 400			
./. max. 6 000 (1)	2 400 DM (1)		
	4 800 DM : 2 (1) = 2 400 DM		
Ausbildungsfreibetrag			
⁴⁄₁₂ (1) v. 2 400 DM (1)		800 DM	3 200 DM
Einkommen			78 282 DM
./. Kinderfreibetrag			4 104 DM (1)
./. Haushaltsfreibetrag			5 616 DM (1)
zu versteuerndes Einkommen			68 562 DM

Name und Vorname/Gemeinschaft/Körperschaft Rolf Baumeister	**Anlage V** [x] zur Einkommensteuererklärung [ ] zur Körperschaftsteuererklärung					**1995**
Steuernummer 0711834702	[ ] zur Feststellungserklärung					(1)

Einkünfte aus Vermietung und Verpachtung
(Bei ausländischen Einkünften: Anlage AUS beachten)

Zeile					Angeschafft am	Fertiggestellt am	Bitte nur volle DM-Beträge eintragen
	Einkünfte aus dem bebauten Grundstück						
1	Lage des Grundstücks / der Eigentumswohnung (Ort, Straße, Hausnummer) Landshut, Münchner Str. 7				07.11.86	1980	DM
2	Mieteinnahmen ohne Zeile 4	für Erdgeschoß 12.000,- DM	+1. Obergeschoß 12.000,- DM	+2. Obergeschoß DM	+3. Obergeschoß DM	+ weitere Geschosse DM	24.000,-
3	Wohnungen	Anzahl 1	Anzahl 1	Anzahl	Anzahl		—
4	Vereinnahmte Mieten bei verbilligter Überlassung			3. -geschoß	Größe 80 m²	Durchschnittliche Miete aus Zeile 2 10 DM/m²	5.760,- (2)
5	Vereinnahmte Mieten für frühere Jahre/auf das Kalenderjahr entfallende Mietvorauszahlungen aus Baukostenzuschüssen						
6	Einnahmen aus **Umlagen**, z. B. Wassergeld, Flur- und Kellerbeleuchtung, Müllabfuhr, Zentralheizung usw.			in den Zeilen 2 und 4 enthalten	oder	falls nicht in den Zeilen 2 und 4 enthalten	8.880,-
7	Einnahmen aus Vermietung von Garagen, Werbeflächen, Grund und Boden für Kioske usw. sowie erstattete Umsatzsteuer						
8	Eigengenutzte Wohnung	2 -geschoß	Größe 100 m²	Wegfall der Nutzungswertbesteuerung ab 1.1.1995 wird unwiderruflich beantragt. [x]		Mietwert bei Nut- zungswert- besteuerung	(1)
9	Unentgeltlich ohne gesicherte Rechts- position an Dritte überlassene Wohnung	-geschoß	m²	Wegfall der Nutzungswertbesteuerung ab 1.1.1995 wird unwiderruflich beantragt.			
10	Unentgeltlich mit gesicherter Rechts- position an Dritte überlassene Wohnung	-geschoß	m²				—
11	Eigengenutzte und unentgeltlich an Dritte überlassene Garagen	Anzahl zu Zeile 8	Anzahl zu Zeile 9	zu Zeile 10	Anzahl	Mietwert bei Nutzungs- wertbesteuerung	
12	Bei Nutzungswertbesteuerung: Umlagen, soweit sie auf die Wohnungen lt. Zeilen 8 und 9 entfallen						
13	Öffentliche Zuschüsse zu Erhaltungsaufwendungen, Aufwendungszuschüsse, Guthabenzinsen aus Bausparverträgen und sonstige Einnahmen			Gesamtbetrag DM	davon entfallen auf Wohnungen, für die in Zeilen 8 bis 10 kein Nut- zungswert angesetzt ist —	DM =	
14	**Summe der Einnahmen**						38.640,-
15	**Summe der Werbungskosten** (Übertrag aus Zeile 55)						−31.509,- (1)
16	**Überschuß** (zu übertragen nach Zeile 18 oder nach Zeile 19 der zusammenfassenden Anlage V)						−7.131,-
17			In diese Spalten bitte nur volle DM-Beträge eintragen		Stpfl./Ehemann Gesellschaft DM	Ehefrau DM	99 | 25
18	Zurechnung des Betrags aus Zeile 16				²⁰−7.131,-	²¹(1)	89 |
19	Summe der Beträge aus Zeile 16 aller weiteren Anlagen V				50	51	20
	Anteile an Einkünften aus						21
20	(Gemeinschaft, Finanzamt, Steuer-Nr.)						50
21	Bauherrengemeinschaften / Erwerbergemeinschaften				76	77	51
22	geschlossenen Immobilienfonds				74	75	76
							77
23	Grundstücksgemeinschaften				56	57	74
							75
24					58	59	56
25					24	25	57
							58
26	**Andere Einkünfte** Einkünfte aus Untervermietung von gemieteten Räumen (Berechnung auf bes. Blatt)				66	67	59
27	Einkünfte aus Vermietung und Verpachtung unbebauter Grundstücke, von anderem unbeweglichen Vermögen, von Sachinbegriffen sowie aus Überlassung von Rechten (Erläuterung auf besonderem Blatt)				52	53	85, Kinder i. S. d. § 34f EStG
28							

25 - 611 Anlage V für Einkünfte aus Vermietung und Verpachtung - OFD Erfurt (08/95)

6. Prüfungssatz VI

Zeile	Werbungskosten				Nur ausfüllen, wenn in den Zeilen 8 bis 11 kein Mietwert anzusetzen ist, bei teilentgeltlicher Nutzungsüberlassung (Zeile 4) oder bei gewerblicher/beruflicher Eigennutzung			Werbungskosten DM
30	aus dem bebauten Grundstück in Zeile 1							
31					Gesamtbetrag DM	Ausgaben, die nicht mit Vermietungseinkünften zusammenhängen (deshalb nicht abziehbar)		(ggf. Spalte 1 abzüglich Spalte 4)
32						ermittelt durch direkte Zuordnung	ermittelt verhältnismäßig	nicht abziehbarer Betrag DM
33					1	2	3	4	5
34	Schuldzinsen (ohne Tilgungsbeträge), Geldbeschaffungskosten				14.100,-		v.H. 26,32	3.711,-	10.389,-
35	Renten, dauernde Lasten (Einzelangaben auf besonderem Blatt)					(1)		
36	Erhaltungsaufwendungen 1995 voll abzuziehen				3.490,- (1)	x		3.490,-
37	auf bis zu 5 Jahre zu verteilen davon 1995 abzuziehen Gesamtaufwand DM DM							
38	aus früheren Jahren	aus 1991 DM+	aus 1992 DM ▶					
39		aus 1993 DM+	aus 1994 DM ▶					
40	Bei Wegfall der Nutzungswertbesteuerung ab 1996: Vollabzug der aus 1992 bis 1994 verbliebenen Beträge							
41	Grundsteuer, Straßenreinigung, Müllabfuhr 920,- 384,- 420,-				1.724,-		v.H. 26,32	454,-	1.270,-
42	Wasserversorgung, Entwässerung, Hausbeleuchtung 2.130,--				2.130,-		26,32	561,-	1.569,-
43	Heizung, Warmwasser 5.120,--				5.120,-	x	(2)		5.120,-
44	Schornsteinreinigung, Hausversicherungen 1.125,--				1.125,-		26,32	296,-	829,-
45	Hauswart, Treppenreinigung, Fahrstuhl							
46	Sonstiges							
47	Absetzung für Abnutzung nach § 7 Abs. 4 und 5 EStG x linear degressiv 2 v.H. wie 1994 lt. bes. Blatt				12.000,-		26,32	3.158,-	8.842,-
48	Erhöhte Absetzungen nach § 7 c EStG/§ 14 c BerlinFG (Zeile 60 beachten) wie 1994 lt. bes. Blatt							
49	nach § 7 k EStG, § 14 b BerlinFG (Zeilen 60 u. 61 beachten) wie 1994 lt. bes. Blatt							
50	nach § 14 a BerlinFG (§ 34 f EStG nicht anwendbar) wie 1994							
51	nach § 15 BerlinFG (siehe Antrag in Zeile 56) wie 1994							
52	nach § 82 a EStDV, § 14 b BerlinFG wie 1994							
53	nach §§ 7 h, 7 i EStG, §§ 82 g, 82 i EStDV, Schutzbaugesetz wie 1994 lt. bes. Blatt							
54	Sonderabschreibungen nach § 4 Fördergebietsgesetz wie 1994 lt. bes. Blatt							31.509,-
55	Summe der Werbungskosten (zu übertragen nach Zeile 15)							

Steuerermäßigung für Kinder bei Inanspruchnahme erhöhter Absetzungen nach § 15 BerlinFG

56	Antrag auf Steuerermäßigung nach § 34 f Abs. 1 EStG:				
57	Im Begünstigungszeitraum gehörten auf Dauer zum Haushalt die Kinder lt. Vordruck ESt 1 A Zeilen	30	31	32	33

Zusätzliche Angaben

		Steuerpfl. Person Ehemann DM	Ehefrau DM
58			
59	1995 vereinnahmte Zuschüsse aus öffentlichen Mitteln zu den Anschaffungs-/Herstellungskosten		
60	In Fällen der §§ 7 c, 7 k EStG (Zeilen 48 und 49) Mittel aus öffentlichen Haushalten wurden unmittelbar oder mittelbar	gewährt	nicht gewährt
61	In Fällen des § 7 k EStG/§ 14 b BerlinFG und bei Buchwertentnahme nach § 6 Abs. 1 Nr. 4 Satz 4 EStG vor dem 1. 1. 1995:	Bescheinigung nach § 7 k Abs. 3 EStG ist beigefügt.	
62	Akkumulationsrücklage im Beitrittsgebiet nach § 58 Abs. 2 EStG (Einzelangaben auf besonderem Blatt)	Stpfl. Stand am 31. 12. 1994 DM	Ehefrau DM	Stpfl. übertragen/aufgelöst DM	Ehefrau DM

3. Veräußerungspreis 200 000 DM
   ⁄ Betriebsvermögen 90 000 DM (1)
   Veräußerungsgewinn 110 000 DM
   ⁄ Freibetrag 30 000 DM
   110 000 DM
   ⁄ 100 000 DM   10 000 DM   20 000 DM (3)
   90 000 DM

II. Gewerbesteuer

4. a) Die Darlehensschuld ist nicht zu berücksichtigen, weil sie bei der Feststellung des Einheitswerts des Betriebes nicht abgezogen worden ist (§ 12 Abs. 2 Nr. 1 GewStG). (2)

b) Gewinn aus Gewerbebetrieb 63 413 DM
   + Hinzurechnungen
   ½ der Dauerschuldzinsen 1 800 DM (1)
   65 213 DM

   ⁄ Kürzungen
   Grundbesitzkürzung 1,2 % v. 56 000 DM 672 DM (1)
   Gewerbeertrag 64 541 DM
   abgerundet 64 500 DM (1)
   ⁄ Freibetrag 48 000 DM (1)
   16 500 DM

   Steuermeßbetrag nach dem Gewerbeertrag
   = 1 % v. 16.500 DM 165 DM (1)
   Einheitswert des gewerblichen Betriebes 324 000 DM
   + Hinzurechnungen 0 DM
   324 000 DM

   ⁄ Kürzungen
   Einheitswert des Betriebsgrundstücks
   40 000 DM + 40 % 56 000 DM (1)
   Gewerbekapital 268 000 DM
   ⁄ Freibetrag 120 000 DM (1)
   148 000 DM

Steuermeßbetrag nach dem Gewerbekapital
= 2 ‰ v. 148 000 DM   296 DM (1)

                                                165 DM
                                              + 296 DM

einheitlicher Steuermeßbetrag   461 DM (1)
Gewerbesteuer: 400 % v. 461 DM   1 844 DM (1)

III. Vermögensteuer/Bewertung

5. a) 1. 1. 1995:

   420 000 DM
   ⁒ 240 000 DM Freibetrag (1)

   180 000 DM stpfl. Vermögen
              davon 0,5 % (1) = 900 DM VSt

   Da für die VSt nur die Verhältnisse zu Beginn des Jahres zu berücksichtigen sind, ist für das Kind kein Freibetrag zu gewähren (1. 1., 0.00 Uhr) (§ 5 Abs. 1 VStG). (2)

b) Neuveranlagung zum 1. 1. 1995, da durch das Kind ein zusätzlicher Freibetrag zum Stichtag 1. 1. zu gewähren ist. (2)

   Bei einer Änderung der Verhältnisse für die Zusammenveranlagung wird stets das Gesamtvermögen des jeweiligen Stichtags zugrunde gelegt. In einem solchen Fall kommt es nicht darauf an, ob die Wertgrenzen des § 16 Abs. 1 Nr. 2 VStG erreicht werden. (3)

   500 000 DM
   ⁒ 240 000 DM ⎫ Freibeträge (1)
   ⁒ 120 000 DM ⎭

   140 000 DM stpfl. Vermögen
              davon 0,5 % = 700 DM VSt

IV. Umsatzsteuer

6. a) Es handelt sich um einen innergemeinschaftlichen Erwerb, da die Ware an den Abnehmer aus dem Gebiet eines Mitgliedstaates in das Inland gelangt. Da der innergemeinschaftliche Erwerb da bewirkt ist, wo sich der Gegenstand am Ende der Beförderung befindet, liegt ein steuerbarer und steuerpflichtiger Umsatz im Inland vor. (4)

b) Es handelt sich um eine steuerbare Lieferung, die aber als Ausfuhrland steuerfrei ist, da sie in das Drittland erfolgt. (3)

c) Es handelt sich um eine steuerbare innergemeinschaftliche Lieferung, die im Inland steuerfrei ist, da sie in das übrige Gemeinschaftsgebiet erfolgt. (3)

d) Es liegt steuerbarer und steuerpflichtiger Eigenverbrauch vor (§ 1 Abs. 1 Nr. 2c UStG), weil die Aufwendungen insgesamt 75 DM übersteigen. (2)
Es ist aber nur das Sachgeschenk von 65 DM zu versteuern. (2)

e) Bei der eigengenutzten Wohnung handelt es sich um steuerbaren Eigenverbrauch, weil die Wohnung für Zwecke außerhalb des Unternehmens genutzt wird. Diese Nutzung ist steuerfrei. (3)
Bei dem eigenen Büro liegt ein nichtsteuerbarer Innenumsatz vor, da kein Leistungsaustausch stattfindet. (3)

f) Die Lieferung an Endverbraucher ist im Inland steuerbar und steuerpflichtig. (3)

V. Abgabenordnung

7. Nein, da die Festsetzungsfrist bereits am 31.12.1995 abgelaufen ist. (2)
Festsetzungsfrist 4 Jahre (§ 169 Abs. 2 AO), Beginn mit Ablauf des Kalenderjahres, in dem die Steuererklärung eingereicht wird (§ 170 AO). (2)

8. Schwarz darf die Bilanz zum 31. 12. 1988 nicht vernichten, weil für Bilanzen eine Aufbewahrungspflicht von 10 Jahren gilt (2); er darf aber die Buchungsbelege aus 1988 vernichten, weil für sie eine Aufbewahrungspflicht von nur 6 Jahren gilt (§ 147 AO). (2)

b) Lösungen Wirtschaftslehre VI

1. a) Ja, da sie Waren an- und verkaufen sind sie Kaufleute kraft Grundhandelsgewerbe. (§ 1 (2) Z. 1. HGB). (4)

   b) Nein, da sie aufgrund ihres geringen Gewinns und Umsatzes Minderkaufleute sind, werden sie nicht ins Handelsregister eingetragen. (4)

6. Prüfungssatz VI

2. a) Kirst OHG, Kirst & Co, Kirst und Hein, Hein OHG (2)

   b) Ab 1. 7. 1996 kraft wirtschaftlicher Betätigung (Grundhandelsgewerbe), da es sich um Vollkaufleute handelt und ein kaufmännischer Geschäftsbetrieb erforderlich ist. (4)

   c) Die Eintragung hat nur deklaratorische (rechtserklärende) Bedeutung. (2)

   d) In der Abteilung A, da es sich um eine Personengesellschaft handelt. (2)

3. a) Hopfer KG
   Im Firmennamen muß der Name des persönlich haftenden Gesellschafters mit einem das Gesellschaftsverhältnis andeutenden Zusatz enthalten sein. (§ 19 (2) HGB) (3)

   b) Das Handelsregister wird vom zuständigen Amtsgericht geführt. (§ 8 HGB) (3)

   c) Als Personengesellschaft wird die KG in der Abteilung A eingetragen. (2)

   d) Die Buchführungspflicht beginnt am 15. 6. 1996 mit der Aufnahme der vollkaufmännischen Tätigkeit (§ 238 u. § 4 (2) HGB) (4)

4. a) Nein, Herr Pils hat als Kommanditist kein Entnahmerecht. (§ 169 HGB) (4)

   b) Herr Pils hat Anspruch auf die Auszahlung in Höhe von 20 000 DM. 20 000 DM werden einbehalten, um die Kommanditeinlage von Pils aufzufüllen. (§ 169 HGB) (4)

   c) Ja, Herr Pils darf sich als Kommanditist an der OHG beteiligen, denn für Kommanditisten findet das Wettbewerbsverbot keine Anwendung. (§ 165 HGB) (4)

5. a) Innerhalb von 6 Monaten, da es sich um eine kleine Kapitalgesellschaft handelt, da der Umsatz nicht mehr als 10 620 000 DM beträgt und nicht mehr als 50 Beschäftigte vorhanden sind. (§§ 264, 267 HGB) (3)

   b) Nein, da kleine Kapitalgesellschaften von der Pflicht der Abschlußprüfung ausgenommen sind. (§ 316 HGB) (2)

6. a) Nein (1)
   b) Ja (1)
   c) Ja (1)
   d) Nein (1)
   e) Ja (1)

7. Der Kunde Becker kann verlangen, daß ihm eine neue Tennistasche geliefert wird. (§ 480 BGB) (2)
   Er kann aber auch den Kauf rückgängig machen (Wandlung). (§ 462 BGB) (2)
   Becker kann auch die Tasche behalten und Minderung des Kaufpreises verlangen. (§ 462 BGB) (2)

8. a) Indem er Protest erhebt und sich eine Protesturkunde ausstellen läßt. (Art. 44 Abs. 1 und 79 Abs. 1 WG) (2)
   b) Er kann sein Rückgriffsrecht gegenüber dem Indossanten Mai (Reihenregreß) oder gegenüber dem Aussteller Hein Mück (Sprungregreß) ausüben. (Art. 43 Abs. 1 WG) (2)

9. a) Am 15. 9. 1995, da ein Grundstückskaufvertrag erst mit der Beurkundung durch einen Notar rechtskräftig wird. (§§ 925 u. 313 BGB) (3)
   b) Mit der Eintragung ins Grundbuch am 15. 12. 1995, da die Eigentumsübertragung erst mit der Änderung im Grundbuch erfolgt. (§ 873 BGB) (3)

10. a) Darf er, da sie zu den Geschäften gehört, die der Betrieb eines Handelsgewerbes mit sich bringt. (§ 49 HGB) (2)
    b) Darf er, da sie zu den Geschäften gehört, die der Betrieb eines Handelsgewerbes mit sich bringt. (§ 49 HGB) (2)
    c) Darf er nicht, da diese nur vom Steuerpflichtigen persönlich unterschrieben werden kann. (2)
    d) Darf er nicht, da nur der Vollkaufmann (und damit der Inhaber) Prokura erteilen darf. (§ 48 HGB) (2)

11. a) Außenfinanzierung, da das Kapital von Anteilseignern von außen zugeführt wird. (3)
    b) Innenfinanzierung, da im Unternehmen erwirtschaftetes Kapital zurückbehalten wird. (3)

6. Prüfungssatz VI

c) Innenfinanzierung durch zeitlich vorverlegte Freisetzung von Kapital durch höhere Aufwendungen, die zu einem niedrigeren Gewinn und damit niedrigeren Steuern führen. (3)

d) Außenfinanzierung, da Kapital von Gläubigern zugeführt wird. (3)

12. a) Der Protest muß an einem der beiden auf den Zahlungstag folgenden Werktage erhoben werden, also spätestens am Mittwoch, dem 11. 9. 1996. (Art. 44 Abs. 3 WG) (3)

b) Jeder Protest muß durch einen Notar oder Gerichtsbeamten aufgenommen werden. (Art. 79 WG) (3)

13. Die Kündigung ist nicht wirksam, weil innerhalb von 2 Wochen nach Kündigungszugang die Schwangerschaft dem Arbeitgeber gegenüber angezeigt wurde und durch ein ärztliches Attest bescheinigt wird. (§ 9 MuSchG) (6)

c) Lösungen Rechnungswesen VI

I.

1. a) Wareneingang   9 900,— DM (1)
   + Vorsteuer   1 485,— DM (1)
   an Verbindlichkeiten LuL   11 385,— DM

   b) Anschaffungsnebenkosten   150,— DM (1)
   + Vorsteuer   22,50 DM (1)
   an Kasse   172,50 DM

   c) Verbindlichkeiten LuL   759,— DM
   an Nachlässe/Wareneingang   660,— DM (1)
   + Vorsteuer   99,— DM (1)

   d) Verbindlichkeiten LuL   10 626,— DM
   an erhaltene Skonto   184,80 DM (1)
   + Vorsteuer   27,72 DM (1)
   + Bank   10 413,48 DM (1)

2. a) Unbebaute Grundstücke   2 000 ,—DM (1)
   + Vorsteuer   300,— DM (1)
   an Bank   2 300,— DM

b) Unbebaute Grundstücke		4 200,— DM (1)	
an sonstige Verbindlichkeiten			4 200,— DM (1)

3. Disagio   12 000,— DM
an Nebenkosten des
Geldverkehrs   12 000,— DM (1)

12 000 DM : 10 Jahre

$$= \frac{1\ 200\ \text{DM} \times 2}{12\ \text{Monate}} = \quad 200,\text{— DM (1)}$$

Zinsaufwendungen	200,— DM	
an Disagio		200,— DM (1)
Zinsaufwendungen	2 666,— DM	
an sonstige Verbindlichkeiten		2 666,— DM (1)

4. a) Betriebs- und Geschäftsausstattung   45,— DM (1)
+ Vorsteuer   6,75 DM (1)
an Kasse   51,75 DM

b) Verbindlichkeiten LuL   1 035,— DM
an Betriebs- und Geschäftsausstattung   900,— DM (1)
+ Vorsteuer   135,— DM (1)

c) Geringwertige Wirtschafts-
güter (1.500 ./. 900 + 45)   645,— DM (1)
an Betriebs- und Geschäftsausstattung   645,— DM

Abschreibung geringwertige
Wirtschaftsgüter   645,— DM (1)
an geringwertige
Wirtschaftsgüter   645,— DM

5. a) Fuhrpark   50 000,— DM (1)
+ Vorsteuer   7 500,— DM (1)
an Verbindlichkeiten LuL   57 500,— DM

Verbindlichkeiten LuL   20 700,— DM
an Erlöse aus Anlage-
verkäufen   18 000,— DM (1)
+ USt   2 700,— DM (1)

b) AfA Anlagevermögen   6 000 DM (1)
   an Fuhrpark   6 000 DM

   Aufwendungen
   Anlagenabgang   11 000 DM (1)
   an Fuhrpark   11 000 DM

c) Verbindlichkeiten LuL   36 800 DM
   an Fuhrpark   640 DM (1)
   + Vorsteuer   96 DM (1)
   + Bank   36 064 DM (1)

d) Fuhrpark   240 DM (1)
   + Vorsteuer   9 DM (1)
   an Kasse   249 DM

e) AfA = 30 % (degressiv) (1) von 49 600 DM (1)
   Anschaffungskosten = 14 880 DM : 2 = 7 440 DM (1)

   AfA Anlagevermögen   7 440 DM (1)
   an Fuhrpark   7 440 DM

   § 7 g EStG ist nicht anzuwenden, da Privatanteil über 10 %.

6. a) Gehälter   46 000 DM

   + vermögenswirksame
     Leistungen Arbeitgeber   1 040 DM (1)
   an Verbindlichkeiten
     Lohn-/KiSt   6 120 DM (1)
   Verbindlichkeiten
   Soz.-Vers.   9 032 DM (1)
   Verbindlichkeiten aus
   vermögenswirksamen
   Leistungen   1 560 DM (1)
   Forderungen gegenüber
   Personal   3 000 DM (1)
   Bank   27 328 DM (1)
   Gesetzlich soziale
     Aufwendungen   9 318 DM (1)
   an Verbindlichkeiten aus
     Soz.-Vers.   9 318 DM

b) 12 Arbeitstage × 2 Std. × 14 DM =   336,— DM (1)
Lohnsteuer 462 DM × 15 %   50,40 DM (1)
Kirchensteuer 69,30 DM × 7 %   3,52 DM (1)
Gesamtkosten   389,92 DM

Buchung:
Aushilfslöhne   389,92 DM (1)
an Kasse   336,— DM
+ Verbindlichkeiten
Lohn-/KiSt   53,92 DM (1)

7. Haus- und Gundstücks-
aufwendungen/Gebäude-
versicherungen   600,— DM (1)
+ Aktive RAP   3 000,— DM (1)
an Bank   3 600,— DM

II.

Überschußrechnung gem. § 4 Abs. 3 EStG vom 1. 1. – 31. 12. 1995

Betriebseinnahmen
Erlöse aus Honoraren   368 000 DM (1)
Erlöse aus Anlageverkäufen   8 000 DM (1)
Umsatzsteuer   56 400 DM (1)
    432 400 DM

Betriebsausgaben
anrechenbare Vorsteuer   15 314 DM (1)
Umsatzsteuervorauszahlungen   38 722 DM (1)
Zinsaufwand   2 240 DM ⎫
Personalkosten   115 344 DM ⎬ (1)
Raumkosten   31 973 DM ⎭
Versicherungen   3 641 DM ⎫
Fahrzeugkosten   9 316 DM ⎬ (1)
sonstige Kosten   2 987 DM ⎭
AfA Büroeinrichtung   1 761 DM ⎫ (1)
AfA Kraftfahrzeuge   10 200 DM ⎭
Abgang Pkw   6 000 DM (1)   237 498 DM
Gewinn   194 902 DM (1)

Anlagen-Verzeichnis: Rechnungswesen, Aufgabe II

Gegenstand	Anschaff.-Datum	Nutzdauer	Abschreibungssatz				Anschaffungswert	1992		1993		1994		1995	
			%	pro Jahr Betrag	im Anschaff.-Jahr Mon	Betrag		Abschreib. u. Abgang	Wert per 31.12.	Abschreib. u. Abgang	Wert per 31.12.	Abschreib. u. Abgang	Wert per 31.12.	Abschreib. u. Abgang	Wert per 31.12.
Büroeinrichtung															
Schreibtisch	24. 6.93	5	30	degr.	12	480	1 600			480	1 120	336	784	261 (2)*)	520 (1)
Stahlregal	26. 4.95	12	25 (2)	degr.	12	1 500 (1)	6 000							1 500 (1)	4 500 (1)
														1 761	5 020
Fuhrpark															
Pkw – alt –	3. 4.92	5	20	degr.	12	6 000	30 000	6 000	24 000	6 000	18 000	6 000	12 000	6 000 (2)	
Pkw – neu –	28.12.95	5	30	degr. (1)	6	4 200 (1)	28 000							6 000 (1) 4 200 (1)	0 23 800 (1)
														10 200	
														6 000	23 800

*) Bei Übergang von degressiver zu linearer AfA: wird weiter degressiv abgeschrieben, gibt es nur 1 Punkt.

a) siehe Anlagenverzeichnis (8)
b) siehe Anlagenverzeichnis (7)
c) Der Forderungsausfall ist 1995 nicht zu berücksichtigen, da bei § 4 Abs. 3 EStG das Zuflußprinzip maßgebend ist und die Forderung 1994 nicht als Einnahme berücksichtigt wurde. (3)

III.

1. a)

Anfangsbestand	120 000 DM	
+ Einkäufe	210 000 DM	
+ Bezugskosten	15 000 DM	
∕. Rücksendung	3 000 DM	
∕. Endbestand	142 000 DM	
= Wareneinsatz	200 000 DM	(4)

b)   340 000 DM
  ∕.   40 000 DM Rücksendung
  ∕. 200 000 DM Wareneinsatz
    100 000 DM Rohgewinn (2)
    200 000 DM = 100 %
    100 000 DM = x
    x = 50 % (2)
    Rohgewinnaufschlagsatz

2.

Zinsen I. Hypothek	37 700,— DM (1)
Zinsen II. Hypothek	21 900,— DM (1)
Aufwendungen	100 440,— DM (1)
AfA	18 500,— DM (1)
Gesamt	178 540,— DM
EK-Verzinsung	24 000,— DM (1)
Summe	202 540,— DM
monatliche Miete	16 878,33 DM (1)

3. *Dreisatz*   *oder*   *Kettensatz*

100 FF   = 1 617,85 Pta (3)   ? DM   =   240,— FF
240 FF = x = 3 882,84   100 FF = 1 617,85 Pta (3)
100 Pta   =   1,20 DM
3 882,84 Pta = x $\dfrac{240 \times 1\,617{,}85 \times 1{,}20}{100 \times 100}$
= 46,59 DM pro Person (3)
                                      = 46,59 DM pro Person   (3)

7. Prüfungssatz VII

a) Lösungen Steuerwesen VII

I. Einkommensteuer

1.

Fahrten Wohnung – Arbeitsstätte 220 × 32 × 0,70 DM =		4 928 DM (1)
Fortbildungskurs 9 × 270 DM =		2 430 DM (1)
Gewerkschaftsbeitrag		442 DM (1)
		7 800 DM
./. Arbeitnehmerpauschbetrag		2 000 DM (1)
		5 800 DM
außergewöhnliche Belastung (§ 33 b Abs. 3)		7 200 DM (1)
(§ 33 b Abs. 6)		1 800 DM (1)
Kirchensteuer	1 558 DM (1)	
./. Pauschbetrag (§ 10 e EStG)	216 DM (1)	1 342 DM
§ 10 e Anschaffungskosten	420 000 DM (1)	
Anteil Grund und Boden	150 000 DM (1)	
	270 000 DM	
+ ½ Grund und Boden	75 000 DM (1)	
	345 000 DM	
Für 1993–1996 = 4 × 6 % (1) von max. 330 000 DM (1)	79 200 DM	
geltend gemacht 1993–1995	30 000 DM (1)	
	49 200 DM	
erweiterter Schuldzinsenabzug 24 000 DM max. 12 000 DM ./. 7 342 DM =	4 658 DM (2)	53 858 DM
Baukindergeld (1) (§ 34 f)		4 000 DM
Jahresfreibetrag		74 000 DM (1)

2. Einkünfte aus nichtselbständiger Arbeit:

Bruttoarbeitslohn	30 020,—	
./. Arbeitnehmerpausch-betrag	2 000 (1)	28 020 DM
Einkünfte aus Kapitalvermögen:		
Nettodividende 73,125 %	3 685,50	
+ KESt 25 %	1 260,— (1)	
Soli-Zuschlag 1,875 %	94,50 (1)	
	5 040,—	
+ KSt 30 %	2 160,— (1)	
	7 200,—	
./. Werbungskostenpausch-betrag	100,— ⎫	
./. Sparerfreibetrag	6 000,— ⎬ (1)	1 100 DM
Summe der Einkünfte		
= Gesamtbetrag der Einkünfte		29 120 DM
./. Sonderausgaben-Pauschbetrag		108 DM (1)
./. Vorsorgeaufwendungen:		
Versicherungen	3 120,— (1)	
	760,— (1)	
	3 880,—	
Vorweg: 6 000 DM		
./. 16 % (1) von 30 020 DM (1) = 4 803 DM	1 197,— (1)	1 197
	2 683,—	
+ 50 % Bausparkasse (1)	500,—	
	3 183,—	
./. 1. Höchstbetrag	2 610,— (1)	2 610
	573,—	
./. ½ des Restes	287,— (1)	287	4 094 DM

Vorsorgepauschale:
18 % (1) v. 30 020 DM (1) = 5 404 DM
max. 2 000 DM (1), durch 54 ohne Rest teilbar (1)
= 1 988 DM

Einkommen	24 918 DM

Übertrag:		24 918 DM
./. freibleibender Betrag nach § 46 (5) EStG i. V. m. § 70 EStDV		
	1 600 DM (1)	
./.	1 100 DM (1)	500 DM
Zu versteuerndes Einkommen		24 418 DM

b) Da das Einkommen nicht mehr als 27 000 DM beträgt, aber die Einkünfte, die nicht der Lohnsteuer unterworfen wurden, größer als 800 DM sind, erfolgt eine Veranlagung (§ Abs. 2 Nr. 1). (2)

3. Kinderfreibetrag (§ 32 Abs. 6 EStG)	4 104 DM (1)
Haushaltsfreibetrag (§ 32 Abs. 7 EStG)	5 616 DM (1)
Kinderbetreuungskosten (§ 33 c EStG) 7 200 DM max.	4 000 DM (2)
Baukindergeld (§ 34 f EStG)	1 000 DM (1)

II. Gewerbesteuer

4. Gewerbeertrag:

Gewinn 1995		74 221 DM
+ Zinsen für Dauerschuld 50 % v. 4 822 DM =		2 411 DM (1)
Gewerbeertrag		76 632 DM
abgerundet		76 600 DM (1)
./. Freibetrag		48 000 DM (1)
		28 600 DM
24 000 DM × 1 % (1) =		240 DM
4 600 DM × 2 % (1) =		92 DM
Steuermeßbetrag nach Gewerbeertrag		332 DM

Gewerbekapital:

Einheitswert 1. 1. 1995		145 000 DM	
+ Dauerschuld	80 000 (1)		
./. Freibetrag	50 000 (1)		
	30 000 × ½ (1)	15 000 DM	
Gewerbekapital		160 000 DM	
./. Freibetrag		120 000 DM (1)	40 000 DM × 2 ‰ (1)

Steuermeßbetrag nach Gewerbekapital	80 DM
Einheitlicher Steuermeßbetrag	412 DM

	412 DM × 400 % Hebesatz	
Gewerbesteuerjahressoll	1 648 DM	(1)
./. Vorauszahlung	1 000 DM	(1)
Abschlußzahlung 1995	648 DM	

Die Maschine ist nicht hinzuzurechnen, da sie von einem gewerblichen Unternehmen angemietet worden ist und die Miete 250 000 DM nicht übersteigt. (2)

III. Vermögensteuer/Bewertung

5. Eigenkapital 1 574 082 DM
 ./. Grund und Boden 322 431 DM (1)
 ./. Gebäude 820 117 DM (1)
 + Einheitswert Betriebsvermögen
 372 000 DM (1) × 140 % (1) 520 800 DM
 952 334 DM

 abgerundet Einheitswert 1. 1. 1995 952 000 DM (1)

6. a) Es waren vierteljährliche Vorauszahlungen zum 10. 2., 10. 5., 10. 8. und 10. 11. 1995 in Höhe von jeweils 1 000 DM zu leisten, weil die Jahressteuerschuld mehr als 500 DM betrug. (4)

 b) Bei Steuerbeträgen bis zu 500 DM war eine Vorauszahlung zum 10. 11. 1995 zu entrichten. (3)

IV. Umsatzsteuer

7.	nicht steuerbar	steuerbar stpfl.	steuerfrei	USt	VoSt
a)		1 492 000 DM		223 800 DM (1)	
b)			170 000 DM		
c)					124 317,27 DM
d)		Benzin			37,50 DM (1)
		Taxi			4,58 DM (1)
		Übernachtungen			67,50 DM (1)

Verpflegungsmehraufwendungen:
200
./. 40 20 % Haushaltsersparnis (1)
160 (einschl. 15 % USt) 20,87 DM (1)

(Höchstbetrag 64 × 3 =
192 nicht überschritten)

1 492 000 DM 170 000 DM 223 800,— DM 124 447,72 DM
./. 124 447,72 DM (1)

USt-Zahllast 99 325,28 DM
Abrundung   99 352,20 DM (1)

Begründungen zu a und b:
a) Steuerbare Lieferung im Inland an Unternehmer usw., Entgeltsminderung durch 2 % Skonto (§ 1 Abs. 1 Nr. 1 UStG). (2)
b) Steuerbare innergemeinschaftliche Lieferung. Ort der Lieferung ist Dresden (§ 3 Abs. 7 UStG). (3)

8. Uta Krieger kann sich nur die Vorsteuer abziehen, die auf die steuerpflichtigen Vermietungsumsätze entfällt. Die nicht abziehbaren Teilbeträge sind im Wege einer sachgerechten Schätzung zu ermitteln (15 Abs. 4 UStG).
Deshalb sind nur die Vorsteuern abziehbar, die auf Büroräume entfallen. (3)

a) voll abziehbar	1 050 DM	(1)
b) nicht abziehbar	0 DM	(1)
c) ⅓ abziehbar	195 DM	(1)
abziehbar	1 245 DM	

V. Abgabenordnung

9. Die Einkünfte aus freiberuflicher Tätigkeit aus der Anwaltspraxis sind gesondert festzustellen, weil an diesen Einkünften mehrere Personen beteiligt sind. (§ 180 Abs. 1 AO) (3)

   Die Einkünfte aus Gewerbebetrieb aus der Modeboutique sind gesondert festzustellen, weil das für die gesonderte Feststellung zuständige Finanzamt nicht auch für die Steuern vom Einkommen zuständig ist (§ 180 Abs. 1 AO). (3)

10. Säumniszuschlag (1)
    2 % (1) von 8 200 DM (1) = 164 DM (1)

b) Lösungen Wirtschaftslehre VII

1. a) Ja, da die Firma einer KG den Namen des persönlich haftenden Gesellschafters mit einem Gesellschaftsverhältnis andeutenden Zusatz enthalten muß. (§ 19 Abs. 2 HGB) (3)

   b) Nein, da die Namen anderer Personen als der persönlich haftenden Gesellschafter in die Firma einer KG nicht aufgenommen werden dürfen. (§ 19 Abs. 4 HGB) (3)

   c) Nein, da der Name des persönlich haftenden Gesellschafters nicht in der Firma enthalten ist. (§ 19 Abs. 2 HGB) (3)

2. a) Pohl ist Mußkaufmann (Minderkaufmann), weil er als Frachtführer ein Grundhandelsgewerbe betreibt. (§ 1 Abs. 2 Ziff. 5 HGB) (4)

   b) Der Ehefrau kann keine Prokura erteilt werden; dies ist nur bei Vollkaufleuten möglich. (§ 4 HGB) (4)

3. a) Zulässig, weil als Gründungsgesellschafter eine Person ausreicht. (§ 2 AktG) (3)

   b) Zulässig, weil das Mindestgrundkapital von 100 000 DM erreicht ist. (§ 6 AktG) (3)

   c) Zulässig, weil der Mindestnennbetrag bei Aktien 5 DM erreicht ist und 150 DM glatt durch 5 DM teilbar sind. (§ 8 Abs. 1 und 2 AktG) (3)

d) Unzulässig, weil eine Aktie nur ein Stimmrecht gewähren darf.
(§ 12 Abs. 1 und 2 AktG) (3)

4. Ja, weil Hein Mück für die vor der Handelsregistereintragung abgeschlossenen Verträge persönlich haftet. (§ 41 Abs. 1 AktG) (4)

5. a) Zulässig, auch eine Person kann eine GmbH errichten
(§ 1 GmbHG) (3)

b) Unzulässig, ein Gesellschaftsvertrag einer GmbH ist nur in notarieller Form gültig. (§ 2 GmbHG) (3)

c) Unzulässig, weil ein Stammkapital von mindestens 50 000 DM erreicht sein muß (§ 5 GmbHG) (3)

d) Unzulässig, da der Zusatz mit beschränkter Haftung (mbH) fehlt. (§ 4 GmbHG) (3)

6. Die Verjährung beginnt mit dem Ablauf des Jahres, in dem der Anspruch erwachsen ist. Demnach beginnt sie am 31. 12. 1996 um 24.00 Uhr (§ 201 BGB) und endet am 31. 12. 1998 um 24.00 Uhr, da es sich um eine zweijährige Verjährungsfrist zwischen Gewerbetreibenden und Privatmann handelt. (§ 196 BGB) (4)

7. a) Es handelt sich um offene Mängel. (§ 377 HGB) (2)

b) Die Mängelrüge hat keine Aussicht auf Erfolg, da er nicht unverzüglich gerügt hat (§ 377 HGB) (3)

8. a) Dienstvertrag, weil der Steuerberater seine Leistung gegen Entgelt zur Verfügung stellt. (§ 611 BGB) (2)

b) Kaufvertrag, weil der Vertragsgegenstand der Erwerb einer Sache gegen Entgelt ist. (§ 433 BGB) (2)

9. Der Privatmann Maier kann folgende Rechte in Anspruch nehmen:
- Er hat ein Recht auf Wandlung (§ 462 BGB) oder Minderung (§ 462 BGB), d. h. er kann den Kaufvertrag rückgängig machen, weil der Ware die zugesicherte Eigenschaft fehlt oder den Kaufpreis herabsetzen. (4)
- Er hat ein Recht auf Ersatzlieferung (§ 480 BGB), d. h. er kann die mangelhafte Ware gegen eine mangelfreie Ware umtauschen (Gattungskauf). (3)

10. a) Werklieferungsvertrag, da die Firma Hans Hansen den Motor liefert und einbaut. (§ 651 BGB) (3)

b) Leihvertrag, da der Pkw unentgeltlich zur Nutzung überlassen wird. (§ 598 BGB) (3)

c) Werkvertrag, da ein bestimmter Erfolg geschuldet wird. (§ 631 BGB) (3)

11. a) Ja, zulässig, da es in Deutschland keinen gesetzlichen Mindestlohn gibt. (3)

b) Zulässig, da der Urlaub nicht weniger als 24 Werktage beträgt. (§ 3 BUrlG) (2)

c) Nicht zulässig, da die Kündigungsfrist durch den Arbeitnehmer nicht länger sein darf als die Kündigungsfrist für die Kündigung durch den Arbeitgeber. (§ 622 Abs. 5 BGB) (3)

12. a) Ja, alle 3 Beschäftigten. (3)

b) 6,5 % von 5 800 = 377,— DM (1)
6,5 % von 8 000 = 520,— DM (West)
6,5 % von 6 800 = 442,— DM (Ost) (1)
6,5 % von   520 = 33,80 DM (1)

c) Die Beiträge von Seemann und Jäger tragen jeweils zur Hälfte der Arbeitgeber und der Arbeitnehmer. (2)

Den Beitrag von Fischer trägt allein der Arbeitgeber, da das Arbeitsentgelt nicht mehr als 610/520 DM (West/Ost) beträgt. (2)

13. a) 6 Wochen vor der Geburt und bis 8 Wochen nach der Geburt ist Frau Kirst freizustellen. (§§ 3, 6 MuSchG) (4)

b) Während dieser Zeit erhält sie von der Krankenkasse ein Mutterschaftsgeld von maximal 25 DM/Tag; die mögliche Differenz zum Nettolohn zahlt der Arbeitgeber. (§§ 13, 14 MuSchG) (4)

c) Lösungen Rechnungswesen VII

I.

Aufgabe 1:

Der Gewinn mindert sich um 12 500 DM, weil das Damnum im Jahr der Zahlung sofort als Betriebsausgabe abzugsfähig ist (§ 11 EStG). (3)

Aufgabe 2:

Unter den genannten Voraussetzungen kann Klett die degressive Abschreibung (1) (§ 7 Abs. 2 EStG) und die Sonderabschreibung (1) (§ 7 g EStG) geltend machen. Die nicht abzugsfähige Vorsteuer gehört mit zu den Anschaffungskosten. (1)

Die degressive AfA beträgt:

∕. 30 % (2) (3 × lin. AfA v. 12,5 %) v. 109 250 DM × ½ (1)
= 16 387,50 DM.

Die Sonderabschreibung beträgt:

∕. 20 % (1) von 109 250 DM = 21 850 DM

Der Gewinn mindert sich um 38 237,50 DM. (1)

Aufgabe 3:

Die Anschaffungskosten für die Rechenmaschine sind im Jahr der Anschaffung in voller Höhe als Betriebsausgaben abzugsfähig, weil es sich um ein GWG handelt. Der Nettobetrag übersteigt nicht 800 DM. (R 86 Abs. 5 EStR) (3)

Der Gewinn mindert sich um 844 DM. (1)

Aufgabe 4:

Bei der Miete handelt es sich um eine regelmäßig wiederkehrende Ausgabe, die innerhalb der 10-Tages-Frist fällig und bezahlt worden ist. Deshalb ist die im Dezember gezahlte Miete für den Januar erst im neuen Jahr abzugsfähig. (3)

Damit ergibt sich keine Gewinnauswirkung. (1)

II.

1. Gaststätteneinrichtung

   a) 12,5 % von 90 000 DM jährlich AfA   11 250 DM   (1)
   AfA Anlagevermögen an Geschäftsausstattung   11 250 DM   (1)

   b) Küchenherd
   30 % degr. von 4 000 DM = 1 200 DM ½ =   600 DM   (2)
   AfA Anlagevermögen an Geschäftsausstattung   600 DM   (1)

2. Fuhrpark

   a) Abgang Anlagevermögen an Fuhrpark   10 000 DM   (2)

   b) 30 % degr. von 30 000 DM =   9 000 DM   (2)
   AfA Fuhrpark an Fuhrpark   9 000 DM   (1)

3. Kfz-Kosten an Aktive Rechnungsabgrenzung   800 DM   (2)

4. Aufl. Aktive Rechnungsabgr.   800 DM   (1)
   lfd. Kosten   8 000 DM   (1)
   AfA   9 000 DM   (1)

   24 % von   17 800 DM =   4 272 DM   (1)

   8 000 DM + 9 000 DM ./. 2 000 DM = 15 000 DM
   24 % = 3 600 DM 15 % USt =   540 DM   (2)
       4 812 DM

   Privatentnahme 4 812 DM an Eigenverbrauch   4 272 DM   (1)
                 Umsatzsteuer   540 DM   (1)

5. Rechts- und Beratungskosten an Rückstellung   3 000 DM   (1)

6. Umsatzsteuer an Vorsteuer   21 720 DM   (1)

7. Sonstige Forderung an Gewerbesteuer   1 620 DM   (1)

8. Warenbestandskonto an Wareneinkauf   1 700 DM   (2)

7. Prüfungssatz VII

Hauptabschlußübersicht zum 31. 12. 1995

Konto-Nr.	Kontenbezeichnung	3 Salden-Bilanz	
		Soll	Haben
1	Geschäftsausstattung	82 750	
2	Fuhrpark	40 000	
3	Darlehenschulden		60 000
4	Kapital		17 570
5	ARAP (aktiv. Rechnungsabgr.)	2 500	
6	Rückstellung		
7	Kasse	120	
8	Bank	1 390	
9	Forderungen	570	
10	Sonstige Forderungen	640	
11	Vorsteuer	21 720	
12	Verbindlichkeiten		3 710
13	Sonstige Verbindlichkeiten		1 990
14	Umsatzsteuer		23 870
15	Privatentnahmen	45 000	
16	Zinsaufwendungen	6 400	
17	Abgang Anlagevermögen		
18	Warenbestandskonto	11 300	
19	Wareneinkauf	108 000	
20	erhaltene Skonti		1 830
21	Personalkosten	92 480	
22	Raumkosten	39 220	
23	Gewerbesteuer	3 260	
24	Kfz-Kosten	8 000	
25	AfA-Anlagevermögen		
26	Porto, Telefon	2 240	
27	Bürokosten	3 810	
28	Rechts- und Beratungskosten	4 100	
29	Allgemeine Verwaltungskosten	1 470	
30	Warenerlöse		354 000
31	Erlöse Anlageverkäufe		12 000
32	Kfz-Privatanteil		
33		474 970	474 970

	(6 Punkte)			(7 Punkte)		(7 Punkte)	
	4 Umbuchungen			5 Schluß-Bilanz		6 GuV-Rechnung	
Gegen-konto	Soll		Haben	Gegen-konto	Aktiva	Passiva	Aufwand	Ertrag

Gegen-konto	Soll		Haben	Gegen-konto	Aktiva	Passiva	Aufwand	Ertrag
		1a	11 250					
		1b	600		70 900			
		2a	10 000					
		2b	9 000		21 000			
						60 000		
						17 570		
		3	800		1 700			
		5	3 000			3 000		
					120			
					1 390			
					570			
7	1 620				2 260			
		6	21 720					
						3 710		
						1 990		
6	21 720	4	540			2 690		
4	4 812				49 812			
							6 400	
2a	10 000						10 000	
8	1 700				13 000			
		8	1 700				106 300	
								1 830
							92 480	
							39 220	
		7	1 620				1 640	
3	800						8 800	
1a	11 250							
1b	600							
2b	9 000						20 850	
							2 240	
							3 810	
5	3 000						7 100	
							1 470	
								354 000
								12 000
		4	4 272					4 272
	64 502		64 502		160 752	88 960	300 310	372 102
						71 792	71 792	
					160 752	160 752	372 102	372 102

III.

1. Forderungsverluste
   (Abschreibung auf Forderung)   24 000 DM
   und Umsatzsteuer   3 600 DM
   an zweifelhafte Forderungen   27 600 DM (2)

2. Zweifelhafte Forderung
   an Forderung aus LuL   80 500 DM (1)
   Abschreibung auf Forderung
   an zweifelhafte Forderung   64 400 DM
   (1)
   92 % von netto 70 000 DM
   = 64 400 DM (1)
   (Umsatzsteuer kann auch
   schon berichtigt werden)

3. Einstellung in Pauschalwert-   Pauschalwertberichtigung   (1)
   berichtigung zu Forderungen   an auf Forderungen   4 300 DM
   Forderungen 31. 12. 1995   759 000 DM
   ∕. USt 15 %   99 000 DM (1)
                                                       660 000 DM
   ∕. zweifelhafte Forderungen Frieder GmbH   70 000 DM (1)
                                                       590 000 DM

   2 % von 590 000 DM =   11 800 DM (1)
   ∕. Pauschalwertberichtigung 1. 1. 1995   9 400 DM (1)
                                                         2 400 DM

IV.

1. $Z = \dfrac{85\,000 \text{ DM} \times 163 \times 6}{100 \times 360}$ (3) =   2 309 DM + 85 000 DM (1)
                                                                              = 87 309 DM

2. = Bezugspreis   2 666,67 DM (2) = 100 %
   + allg. Verwaltungskosten 17 %   453,33 DM (1)
   = Selbstkosten   3 120,— DM
   Gewinn   280,— DM (1)
   = Barverkaufspreis   3 400,— DM
   Kundenrabatt 15 %   600,— DM (1)
   = Listenverkaufspreis netto   4 000,— DM (1) = 150 %
   15 % USt   600,— DM (1)
   Listenverkaufspreis brutto   4 600,— DM

3. $^4/_{10} + ^3/_{10} + ^2/_{10} + 20\ 000$ DM
   $= ^{10}/_{10}$ (1) $^1/_{10} = 20\ 000$ DM

Hain $^4/_{10}$ =	80 000 DM (1)
Jens $^3/_{10}$ =	60 000 DM (1)
Rolf $^2/_{10}$ =	40 000 DM (1)
Ina $^1/_{10}$ =	<u>20 000 DM</u>
Gesamtkapital	<u><u>200 000 DM</u></u> (1)

4. $280 \times 4{,}50 =$ 1 260 DM
    $170 \times 7{,}20 =$ 1 224 DM
    $910 \times 5{,}10 =$ 4 641 DM
    <u>660</u> $\times 5{,}80 =$ <u>3 828 DM</u>
    2 020   (1)   10 953 DM(2) : 2 020 = 5,422 DM (1)

    Wert des Endbestandes: 340 kg × 5,422 DM = 1 843,48 (1)

5. 24 687,50 DM
    + <u>   312,50 DM</u>(1)
    <u>25 000,— DM</u>Wechselbetrag (1)

    $\dfrac{312{,}50 \times 100 \times 360}{25\ 000\ \text{DM} \times 75}$ 6 % Zinssatz (3)

8. Prüfungssatz VIII

a) Lösungen Steuerwesen VIII

I. Einkommensteuer

1. a) Mieteinnahmen (1 200 DM × 5 × 2)   12 000 DM (1)
    ./. Werbungskosten
       Disagio (²⁄₃ von 12 000 DM)   8 000 DM (1)
       Zinsen
       (²⁄₃ von 3 420 DM = 2 280 DM × 9)   20 520 DM (2)
       AfA (7 % (2) von 600 000 DM)   <u>42 000 DM</u> (1)
       Einkünfte aus Vermietung und Verpachtung   ./. 58 520 DM

8. Prüfungssatz VIII

b) Zinsen vor Bezug
(⅓ von 3 420 DM = 1 140 DM × 5)   5 700 DM (2)
Disagio   4 000 DM (1)
6 % von 330 000 DM
(300 000 DM + 50 000 DM) max. 330 000 DM   19 800 DM (4)
Abzugsbetrag nach § 10 e EStG   24 019 DM

2. Lebensversicherung Ehefrau   8 040 DM (1)
   Krankenversicherung   5 600 DM
   Lebensversicherung Ehemann   8 000 DM (1)
   Kfz-Haftpflichtversicherung   800 DM
   Hausratversicherung   0 DM (1)
                                     22 440 DM
   Vorwegabzug   12 000 DM   12 000 DM (1)
                                     10 440 DM
   ./. 1. Höchstbetrag   5 220 DM (1)   5 220 DM
       2. Höchstbetrag ½ von   5 220 DM (1)   2 610 DM
   abzugsfähige Vorsorgeaufwendungen   19 830 DM (1)

3. Einkünfte aus nichtselbständiger Arbeit

	Ehemann	Ehefrau	Ehemann	Ehefrau
Brutto	46 200			
Versorgungs-freibetrag 40 % v. 21 200	6 000 (1)			
	40 200			
Arbeitnehmer-pauschbetrag	2 000 (1)		38 200 DM	

Einkünfte aus Kapitalvermögen

Bausparvertrag	500 (1)	500		
Sparbuch		12 800 (1)		
	500	13 300		
./. Werbungs-kosten	100 (1)	100		
./. Sparer-freibetrag	400 (1)	11 600	1 600 DM	

Übertrag:			1 600 DM

Einkünfte aus Vermietung und Verpachtung

Mieteinnahmen	20 000 (1)		
Umlagen	8 000 (1)		
Umlagenab. in 96	<u>0 (1)</u>		
	28 000		
Schuldzinsen	3 500		
Reparaturen	1 000		
Grundsteuer usw.	3 000 (2)		
Öl	4 000		
Versicherungen	500		
Anschaffungsk.	460 000		
./. Grund + B.	<u>100 000</u> (1)		
AfA 7,4 =			
2 % (1) v.	360 000		
= 7 200 davon			
$^{10}/_{12}$ = (1)	<u>6 000</u>	10 000 DM	
		48 200 DM	1 600 DM
Altersentlastungsbetrag			
40 v. H. v. 35 000 DM höchstens		<u>3 720 DM</u> (2)	
(25 000 DM + 10 000 DM)		44 480 DM	1 600 DM
			44 480 DM
			46 080 DM
a) Sonderausgabenpauschbetrag			216 DM (1)
b) Vorsorgepauschale			
46 200			
− 6 000 (1)			
− <u>3 720</u> (1)			
36 480 × 18 % (1) = 6 566 höchstens 4 000 (1)			
teilbar durch 54 (1)			<u>3 996 DM</u>
zu versteuerndes Einkommen			<u>41 868 DM</u>

II. Gewerbesteuer

4. Vorläufiger Gewinn GuV 59 278,— DM
+ Gewerbesteuervorauszahlung 2 720,— DM (1)
+ nicht abzugsfähige Betriebsausgabe 780,— DM (1)
+ Schuldzinsen ½ von 4 980 DM 2 490,— DM (1)
= Gewerbeertrag 65 268,— DM

abgerundet 65 200,— DM (1)
∕. Freibetrag 48 000,— DM (1)
1 % (1) von 17 200,— DM
= Steuermeßbetrag Gewerbeertrag = 172,— DM

Einheitswert des Betriebes 688 000,— DM
+ Hinzurechnung
Dauerschuld 70 000 DM
∕. Freibetrag 50 000 DM (1)
½ (1) von 20 000 DM 10 000,— DM
  698 000,— DM
∕. Freibetrag 120 000,— DM (1)
= Gewerbekapital davon 2 ‰ (1) 578 000,— DM
= Steuermeßbetrag Gewerbekapital 1 156,— DM

Steuermeßbetrag Gewerbeertrag 172,— DM
Steuermeßbetrag Gewerbekapital 1 156,— DM
= einheitlicher Steuermeßbetrag × Hebesatz 420 % 1 328,— DM
= Gewerbesteuer 5 577,60 DM (1)

⁵⁄₆-Methode
davon ⅚ = 4 648 DM (1)
∕. Vorauszahlung 2 720 DM (1)
Rückstellung 1 928 DM

III. Vermögensteuer/Bewertung

5. Land- und forstwirtschaftliches Vermögen   800 DM (1)
Grundvermögen: EW + 40 v. H.   + 54 600 DM (1)

Sonstiges Vermögen:		
Bargeld	1 370 DM (1)	
Festgeld einschl. Zinsen	103 622 DM (1)	
Freibetrag	./. 1 000 DM (1)	
	103 992 DM	
Aktien zum Kurswert	+ 14 352 DM (1)	
	118 344 DM	
Freibetrag	./. 10 000 DM (1)	
	108 344 DM	
Schmuck (Freigrenze 10 000 DM)	+ 23 500 DM (2)	131 844 DM
Rohvermögen		187 244 DM
Einkommensteuerschuld 1994		680 DM (1)
Beitrag Berufsgenossenschaft		52 DM (1)
Gesamtvermögen		186 512 DM
abgerundet		186 000 DM (1)
persönlicher Freibetrag		./. 120 000 DM (1)
Altersfreibetrag		./. 50 000 DM (1)
steuerpflichtiges Vermögen		70 000 DM (1)

IV. Umsatzsteuer

6. Auf-gabe	nicht steuerbar	steuerfreie Umsätze	steuerbar steuerpflichtige Umsätze		
			7 %	15 %	
a)			290 000 DM		(1)
b)				98 000 DM	(1)
c)				29 000 DM	(1)
d)		13 800 DM			(1)
e)				3 038 DM	(1)
f)	24 500 DM				(1)
g)			3 310 DM		(1)
h)				90 DM	(1)
i)		780			(1)
Summe	11 770 DM	12 344 DM	293 310 DM	130 128 DM	

130 128 DM × 15 %   19 519,20 DM
293 310 DM × 7%   20 531,70 DM
USt-Traglast   40 050,90 DM (1)

Vorsteuer   16 341 DM
ESt   613 DM   16 954,— DM (1)
USt-Zahllast   23 096,90 DM

7. Umsatz: Lagerräume   18 000 DM 15 %   2 700 DM (1)
        Wohnräume   24 000 DM steuerfrei   (1)
Vorsteuer Elektroinst.
Lagerräume   795 DM (1)
Wohnräume nicht abzugsfähig   (1)
Haftpflichtversicherung keine Vorsteuer
USt-Zahllast   1 905 DM

V. Abgabenordnung

8. a) Beginn 31. 8. 1996, 0.00 Uhr (§ 122 Abs. 2, 108 Abs. 1 AO)
   Ende: 30. 9. 1996, 24.00 Uhr (§ 188 Abs. 2 BGB) (2)
   b) Bis zum 30. 9. 1996, da innerhalb eines Monats nach Bekanntgabe des Steuerbescheides fällig (§ 220 Abs. 1 AO, § 36 Abs. 4 EStG). (3)
   c) Da es sich um eine offenbare Unrichtigkeit handelt, ist innerhalb der Festsetzungsfrist bis zur Verjährung eine Berichtigung jederzeit möglich. (3)
9. a) Ja, (§ 140 AO), da die KG nach HGB Vollkaufmann und damit buchführungspflichtig ist. (2)
   b) Nein, da keine der Voraussetzungen (§ 141 AO) zutrifft. (2)
   c) Nein, da Freiberufler nicht unter den § 141 AO fallen. (1)

b) Lösungen Wirtschaftslehre VIII

1. a) Zulässig, da eine Person zur Gründung einer Aktiengesellschaft ausreicht. (§ 2 AktG) (3)
   b) Unzulässig, da neben der Schriftform die notarielle Beurkundung der Satzung erforderlich ist. (§ 23 AktG) (3)
   c) Das Grundkapital ist zulässig, weil es nicht weniger als 100 000 DM beträgt. (§ 7 AktG) (2)
   Die Ausgabe von Aktien zu 5 DM ist ebenfalls zulässig. (§ 8 Abs. 1 AktG) (2)
   d) Unzulässig, da die Firma einer AG dem Gegenstand des Unternehmens zu entnehmen ist und den Zusatz AG enthalten muß (§ 4 Abs. 1 AktG). (4)
2. a) Da Frau Trieb einen in kaufmännischer Weise eingerichteten Geschäftsbetrieb benötigt, ist sie verpflichtet, sich in das Handelsregister eintragen zu lassen (§ 29 HGB). Die Eintragung hat nur deklaratorische Wirkung, da sie ein Grundhandelsgewerbe betreibt und damit Mußkaufmann ist (§ 1 Abs. 2 Nr. 1 HGB). (4)
   b) Beim Handelsregister sind die GmbH und der Geschäftsführer anzumelden. Das Einzelunternehmen ist abzumelden. (3)

8. Prüfungssatz VIII

3. a) Der Kaufvertrag ist nur zwischen dem Computerhändler und Blumenstock wirksam zustande gekommen, nicht aber zu lasten der GbR, weil die Zustimmung aller Gesellschafter notwendig ist (gemeinschaftliche Geschäftsführung und Vertretungsmacht) (§§ 709 Abs 1., 714 BGB). (3)

   b) Langer muß zahlen, da er, unabhängig von der Höhe seiner Beteiligung, gesamtschuldnerisch haftet (§§ 421 und 431 BGB). (3)

4. Nein, da Kommanditisten nicht zur Vertretung der Gesellschaft ermächtigt sind (§ 170 HGB). (4)

5. Nein, eine Beteiligung als stiller Gesellschafter ist nur bei einem Handelsgewerbe , nicht aber bei Freiberuflern erlaubt (§ 230 HGB). (3)

6. a) Ja, möglich (§ 54 HGB) (1)
   b) Nein, nicht möglich (§ 54 HGB) (1)
   c) Ja, möglich (§ 54 HGB) (1)
   d) Nein, nicht möglich (§ 54 HGB) (1)
   e) Nein, nicht möglich (§ 54 HGB) (1)

7. a) Vertragspartner sind der Kommissionär Hanpf und die Kaufhaus GmbH, weil Kommissionäre im eigenen Namen handeln (§ 383 HGB). (3)

   b) Frau Hanpf hat Anspruch auf die vereinbarte Provision und Ersatz ihrer Auslagen für Lagerraumnutzung (§ 396 HGB). (3)

   c) Der Mehrerlös steht der Tonwarenfabrik zu, weil günstigere Vertragsbedingungen dem Kommittenten zustatten kommen (§ 387 HGB). (3)

8. a) Es handelt sich um einen Werklieferungsvertrag, weil die Kfz-Meisterwerkstatt nicht nur den Erfolg der Leistung schuldet, sondern auch das Marterial, hier den Lack, liefert (§ 651 BGB). (4)

   b) Es handelt sich um ein unentgeltliches Darlehen, da sich Wilke verpflichtet, Mineralwasser in der gleichen Art zurückzugeben. (§ 607 BGB). (4)

9. Der Kaufvertrag ist wirksam, da Christian Schack das Rennrad aus Mitteln (Taschengeld) bezahlt, die ihm vom gesetzlichen Vertreter zur freien Verfügung überlassen wurden (§ 110 BGB). (4)

10. a) Verpfändung. Das Darlehen wird durch Pfandrecht an den Wertpapieren gesichert. Durch Übergabe der Wertpapiere wird die Bank Besitzer; Eigentümer bleibt die Wilke GmbH. (4)

b) Sicherungsübereignung. Hier erwirbt die Bank das Eigentum an den Lastkraftwagen zur Sicherung des Darlehens; Besitzer bleibt die Wilke GmbH, die damit den Lkw weiter nutzen kann. (4)

c) Zession. Das Darlehen wird durch Abtretung von Kundenforderungen gesichert.

   Stille Zession: Die Kunden der Wilke GmbH werden nicht informiert.

   Offene Zession: Die Kunden der Wilke GmbH werden informiert und zahlen an die Bank. (5)

11. a) Für Hinz trägt die Berufsgenossenschaft die Unfallkosten, weil der tägliche direkte Weg zum Betrieb in den Versicherungsschutz einbezogen ist. (4)

b) Für Konz trägt die Krankenversicherung die Kosten, weil das tägliche Mittagessen eine private Angelegenheit ist. (4)

12. a) Ja, eine fristlose Kündigung darf ausgesprochen werden, weil der Vorfall einen wichtigen Grund darstellt und die Kündigung innerhalb der Zweiwochenfrist liegt. (§ 626 BGB). (4)

b) Lohnsteuerkarte, Sozialversicherungsausweis, Urlaubsnachweis, Sozialversicherungsnachweis. (3)

c) Nein, ein Zeugnis darf keine Aussage enthalten, die einen Arbeitnehmer in seinem beruflichen Fortkommen behindert. (3)

13. a) Arbeitslosenversicherung (1)
    b) Krankenversicherung (1)
    c) Krankenversicherung (1)
    d) Rentenversicherung oder Unfallversicherung (1)

14. Die Kündigungsfrist beträgt vier Monate zum Ende eines Kalendermonates, weil das Beschäftigungsverhältnis mehr als 10 Jahre andauert (§ 622 Abs. 2 Ziff. 4 BGB) (5)

c) Lösungen Rechnungswesen VIII

I.

1. Gewerbesteuerrückstellung 6 720,— DM (1)
   an Gewerbesteuer 6 720,— DM (1)

2. Personalkosten 12 650,— DM (1)
   an sonstige Verbind-
   lichkeiten 12 650,— DM (1)

3. a) Fuhrpark 134 600,— DM (1)
   Vorsteuer 20 190,— DM (1)
   an Verbindlichkeiten 154 790,— DM

   b) AfA degr. 30 %,
   davon ½ = 15 % von 134 600 DM
   = 20 190 DM (3)

   Sonderabschreibung gem. § 7 g EStG = 20 %
   von 134 600 DM = 26 920 DM (2)

   Abschreibung AV an Fuhrpark 47 110 DM (1)
   Bilanzansatz 134 600 DM ./. 47 110 DM
   = 87 490 DM (1)

4. Warenbestand 32 000,— DM (1)
   an Bestandsveränderung 32 000,— DM (1)

5. a) 14. 3.
   Grundstück 270 000,— DM (1)
   an Darlehen 270 000,— DM (1)
   26. 4.
   Grundstück 9 550,— DM (1)
   Grundstücksaufwand 2 330,— DM (1)
   Vorsteuer 622,50 DM (1)
   an Privat Krause 12 502,50 DM (1)

   b) Lagerhalle 540 000,— DM (1)
   Vorsteuer 81 000,— DM (1)
   an Verbindlichkeiten 621 000,— DM (1)

c) 4 % Abschreibung (§ 7 Abs. 4 EStG)
von 540 000 DM = 21 600 DM (1)
zeitanteilig ³⁄12 (1) = 5 400 DM

Abschreibung
Anlagevermögen   5 400 DM (1)
an Lagerhalle   5 400 DM (1)

Bilanzansatz:
Lagerhalle 540 000 DM ∕. 5 400 DM
= 534 600 DM (1)
Grund und Boden 279 550 DM (1)

d) Zinsen   12 000 DM (1)
an sonstige Verbindlich-
keiten   12 000 DM (1)

6. Grundstücksaufw. oder
Betriebsvers.   100 DM (1)
Aktive RAP   1 100 DM (1)
Privat   800 DM (1)
an Bank   2 000 DM

7. a) Einlage höchstens mit den fortgeführten Anschaffungskosten, da Kauf innerhalb der 3-Jahres-Frist erfolgte. (3)

40 000 DM (1)
∕. 8 000 DM (1) 20 % AfA für 1994
32 000 DM = Einlagewert zum 2. 1. 1995 (1)

Kfz   32 000 DM
an Privat   32 000 DM (1)

b)   37 500 DM(: 3 = Abschreibung)
∕. 12 500 DM (1)
25 000 DM (1) Buchwert zum 31. 12. 1995

8. Bewirtungskosten   271,30 DM (1)
nicht abziehbare Betriebsausgaben   67,83 DM (2)
Vorsteuer   50,87 DM (1)
an Kasse   390 DM

8. Prüfungssatz VIII

alternative Lösungen:		
Bewirtungskosten	339,13 DM (1)	
Vorsteuer	50,87 DM (1)	
an Kasse		390,— DM
nicht abziehbare Betriebs-		
ausgaben	67,83 DM (1)	
an Bewirtungskosten		67,83 DM (1)

9. Verbindlichkeiten 39 790,— DM
   an Bank 38 994,20 DM (1)
   erhaltene Skonti 692,— DM (1)
   Vorsteuer 103,80 DM (1)

10. 2 Tage Mehraufwand für
    Verpflegung (mehrtägig)
    à 46 DM   92,— DM (1)
    Hotelrechnung   240,— DM (1)
                       332,— DM

    Reisekosten Unternehmer
    Gesamtpauschale 299,46 DM (1)
    Vorsteuer 9,8 % 32,54 DM (2)
    an Privat   332,— DM (1)

II. Vorläufiger Gewinn   200 000,— DM

1. Gewinnermittlung § 5 EStG = strenges
   Niederstwertprinzip, Höchstwert der Schuld
   ist anzusetzen. (2)
   6 820 DM : 2,20 × 2,50 = 7 750 DM
   7 750 DM ./. 6 820 DM (2) =   ./. 930,— DM (1)

2. Kein geringwertiges Wirtschaftsgut, da Nähnadeln zuzurechnen sind. (2)
       780 DM
   +   40 DM
       820 DM   33 ⅓ %   = 274 DM (1)
                  hiervon ½   = 137 DM (1)
                  bisher gebucht   = 820 DM   +   683,— DM (1)

3. Umlaufvermögen ist mit dem niedrigeren Teilwert
   anzusetzen, dieser entspricht hier dem Netto-
   verkaufspreis. (2)
   6 340 DM ./. 4 000 DM =   ./. 2 340 DM (1)

4. Der niedrigst mögliche Gewinn ist anzusetzen,
   daher AfA degressiv. (2)
   4 200 DM 30 % degressiv   1 260 DM (1)
   4 200 DM bisher angesetzt   210 DM   ./. 1 050 DM (1)

5. Verkehrswert richtiger Ansatz gem § 6 EStG (2)
   Auf Gewinn keinen Einfluß, da 2 Bilanzkonten. (1)

6. Entnahmen sind mit dem Teilwert (hier Wiederbeschaffungskosten) anzusetzen. (2)
   730 DM ./. 540 DM   +   190 DM (1)
                                                         ─────────────
                                                            196 553 DM

III.

1. Gutschrift der Bank   118 240 DM
   + Abzüge   1 760 DM
                                    ──────────
   Wechselbetrag   120 000 DM (1)

   = Diskont für 106 Tage (1)   1 760 DM

   $$\frac{360 \times 100 \times 1\ 760\ \text{DM}}{120\ 000\ \text{DM} \times 66\ \text{Tage}} = 8\ \%\ \text{Zinssatz (3)}$$

2.

Gesellschafter	Kapitalkonto		Vorweg-vergütung	Verzinsung	Rest nach Kapitalkonten
	DM	DM	DM	DM	DM
J. Treiber		250 000	120 000 (1)	15 000 (1)	60 000 (1)
J. Kaufmann		200 000		12 000 (1)	48 000 (1)
S. Schmidt	120 000				
	+ 30 000 (1)	150 000		9 000 (1)	36 000 (1)
		600 000	120 000	36 000	144 000

8. Prüfungssatz VIII

3. a) Bareinkaufspreis 1 200,— DM
   Bezugskosten 60,— DM
   Bezugspreis 1 260,— DM (1)

   b) Bezugspreis 66 ⅔ % (1)   = 1 260 DM
   Listenverkaufspreis 100 % =   ×

   $$\frac{1\ 260 \times 100}{66\ ⅔}$$ (1) 1 890 DM Listenverkaufspreis

   c) Bezugspreis 1 250,— DM
   Handlungskosten 80,— DM (1)

   Selbstkostenpreis 1 330,— DM
   Gewinn 151,76 DM (1)

   Barverkaufspreis 1 481,76 DM
   2 % Kundenskonto 30,24 DM (1)

   Zielverkaufspreis 1 512,— DM
   20 % Kundenrabatt 378,— DM (1)

   Listenverkaufspreis 1 890,— DM

Punkte und Notenschema

Punkte	Note		
100–92	*sehr gut*	(1)	eine den Anforderungen in besonderem Maße entsprechende Leistung
91–81	*gut*	(2)	eine den Anforderungen voll entsprechende Leistung
80–67	*befriedigend*	(3)	eine den Anforderungen im allgemeinen entsprechende Leistung
66–50	*ausreichend*	(4)	eine Leistung, die zwar Mängel aufweist, aber im ganzen den Anforderungen noch entspricht
49–30	*mangelhaft*	(5)	eine Leistung, die den Anforderungen nicht entspricht, jedoch erkennen läßt, daß die notwendigen Grundkenntnisse vorhanden sind
29– 0	*ungenügend*	(6)	eine Leistung, die den Anforderungen nicht entspricht und bei der selbst die Grundkenntnisse lückenhaft sind.